Jürgen Hartmann

Politik in China

Jürgen Hartmann

Politik in China

Eine Einführung

VS VERLAG FÜR SOZIALWISSENSCHAFTEN

Bibliografische Information Der Deutschen Nationalbibliothek
Die Deutsche Nationalbibliothek verzeichnet diese Publikation in der Deutschen Nationalbibliografie; detaillierte bibliografische Daten sind im Internet über <http://dnb.d-nb.de> abrufbar.

1. Auflage August 2006

Lektorat: Frank Schindler

Der VS Verlag für Sozialwissenschaften ist ein Unternehmen von Springer Science+Business Media.
www.vs-verlag.de

Umschlaggestaltung: KünkelLopka Medienentwicklung, Heidelberg
Druck und buchbinderische Verarbeitung: Krips b.v., Meppel
Gedruckt auf säurefreiem und chlorfrei gebleichtem Papier
Printed in the Netherlands

ISBN-10 3-531-15242-4
ISBN-13 978-3-531-15242-4

Inhalt

Einleitung

China hat in 25 Jahren den weiten Weg von einer durch Ideologie, Elend und Misswirtschaft ermatteten Gesellschaft zum kapitalistischen Wachstumsmagneten zurückgelegt. Schon im äußeren Erscheinungsbild unterscheiden sich Städte wie Kanton (Guangzhou), Shanghai und Beijing kaum von den mit Hochstraßen und Bürotürmen übersäten Megastädten Japans. War China bis Mitte der 1970er Jahre den wechselnden Launen eines charismatischen Führers ausgeliefert, so wird es heute durch unscheinbare, solide Macht- und Verwaltungstechniker und immer mehr durch gut ausgebildete, wirtschaftskundige Kader regiert. Auf der politischen Bühne spielen etablierte Akteure wie der Sicherheitsapparat, die Wirtschaftsverwaltung, das Militär und die wichtigsten Provinzführer des Landes. Sie bevorzugen eine experimentelle Politik der kleinen Schritte auf Kosten großer Entwürfe. Kurz: Die politikwissenschaftliche Analyse findet reichlich Material vor, um die Verhältnisse in China so zu beschreiben, wie es sich beim Studium politischer Systeme seit langem bewährt hat.

Dieses Buch legt einen besonderen Akzent auf die politische Kultur Chinas. Sie wird mit der Entscheidung für eine „dichte Beschreibung" in Gestalt der wichtigsten sozialen Praktiken und Ideen sowie mit einem Abriss der chinesischen Geschichte vorgestellt (Geertz 1987, Mishler/Pollack 2003: 238ff.).

Das erste grundlegende Merkmal der chinesischen Politik ist der Vorrang persönlicher Beziehungen vor Institutionen. In einem der bemerkenswerteren politikwissenschaftlichen Bücher der letzten Jahre hat Robert D. Putnam das Sozialkapital des Vertrauens als Unterscheidungsmerkmal zwischen einer institutionenstarken und einer institutionenschwachen Gesellschaft vor Augen geführt (Putnam 1993). Starke gesellschaftliche Institutionen sucht man in China zwar vergeblich. Dessen ungeachtet gibt es dort ein markantes Sozialkapital, das diesen Mangel in beträchtlichem Maße kompensiert. Es handelt sich um die Guanxi, d.h. persönliche Beziehungen und Verpflichtungen. Persönliche Netzwerke überlappen und durchdringen die Institutionen des politischen Systems und nehmen ihnen häufig den Biss. „Beziehungen" sind das Lebensblut der chinesischen Politik. Eine Darstellung, die über dieses Basisphänomen der chinesischen Politik hinwegsehen wollte, würde sich auf die Beschreibung der Oberfläche beschränken.

Das zweite grundlegende Phänomen der aktuellen chinesischen Politik ist das Geschichtsbewusstsein. Die Identität Chinas fußt auf der Kontinuität und Breite seiner Zivilisation. Das Chaos der Naturkatastrophen, Aufstände, Kriege und Bürgerkriege ist in den Köpfen der Menschen und insbesondere der Mächtigen, der Intellektuellen und der Regimekritiker lebendig. Das gilt in besonderem Maße für das historische Trauma der Kulturrevolution in den 1960er und 1970er Jahren. Sie wirft ihre Schatten bis in die Gegenwart. Um die politische Gegenwart Chinas zu verstehen, ist es unabdingbar, seine Vergangenheit zu kennen. Die vorhandenen Institutionen sind noch zu jung, um daraus bereits „geronnene" Geschichte herauslesen zu können. Der Blick auf die jüngere Geschichte macht im Übrigen deutlich, dass China im 20. Jahrhundert aus der positiven wie negativen Auseinandersetzung mit Vorbildern und Gegnern im Ausland viel gelernt hat. Ohne die selektive Übernahme zunächst sowjetsozialistischer, später dann im Westen entwickelter Strukturen ließe sich Chinas Entwicklung im 20. Jahrhundert kaum verstehen.

Der dritte Schwerpunkt dieses Buches sind die Institutionen der Kommunistischen Partei und des Staates sowie die politischen Konventionen, die das Regieren in China bestimmen. Für die Menschen in den Zigtausenden Verwaltungseinheiten Chinas sind die örtlichen Funktionäre wichtiger als die Regierenden in der Hauptstadt.

Ein weiteres Kapitel befasst sich mit den chinesischen Provinzen und den großen Metropolen. China ist zwar ein Einheitsstaat. Aber die zentralstaatliche Politik wird in den Provinzen und noch weiter darunter abgewandelt, teilweise lässt die Zentralregierung bewusst die lange Leine, um sich von Entscheidungen zu entlasten.

Das vorletzte Kapitel erörtert die Unterschiede der Politik in Stadt und Land. Findet man in den Boomtowns der chinesischen Küstenprovinzen bereits eine wohlhabende Mittelschicht vor, auf deren Bedürfnisse das autoritäre Regime Chinas eingeht, so herrschen in den Dörfern, in denen noch Zweidrittel aller Chinesen leben, fiskalische Ausbeutungsverhältnisse vor, wie sie für die Verhältnisse in der Dritten Welt charakteristisch sind. Ein Ausdruck der Probleme auf dem Lande sind periodisch auftretende Massenproteste, ein anderer ist das Phänomen der bäuerlichen Wanderarbeiter in den chinesischen Wachstumsregionen.

China verkörpert ein Hybridsystem. Sein Regime ist autoritär, die Kommunistische Partei beherrscht die Politik. Auf der anderen Seite stellt China als Folge der seit Jahrzehnten andauernden Reformpolitik ein marktwirtschaftliches System dar. Das letzte Kapitel dieses Buches wendet sich der Frage zu, wie sich Unternehmer, ausländische Investoren, reguläre Arbeitnehmer und irreguläre Beschäftigte organisieren, um ihren Interessen in den Institutionen des Einparteistaates Gehör zu verschaffen.

China ist mit guten Gründen ein Schwerpunkt der Forschung über außereuropäische Länder und Kulturen geworden. In Deutschland gibt es eine hoch entwickelte, international vernetzte Chinaforschung. Das politische System ist dabei nur ein Forschungsgegenstand unter vielen anderen. Eine kontinuierlich von politikwissenschaftlichen Themen bestimmte, breitere Chinaforschung gibt es allein in den angelsächsischen Ländern, insbesondere in den USA, dann in Australien, schließlich auch in Großbritannien. Dort erscheinen die meisten Fachmonographien und auch die wichtigsten Zeitschriften. Dieses Buch schöpft vor allem aus diesem Fundus.

China ist einer der größten und inzwischen auch ökonomisch bedeutendsten Staaten der Welt. Die meisten Bücher über das politische System Chinas verzichten auf den Blick über die chinesischen Grenzen. Das hat seine guten Gründe, ist doch allein China ein Thema von höchster Komplexität! Dennoch kann es nützlich sein, bei der Darstellung des chinesischen politischen Systems auf andere Systeme zu blicken. Für solche Seitenblicke bieten sich Japan und Russland an. Das Erstere hat mit China eine Reihe von kulturellen Eigenschaften gemeinsam, im Unterschied zu China hat es allerdings nie Bekanntschaft mit einer sozialistischen Herrschaftsform gemacht. Russland wiederum hat mit China kulturell nichts gemeinsam, aber es ist wie dieses aus der Transformation einer sozialistischen Gesellschaft hervorgegangen. In Kleinschrift abgehobene Passagen, die von der ausschließlich an China interessierte Leserin oder dem Leser übergangen werden mögen, zeigen kurz Parallelen und Unterschiede zu diesen wichtigen Nachbarländern Chinas auf.

Dieses Buch handelt ausschließlich von der inneren Politik Chinas. Außenpolitische und wirtschaftliche Zusammenhänge werden nur so weit thematisiert, wie sie für das Verständnis der jüngeren chinesischen Geschichte und für die Erklärung innenpolitischer Strukturen wichtig sind. Einschlägig interessierten Leserinnen und Lesern seien zum Einstieg in diese Themen die dicht informierenden Werke von Heilmann (2004) und Möller (2005) empfohlen.

1 Botschaften des imperialen China in die Gegenwart

1.1 Das alte China: Ein bürokratisches Imperium

China ist eines der ältesten imperialen Gebilde der Welt. Seine Geschichte ist die des Volkes der Han. Der Name geht auf eine vom dritten vorchristlichen bis zum dritten nachchristlichen Jahrhundert im nördlichen China herrschende Dynastie zurück. Die Han einten – durch militärischen Eroberung – erstmals die vielen unabhängigen Herrschaften im Gebiet des heutigen China. Das vom Gelben Flusses durchquerte Gebiet beherbergt die Wiege der chinesischen Kultur. Von dort aus hatten die Han ihre Siedlungen immer weiter nach Süden ausgedehnt. Der erste über ganz China gebietende Han-Herrscher teilte sein Reich in Verwaltungsgebiete ein; er begann ferner mit dem Bau der Großen Mauer, um die Einfälle der benachbarten Nomadenvölker zu erschweren. Die Verwaltung des Reiches überließ er regionalen, adelsähnlichen Klans. Diese Klans hatten aber vor allem die Macht des eigenen Geschlechts vor Augen.

Nach dem Ende der Han-Dynastie zerfiel China abermals in separate Herrschaften. Unter der Tang-Dynastie (618-704) kam es erneut zur Bildung einer einheitlichen politischen Autorität. Die Tang-Kaiser vertrauten die Verwaltung ihres Reiches Beamten an, die eigens für diesen Zweck ausgebildet wurden. Das von diesen Beamten getragene Verwaltungssystem wurde von der nachfolgenden Song-Dynastie (960-1272) beibehalten. Es fand seine Vollendung in der Ming-Dynastie (1368-1644), die als das Goldene Zeitalter des imperialen China angesehen wird.

Das Reich der Han erstreckte sich im Stadium seiner größten Ausdehnung unter den Ming-Kaisern auf sehr unterschiedliche Landschaften und Völker. Besonders markant waren die Gegensätze zwischen dem Norden und dem Süden des Reiches. Der Gelbe Fluss war stets eine Scheidelinie der Lebensweisen, nicht nur eine Landschaftsgrenze gewesen. Das Klima im Norden ist kalt, seit der Abholzung der Wälder ist seine Landschaft kahl. Seine Küche war karg. Die Natur gewährte kaum Schutz vor fremden Invasoren, das Gebiet war leicht beherrschbar. Der Süden hat ein freundlicheres Klima, eine zerklüftete Landschaft, eine vielfältigere Vegetation und eine üppige Küche. Der Zusammenhalt der Dörfer war dort sehr stark, Familienverbände (Klans) besaßen großen Einfluss (Spence 2001: 27ff.)

Bildung wurde zum Schlüssel für die Teilhabe an der Regierung und der Verwaltung Chinas. Allein Gebildete besaßen die realistische Chance, in die Beamtenschaft aufgenommen zu werden. Vor die Ernennung zum Beamten war ein strenges und langwieriges Prüfungssystem geschaltet. Es wählte aufsteigend von den Kreisen über die Provinzen bis hin zu den abschließenden Prüfungen in der Hauptstadt wenige Beamtenanwärter aus einer Vielzahl von Bewerbern aus (Yuan, F. 1995: 31f.). Von erfolgreichen Prüfungskandidaten wurde die Beherrschung der mehrere Tausend Zeichen umfassenden Schriftsprache erwartet. Ferner mussten sie die Fähigkeit zum Verstehen und Verfassen literarischer Texte und vor allem ihre Belesenheit in den Texten des Konfuzius und der Klassiker in der konfuzianischen Tradition unter Beweis stellen. Die jahre-, teilweise sogar Jahrzehnte lange Vorbereitung auf die höchsten, in der Hauptstadt stattfindenden Prüfungen erzog zum Typus eines Gelehrten-Beamten.

Die Anzahl der Beamten, die in den Behörden der Hauptstadt und der Provinzen arbeiteten, umfasste auf dem Höchststand lediglich einige Tausend. Beamtenanwärter, die es bis zu den Provinz- und Hauptstadtprüfungen nicht geschafft hatten, nahmen Posten in den örtlichen Verwaltungen ein. Das Lokalkolorit der Provinzen und kleinen Städte prägte die örtlichen Amtswalter. Die höheren Beamten konnten ohne ihre Hilfe und Erfahrung allerdings nichts ausrichten.

Die kaiserliche Bürokratie und ihre Beamten repräsentierten eher den Kaiser, als dass sie den Staat verwalteten. Ihr Generalauftrag war die Bewahrung des Status quo. Die Provinzbeamten repräsentierten den Kaiser in der fernen Hauptstadt. Die Hofbeamten in der Hauptstadt standen für die bewahrenswerte Ordnung, die auch den Platz des Kaisers bestimmte. In der Provinz war es die Aufgabe der Beamten einzuschreiten, wenn diese Ordnung gestört wurde. Sie hatten dann zu strafen und die alten Verhältnisse wiederherzustellen. Von den höchsten Beamten in der Hauptstadt wurde erwartet, dass sie dem Kaiser ein ungeschminktes Bild der Verhältnisse im Lande zeichneten und dass sie auf drohende oder bereits ergangene Fehlentscheidungen aufmerksam machten.

Der Einsatz der Beamten in der Reichsverwaltung beachtete gewisse Grundsätze: 1. Kein Beamter durfte in seiner Heimatprovinz dienen. 2. Jeder Beamte wurde nur wenige Jahre in derselben Provinz eingesetzt. 3. Schied ein Beamter aus dem Dienst, so musste er seinen Wohnsitz in einer anderen Provinz nehmen (Fu 1993: 85). Diese Regeln sollten eine allzu große Identifikation der Beamten mit den von ihnen verwalteten Provinzen verhindern.

Die Gelehrten-Beamten waren durch ihre Kenntnis des Mandarin – der als Hochsprache geltenden Dialektgruppe Nordchinas und Beijings – miteinander verbunden. Das weitgehend analphabetische Volk verständigte sich hingegen in zahlreichen regionalen und lokalen Dialekten. Die Beamten bildeten eine sprachliche Klammer zwischen den Provinzen. Sie waren indes auf die Mittlerschicht der Gentry angewiesen, um sich ein Bild von den tatsächlichen Verhältnissen zu machen. Die Gentry bestand aus Kaufleuten, Händlern und Grundbesitzern, die eine gute Bildung besaßen. Hier galt es als große Ehre, wenn es ein Sohn zum Beamten brachte. Diese informellen lokalen Herrscher, darunter Wohltäter und Tyrannen, bestimmten das Schicksal der Bauern, Handwerker und Tagelöhner. Sprösslinge der Gentry, die am Prüfungssystem für die kaiserlichen Beamten gescheitert waren, bekleideten häufig Verwaltungsämter geringerer Art. Sie verfassten amtliche Texte und trieben Steuern und Abgaben ein.

Bedenkt man die imposanten Entfernungen, die vielen schwer zugänglichen Gebiete und das vielfach noch bescheidene Straßen- und Wegenetz im gegenwärtigen China, so lässt sich ermessen, wie schwierig es erst vor einigen Jahrhunderten gewesen sein muss, zu reisen und Postverbindungen aufrecht zu erhalten. Für die Bauern und Handwerker in den zahllosen Dörfern und kleinen Städten zählte nicht der Beamte in einer fernen Bezirks- oder Provinzhauptstadt, sondern der ortsansässige Amtswalter. Einfache Menschen bekamen die vornehmeren Vertreter der Kaiserherrschaft nie zu Gesicht.

Im Laufe der Jahrhunderte spielten sich im Volk Praktiken des scheinbaren Gehorchens – „feigned compliance" – ein. Die Menschen zollten der formalen Hierarchie scheinbar Respekt, tatsächlich umgingen sie aber die Einhaltung der Vorschriften und Befehle. Dies galt nicht zuletzt für die Gentry selbst, die hinter der Kulisse der Loyalitätsbekundungen zum Kaiser und seinen Beamten handfest ihre eigenen Interessen verfolgte (Kiser/Tong 1992: 309, 314).

Die förmlichen und die realen Machtverhältnisse wurden gerade dort entkoppelt, wo Herrschaft hautnah ausgeführt und erfahren wurde: in den Provinzen und Ortschaften (Spence 2001: 98). Die hoch qualifizierten Beamten, die keinen Kontakt zum einfachen Volk hatten, kamen und gingen. Die zahlreichen Handlanger der Bürokratie in den Dörfern und Städten blieben. Bei den Letzteren konzentrierte sich die Kenntnis von Land und Leuten. Die „feigned compliance" dieser Gentry ermöglichte überhaupt den Zusammenhalt Chinas mit seiner großen Verschiedenheit von Landschaften und Mentalitäten (Pye 1995: 39).

Der Blick auf die Hauptstadt und ihren Beamtenapparat klärt über den Kitt auf, der das Han-Imperium zusammenhielt: Schriftsprache, Hierarchie und die Fähigkeit zur provinzübergreifenden Mobilisierung von Ressourcen. Daneben gab es die ebenso wichtige Tatsache, dass die Provinzen, Kreise und Dörfer ein von außen äußerst selten behelligtes Eigenleben führten. Streng besehen ist es bis heute dabei geblieben. China hat bis dato die Züge eines imperialen Gebildes bewahrt. Imperien sind flexibler als der konstruierte bürokratische Staat europäischer Provenienz. Dieser ist darauf angelegt, die zentral beschlossene Politik bis auf die Bürgerebene hinab zu implementieren. Staaten von kontinentaler Ausdehnung geben so viel Feinsteuerung selbst heute nicht her. Viele Strukturen erklären sich deshalb aus dem Principal-agent-Theorem der Sozial- und Wirtschaftswissenschaft: Sein Grundbild ist das Verhältnis von Eigentümer und Manager. Ohne die förmlichen Rechte des Eigentümers (hier: des Kaisers) anzutasten, betreibt das Management (hier: die Beamtenschaft) das operative Geschäft eines Unternehmens; es übt die Eigentumsrechte eines Anderen aus (beispielhaft für den Tenor dieser Theorie: Pratt/Zeckhauser 1985).

An dieser Stelle ist ein erster Seitenblick auf Japan angebracht. Dort war es dem Kaiser nie gelungen, die Einschränkung seiner Macht durch den Feudaladel aufzubrechen. Versuche, das chinesische System der Tang-Dynastie (7. Jahrhundert) zu kopieren, scheiterten. Vorübergehend wurden zwar zentrale Ämter und Beamtenpositionen geschaffen. Bezeichnenderweise wurden sie umgehend von den Häuptern der mächtigsten Adelsfamilien vereinnahmt. Der Shogun wurde zum eigentlichen Herrscher Japans. Beim Shogunat handelte sich um ein besonderes Hofamt, das zur Ausübung der kaiserlichen Herrschaftsbefugnis berechtigte. Deshalb stritten die japanischen Territorialfürsten darum, dieses Amt zu erobern. Der Tenno (Kaiser) war zur Marionette geworden, die am Hof des Shoguns leben musste. Steuern und Abgaben spielten für das Shogunat keine große Rolle. Der Shogun war ein großer Territorialfürst. Die übrigen Fürsten schuldeten ihm Gehorsam. Bei Bedarf mussten sie ihm Soldaten stellen. Ihre Ausgaben bestritten sie aus der Arbeit der Bauern, die in einer Art Leibeigenschaft auf ihrem Land lebten. Die wichtigsten Unterpfänder für die reale Macht des Shoguns waren die Größe seines Fürstentums und die Stärke seiner Truppen. Japan verkörperte eine ganz andere politische Welt als China.

Im frühen Russland, um auch nach dort zu blicken, gedieh nicht einmal ein effektives Feudalwesen. Die Moskauer Herrscher übernahmen im 14. Jahrhundert nach mehr als hundert Jahren der Tatarenherrschaft deren despotisches Herrschaftsmodell. Der Herrscherwille galt im Moskauer Fürstentum absolut. Erst als Russland im 17. und 18. Jahrhundert die Staatsform und Staatsverwaltung der europäischen Staaten zu kopieren begann, kam es zu einer gewissen Übertragung der beim Zaren konzentrierten Macht auf eine Bürokratie.

1.2 Ethik und Herrschaftslehren

1.2.1 Konfuzianismus

Die historische Rückschau auf das imperiale China führt zu einem weiteren Thema von aktueller Bedeutung: die Ausstrahlung des Gelehrten Konfuzius auf die chinesische Kultur! Konfuzius hatte im dritten vorchristlichen Jahrhundert gelebt. Zu dieser Zeit gab es noch kein einheitliches chinesisches Reich. Die Herrscher im Gebiet des heutigen China führten Krieg gegeneinander. Konfuzius aber verabscheute die Gewalt. Sein Gegenentwurf zu Krieg und Gewalt war eine Ethik, die von der Formbarkeit bzw. der Erziehbarkeit des Menschen ausgeht. Danach genügen Erziehung und gute Vorbilder, um die Gewalt aus den zwischenmenschlichen Beziehungen zu verbannen (Nakamura 1978: 217). Angelpunkt der konfuzianischen Lehre war der Respekt vor den Älteren in der Familie sowie vor dem Kaiser und den Beamten im Staat. Die persönliche Lebensführung muss aufrichtig sein, die Taten müssen dem Sinn der Worte entsprechen. Die Kaiser des später geeinten China und ihre Bürokratie sollten die Lehren des Konfuzius als Staatsideologie kanonisieren (zum Wirken konfuzianischer Lehren in der chinesischen Gegenwartspolitik: Weggel 1996).

Im alten China hatten allein die Gelehrten die Gelegenheit und Muße, die Schriften des Konfuzius zu studieren. Die konfuzianische Ethik bestimmte den Verständigungshorizont der Beamten und der gebildeteren Vertreter der Gentry. Jenseits der schmalen, gebildeten Schicht hielt sich eine vielfach variierte Volkskultur. Sie hatte ihre Wurzeln im bäuerlichen Lebensrhythmus, im Leben mit und von der Natur und in überlieferten Mythen. Aus den Quellen dieser Volkskultur schöpften die einfachen Menschen das Recht auf Rebellion gegen die nüchterne konfuzianische Staatsordnung, wenn ihr Los unerträglich wurde. Dies geschah meist dann, wenn Naturkatastrophen oder Hungersnöte eintraten oder wenn Zinswucher und Ausbeutung durch die Gentry überhand nahmen. Meist war es die schiere Unmöglichkeit zum Überleben, die Bauern zum Ungehorsam trieb.

Nach den Lehren des Konfuzius regulieren die Fünf Beziehungen das Zusammenleben: 1. Die Kinder schulden dem Vater Gehorsam, 2. die Frau dem Mann, 3. der Familienvater dem Kaiser, 4. der jüngere dem älteren Bruder. Schließlich gibt es 5. allein zwischen Freunden keine Gehorsamspflichten; Freunde teilen miteinander und helfen einander (King 1985: 58; Chen 1992: 88). Eine Konkurrenz zwischen diesen Pflichten kann allein zwischen dem Familienoberhaupt und dem Kaiser, sprich: dem Staat, auftreten. Vielleicht lebensfremd, aber schlüssig erkennt der Konfuzianismus auch hier keinen Konflikt. In einem zur Illustration gern herangezogenen Beispiel muss der beim Militär dienende Soldat seiner Sohnespflicht nachkommen und nach Hause fahren, wenn sein Vater gestorben ist. Nach der Beisetzung muss er sich seinem Vorgesetzten stellen, so dass ihn dieser für das Verlassen der Truppe bestrafen kann. Seine Strafe ist der Tod, aber er bekommt ein ehrenvolles Begräbnis.

Jeder soll im guten Glauben handeln, dass die Rede des Gegenüber aufrichtig gemeint ist. So herrscht Klarheit. Täuschung und Hintergedanken führen zu Enttäuschung und Streit. Konfuzius' Ethik ist keineswegs abstrakt. Sie wird mit einer Fülle von Beispielen zum richtigen und falschen Handeln dargeboten. Jeder soll sich so verhalten, dass er andere zur Nachahmung inspiriert. Wer die Postulate richtigen Handelns mit Füßen tritt, bringt Scham über sich. Seine Strafe ist die Verachtung der Mitmenschen. Wenn sich alle richtig verhalten, wird Zwang im Zusammenleben überflüssig. Zwang ist lediglich eine Handlungsreserve. Er kommt zum Zuge, wo die leuchtenden Vorbilder nicht überzeugen.

Die Grundstimmung der konfuzianischen Ethik ist positiv: Der Mensch ist formbar. Jedenfalls ist er nicht darauf disponiert, seinen Vorteil auf Kosten der Mitmenschen zu suchen. Er blickt auf Ältere, die mit viel Lebenserfahrung den richtigen Weg weisen. Die Eckpunkte dieser Ethik sind die Tradition, die Familie und der Gehorsam gegenüber den Herrschenden. Politik hat darin eigentlich keinen Platz. Ideal erscheint eine statische Gemeinschaft, die sich durch die erwähnten Maximen – bei Konfuzius: die Riten – selbst reguliert. Dazu passt Konfuzius' Rangfolge der Tätigkeiten und Berufe. Nach dem vornehmsten Stand, den Gelehrten, kommen gleich die Bauern, also eine Klasse, die sich durch Bodenständigkeit, Beharrlichkeit und das Leben im Einklang mit Brauchtum und Natur auszeichnet. De facto blickte der Gelehrtenstand allerdings gleichgültig oder verächtlich auf die Bauern herab. Nach den Bauern kommen die Kaufleute – ein Stand, der sich durch Mobilität auszeichnet und der vom Handeln mit Produkten reich wird, die er nicht selbst gesät und geerntet hat. Den geringsten Stand bilden die Soldaten. Ihr Beruf sind Krieg und Gewalt, Kräfte also, die das Gegenteil des konfuzianischen Anliegens, den sozialen Frieden, verkörpern.

In Japan wurde der Konfuzianismus planvoll übernommen, um die im 16. und 17. Jahrhundert schwer erschütterte japanische Feudalgesellschaft zu festigen. Die Shogune der Tokugawa-Dynastie, die Japan vom 17. bis ins letzte Drittel des 19. Jahrhunderts regieren sollten, polten die klassischen konfuzianischen Gehorsamspflichten auf ihre Bedürfnisse um. Als Angelpunkt der familiären Hierarchie wurde der Hausvater beibehalten. Aus der engeren häuslichen Familie herausführende Querverbindungen in der Art älterer Bruder-jüngerer Bruder oder Freund-Freund wurden jedoch abgeschnitten. Wer das Haus verließ und ein eigenes Haus (Familie) gründete, entledigte sich aller Pflichten gegenüber dem väterlichen Haushaltsvorstand. Die japanische Variante des Konfuzianismus war auf die Treue des Vasallen zum Feudalherrscher zugeschnitten, auf die Treue der Bauern und des Kleinadels zum Lehnsherrn. Im Haus, in der Familie und im Lehnsverhältnis sollten Zwang, Gewalt und Täuschung ausgeschaltet werden. Dort, wo Machtkämpfe ausgefochten wurden, zwischen den Feudalfürsten, blieben sie auch legitim. Die Krieger hatten einen angesehenen Status. Das japanische Milieu war politikwacher und politikbedürftiger als das chinesische. Zwar gab es auch im chinesischen Reich Rivalität, Kampf und Machtspiele. Aber Macht und Konkurrenz galten als illegitim, als die Harmonie störend. Sie entfalteten sich eher in den verborgenen Ecken des Staates (dazu in einem breit angelegten Vergleich unter anderem der ostasiatischen politischen Kulturen: Pye 1985).

Der Konfuzianismus birgt durchaus ein kritisches Potenzial. Er stellt die Pflichtenordnung und die Maxime der Aufrichtigkeit über die Person des Kaisers selbst (Hu 1997: 349). Die höchsten Beamten des Reiches hatten den Auftrag, den Kaiser zu beraten. Ein beratungsresistenter Kaiser, der auf seine Günstlinge und Hofschranzen hörte, sollte den unbequemen Rat der höchsten Beamten ertragen. Von den Beamten wurde der Mut zum Remonstrieren erwartet. Sie sollten dem Kaiser ungeschminkt mitteilen, ob seine Entscheidungen die Ordnung gefährden mochten. Nicht selten bezahlten mutige Beamte für unwillkommenen Rat mit dem Leben, mit Demütigung und mit Beschimpfung. Hinter der Pflicht zum Remonstrieren stand zwar der Primat des ethischen Systems vor der Person des Kaisers. Konfuzius und seine zahlreichen Epigonen hatten freilich keinen institutionellen Vorschlag parat, um Konflikte zwischen der Rollenerwartung an den Kaiser und dem tatsächlichem Verhalten eines uneinsichtigen Kaisers zu lösen. Der Konfuzianismus konstruierte eben soziale Rollen und beschränkte sich auf Erwartungen. Auf den Umgang mit Machtmissbrauch wusste er keine Antwort (King 1985: 61).

In der historischen Beamtenschaft Chinas, die Jahrhunderte lang nach dem konfuzianischen Schema sozialisiert worden war, mochten die optimistischen Annahmen über die Verbindlichkeit der Ethik einigermaßen taugen. Für die Alltagskonflikte unter Menschen, die sich ihr Auskommen mit Hand- und Landarbeit verschaffen mussten, boten sie keinen Rat. Neid, Übervorteilung, Betrug und die Willkür der lokalen Würdenträger boten im Übermaß Beispiele, dass es mit der Vorbildwirkung konfuzianischer Gelehrter nicht allzu weit her war.

1.2.2 Legismus

Eine als Legisten bezeichnete Gruppe chinesischer Gelehrter hielt dem konfuzianischen Programm der Erziehung und der Vorbildhaftigkeit das Instrument der Strafe entgegen. Die Legisten hatten ein negatives Menschenbild, das dem eines Thomas Hobbes ähnelte. Nur das Wissen um die drohende Sanktion für Leib und Leben hindert die Menschen, Verbotenes zu tun (Hu 1997: 349, 358). Wegen des abschreckenden Effekts kommt es darauf an, an Missetätern ein öffentliches Exempel zu statuieren. Die zahlreichen öffentlichen Hinrichtungen in der Volksrepublik zeigen, dass diese Auffassung noch lebendig ist. Wir begegnen in diesem Detail einer Gemeinsamkeit mit dem originären Konfuzianismus: Nur das Konkrete zählt, das Vorbild oder die Anschauung in Gestalt einer Person, hier also die Abschreckung und Strafe in Gestalt eines Delinquenten, der ad oculos vom Leben zum Tode befördert wird (Nakamura 1978: 185 f.).

Blicken wir noch auf den politischen Plan hinter dem legistischen Entwurf. Er dient – wie das pädagogische Projekt des Konfuzius – dem Schutz der vorhandenen Ordnung. Gesetz und Strafe sind bloß Instrumente. Die Zwecke, für die sie gebraucht werden, sind beliebig. Die Bekanntgabe des Gesetzes teilt das Verbotene lediglich mit. Eine spezielle Richtung innerhalb der legistischen Schule plädierte gar dafür, das Gesetz gar nicht erst bekannt zu machen, um die Grenzen des Erlaubten zu verschleiern. Sicherheit vor Strafe bot dann nur noch die Beachtung der gesellschaftlichen Konvention.

1.2.3 Neokonfuzianismus

Der Neokonfuzianismus verkürzte die konfuzianische Ethik auf eine Gehorsamsideologie. Diese späte Variante des Konfuzianismus erschöpfte sich in der Bestätigung des Status quo. Der kaiserliche Wille galt als oberstes Gesetz. Dieser Staatskonfuzianismus umgab den Status quo zudem mit einem Schutzwall von Strafen; er dementierte also den Glauben an die ethische Kraft von Vorbildern und Erziehung. Der Kaiser wurde zudem als Sohn des Himmels sakralisiert. Als Mandatar des Himmels gewann der Kaiser einen festen Platz in der Vorstellungswelt der bäuerlichen Gesellschaft. Die Himmelslehre hatte freilich eine Kehrseite. Eigentlich sollte sie das Kaisertum dadurch stabilisieren, dass es in die Volksmythen integriert und so schwer angreifbar gemacht wurde. Aber der Volksglaube deutete in das Mandat des Himmels Vorbehalte hinein, die sich gegen die Person des Kaisers richten konnten.

Der nach Konfuzius selbst bedeutendste konfuzianische Gelehrte Menzius restaurierte Konfuzius' Ethik als strenges Pflichtenprogramm. Der Kaiser kann das Mandat des Himmels nur nachweisen, indem er gut regiert, indem er vor allem Vorkehrungen gegen Hungersnöte und Naturkatastrophen trifft. Dies bedeutete in der Herrschaftspraxis, dass Getreidereserven für Notzeiten angelegt, dass Dämme und Deiche gepflegt und dass die Grenzen gegen Übergriffe der Nachbarvölker gesichert werden mussten. Trat nun mit oder ohne Verschulden des Kaisers eine Notsituation ein, so mochte dies als Anzeichen gelten, dass der Kaiser sein Mandat verloren hatte (Hu 1997: 352). In solchen Situationen drohten Aufstände, die häufig mit dem Amtsverzicht oder dem Tod des Kaisers endeten. Ein gefährdeter Kaiser suchte mit exemplarischer Unterdrückung und Härte allemal den Beweis, dass er sein Mandat noch besaß.

Unruhige und schlechte Zeiten bargen für den Kaiser ganz allgemein das Risiko, dass seine Gegner und Rivalen am Hofe und selbst in der eigenen Familie auf eine Gelegenheit warteten, ihn vom Thron zu stoßen und durch einen Nachfolger zu ersetzen, der ihrem Einfluss gehorchte. Kaiserwitwen, Kaisermütter, Geschwister und die zahlreichen Eunuchen am Kaiserhof zogen dabei die Fäden. Zu diesem Milieu hatten die kaiserlichen Beamten keinen Zugang. Ihr Ethos galt primär der Regierung des Reiches. Es stand im krassen Gegensatz zu den Intrigenspielen, die das höfische Umfeld des Kaisers bestimmten.

1.2.4 Daoismus

Der Daoismus bezeichnet einen weiteren Traditionsbestand des politischen Denkens. Seine Grundstimmung ist passiv. Das Dao, der Weg, basiert auf dem bäuerlichen Lebens- und Produktionsrhythmus. Sich gegen den Lauf der Natur und ihre Launen und Regelmäßigkeiten stemmen zu wollen, wäre zwecklos. Es gilt, mit dem Strom zu schwimmen und den günstigen Augenblick zu erkennen, um Ereignisse für die eigenen Absichten zu nutzen. Heute gibt es gute Tage, morgen schlechte. Die Natur und das Leben bergen alle vorstellbaren Gegensätze. Diese Gegensätze stehen eine Zeitlang nebeneinander, dann gewinnt die eine Seite die Oberhand; irgendwann später verbrauchen sich ihre Energien, dann schiebt sich die andere Seite in den Vordergrund. Dieser immerwährende Wechsel wird im Spiel von Yin und Yang ausgedrückt (Watts 1983).

Yang steht für Härte, Kühle, Nüchternheit, für das Männliche, Yin für das Weiche, Geborgenheit, für das Weibliche. Ein Überschuss von Yang baut sich in der Gegenkraft des Yin ab. Am Stein im Fluss bricht sich das Wasser. Das Wasser erweist sich aber letztlich als stärker, es rundet und glättet den Stein. Mensch und Natur bilden ein kosmisches Ganzes. Es gilt die in der Natur und in den Gegenständen wirkenden Kräfte zu erkennen, um ihnen Raum zu lassen und sie keinesfalls durch Menschenwerk wie Bauten, Felder und Straßen zu stören. Flüsse und Berge sind von positiven Kräften beseelt. Die von den Geomanten ausgeübte Kunst des Feng shui hat ihre Grundlage in dieser Vorstellungswelt. Feng shui-Meister finden den Platz für eine geeignete Grabstätte, in der die Seele des Verstorbenen ihre Ruhe findet; die Ahnen werden es den Nachfahren danken und Glück über sie bringen. Feng shui-Praktiken bestimmen den Ort, an dem ein Haus gebaut werden kann, ohne die Ausstrahlung der Berge, Seen und anderer Häuser zu stören. Diese Vorstellungswelt begrub die seelenlose konfuzianische Ethik bereits im Alltag des alten China unter sich.

Der Konfuzianismus begnügt sich mit der formellen Respektierung einer Hierarchie (Pye/Leites 1982: 1149f.; Weggel 1989: 107). Der Volkstradition genügt es, wenn sie sich in und neben der strengen Formalethik entfalten kann. Deshalb ist es durchaus wichtig, die konfuzianische Tradition zu kennen. Sie hilft bis heute, ein Teil der Alltagsetikette zu verstehen. Doch um das reale Verhalten und die realen Machtverhältnisse zu verstehen, kommt es darauf an, auf persönliche Beziehungen zu schauen, auf wechselseitige Verpflichtungen zwischen Personen und auf die Beeinflussbarkeit der Funktionsträger auf den verschiedenen Stufen der politischen Hierarchie. Der kontinuierliche Wechsel zwischen dem förmlichen Tribut an die Etikette und dem pragmatischen Unterlaufen dieser Etikette ist ein charakteristisches Merkmal der chinesischen Gesellschaft.

Welche Folgen ergeben sich aus der daoistischen Lebenshaltung für die Politik? Diese Folgen lassen sich am Bild des Luan bzw. der Ordnungslosigkeit verdeutlichen. Dazu sei noch einmal die Naturbezogenheit des daoistischen Weltbildes bemüht. Wenn Erdbeben oder Überschwemmungen die Grundlagen des Wirtschaftens und Überlebens zerstören, gilt die natürliche Harmonie als gestört. Dafür muss es eine Ursache geben, die außerhalb der Natur liegt. Die Leben spendenden Kräfte oder Geister, die den Bauern mit Nahrung und mit dem Dach über dem Kopf versorgen, zürnen, weil sie mit dem Lauf der Dinge in der Welt nicht zufrieden sind. Im bäuerlich-dörflichen Weltbild war der ferne Kaiser in der Hauptstadt kein Mensch wie jeder andere, sondern ein Mittler zwischen der Welt der Menschen und dem Himmel. Der Himmel stand für die Kräfte, die den Lebensrhythmus bestimmen: Erde, Wasser, Wind und Sonne. In diesem, in die Nähe des Metaphysischen vorstoßenden Elements der Volkskultur kam dem Herrscher die Aufgabe zu, den Himmel gnädig zu stimmen, damit das Volk keine Not leide (Nakamura 1978: 271). Katastrophen jedoch, die Hunger und Elend nach sich zogen, wurden als Zeichen des Himmels genommen, dass die Herrschenden als Mittler zwischen Mensch und Himmel versagt hatten.

Wenn sich Katastrophen ereignen, bleibt es in der Regel nicht beim Verlust von materiellen Werten und Menschenleben. Der Zusammenbruch der örtlichen Autorität und die Rücksichtslosigkeit im Kampf um die bloße Existenz stoßen alles um, was sonst als richtig gilt. In diesen Umständen reift das Aufbegehren, die Rebellion gegen die überlieferte Ordnung (Fairbank 1957). Solche Zeiten sind für die Herrschenden extrem gefährlich. Ihre Legitimität verflüchtigt sich. Die herrschende Dynastie stürzt. Eine neue Dynastie schickt sich an, die Balance zwischen Mensch und Himmel wieder herzustellen. Ob eine neue Dynastie das „Mandat des Himmels" besitzt, wird sich mit der Normalisierung des Spiels der Elemente, mit ausreichenden Ernten und mit der Kalkulierbarkeit der Lebensverhältnisse bald herausstellen.

Die Volkstradition erwartet nicht den heroischen Herrscher, der mit seinen Taten Großes vollbringt. Das Herrschen hat wie die Erfahrungswelt der Bauern überwiegend passiven Charakter. Es gilt, erfolgreich mit dem Strom zu schwimmen, den Gegebenheiten Rechnung zu tragen, behutsam und im Einklang mit den Umständen zu lenken und Anstöße zu geben. Im Kleinen wie im Großen ist der Mensch in die Natur eingebettet, wie in der klassischen chinesischen Malerei, die Menschen als winzige Striche in gewaltige Berg- und Flusspanoramen zeichnet.

Fixpunkt des Denkens und Handelns ist stets das Hier und Jetzt. Das Numinose manifestiert sich in der Volkstradition vor allem in der Ahnenverehrung. Die Ahnen gilt es zu respektieren und durch ein ehrendes Andenken und Grabgaben (Mahlzeiten, Glücksgeld) bei Laune zu halten, weiß man doch nicht, ob sie Vernachlässigung strafen, indem sie Unheil auf ihre Nachkommen herabbeschwören.

1.2.5 Buddhismus

Wie überall in Asien, so hinterließ der Buddhismus auch in China seine Spuren. Vor allem im südlichen China stand der Buddhismus neben dem daoistischen Volksglauben. Die buddhistischen und daoistischen Kulte ähneln einander (Opfergaben, Weihrauch). Südlich des Jangtsekiang (im Folgenden kurz Jangtse) wurde der Buddhismus nicht als fremd empfunden, im benachbarten Südostasien hatte er viel früher und auch gründlicher Fuß gefasst. In der nördlichen Reichshälfte Chinas wurde der Buddhismus schon eher als etwas Neues wahrgenommen (Zürcher 1989). Er füllte ein Vakuum in der Glaubenswelt, weil er sich mit der Unsterblichkeit der Seele befasste. Buddhistische Riten waren willkommen, um wenigstens die Möglichkeit eines jenseitigen Lebens nicht zu verschenken. In China setzte sich die Variante des Mahayana-Buddhismus durch. Dieser verlangt dem Gläubigen keine Askese, keine großen meditativen Anstrengungen und keine strengen Verhaltensregeln ab. Die Erlösungsmission kommt in dieser Variante des Buddhismus, dem Buddhismus des „Großen Fahrzeugs“, den Reinen (Boddhisattvas) zu. Diese erlösen, ohne um ihre Bestimmung zu wissen, mit ihrem makellosen Lebenswandel all jene mit, die nicht berufen sind bzw. ein fehlbares Leben führen (Gäng 1996: 125ff.). Diese Vision zielt – ganz im Einklang mit allen anderen Spielarten des Buddhismus – auf einen Seelenzustand, der sich von der Existenzform des mit Leiden und Mühen behafteten körperlichen Lebens löst. Buddhistische Priester sind in China bei allem Respekt, den man ihnen zollt, Ritenverwalter und als solche schlichte Dienstleister. Der in China Fuß fassende Buddhismus störte die Kreise der Herrschenden nicht; er eröffnete auch keine Konkurrenz zur Staatsideologie.

Der Blick auf Japan zeigt, dass sich der Buddhismus in Ostasien keineswegs überall mit den Interessen der Herrschenden vertrug. Das Gewaltlosigkeitsideal des Buddhismus fügte sich in China ohne große Probleme in die Friedfertigkeitsbotschaft des Konfuzianismus ein. Japan indes war eine Feudalgesellschaft. Seine herrschenden Familien waren in Rivalitäten, Streitigkeiten und Kriege verstrickt. Der Buddhismus sprach in Japan vor allem die rechtlosen Bauern und Tagelöhner an. Als Folge wurden buddhistische Missionare und Gläubige solange unterdrückt, bis sich die Glaubensbotschaft mit der Herrschaftsstruktur arrangierte. Sie suchte Ausdrucksformen im Handwerk, in der Kunst, in praktischen Fertigkeiten (Ikebana, Kunsthandwerk) und in Kampfsportarten (Kendo, Bogenschießen), die sämtlich Ausgeglichenheit in vollendeter Körperbeherrschung und in technischer Perfektion anstrebten (Zen-Buddhismus).

1.2.6 Christentum

Die kaiserliche Bürokratie Chinas bekämpfte jegliche Religion auf das Heftigste, die ihre Gläubigen auf ein Gesellschaftsbild jenseits der bestehenden Ordnung lenkte. Dies betraf vor allem die christlichen Konfessionen. Sie fassten erst mit der „Öffnung" Chinas im 19. Jahrhundert Fuß. Sie waren von vornherein suspekt, weil sie erstens von außen kamen, weil sie zweitens von Fremden verbreitet wurden und weil sie drittens im Gefolge von Eroberung und Ausbeutung nach China eindrangen. Der Ausschließlichkeitsanspruch der christlichen Religionen stellte darüber hinaus den tradierten Synkretismus von Buddhismus, Daoismus und Volkstradition in Frage.

Teile der chinesischen Gesellschaft zeigten sich durchaus aufnahmebereit für die Erlösungsvision des Christentums (Bauer 1989). Ein extremes Beispiel war das Umschlagen der Konversion zum Christentum in das Sektierertum der Anhänger des Taiping (Himmlisches Reich des Großen Friedens), begründet vom Konvertiten Hong Xiuquan. Die von 1850 bis 1864 anhaltenden Taiping-Kriege erhielten ihre politische Wucht aus dem Umstand, dass sich die Erwartung des kommenden Himmelreiches zu einem Aufstand gegen die selbst nach 200 Jahren noch als landfremd empfundene Qing-Dynastie auswuchs. Südchina sollte für mehr als zehn Jahre zum Schauplatz des größten und dauerhaftesten Bürgerkrieges im 19. Jahrhundert werden

Weniger dramatisch verliefen die punktuell sehr erfolgreichen Missionierungsbemühungen amerikanischer Protestanten und französischer Jesuiten. Hinter den Katholiken stand der Papst, eine in chinesische Analogien gar nicht übersetzbare Figur. Hinter den Protestanten standen ferne Organisationen oder eine westliche Regierung. Mit den christlichen Religionen drangen fremde Mächte in China ein. Gelang es dem insularen Japan, sich Hunderte von Jahren gegen den Kontakt mit dem über See vordringenden Westen abzuschotten, so war dies dem riesigen, kontinentalen China mit seinen langen Küsten nicht möglich. Es war aus der Vergangenheit gewohnt, Erobervölker und außerchinesische geistige Strömungen an die chinesische Lebensart und Tradition zu assimilieren.

1.3 Gegenwartsbedeutung der Traditionen

Beim Eintritt in die Moderne besaß China im Konfuzianismus und in der daoistisch geprägten Volkstradition ein Erbe, das ihm bei der Bewältigung der Herausforderungen der europäisch-westlichen Welt helfen sollte. Es besaß ein Herrschaftsbild mit klaren Vorstellungen vom Gerechten, es vermochte gute von schlechter Herrschaft zu unterscheiden, es hatte Kriterien entwickelt, die ein schlechtes Herrschen anzeigten, und es besaß – last but not least – auch ein Schema, das die Verweigerung des Gehorsams gegenüber dem Herrscher rechtfertigte. Diese Botschaften aus der Vergangenheit entfalten sich freilich in einem Gesellschaftsbild, das definitiv nicht den Einzelnen in den Mittelpunkt stellt, sondern vielmehr das Kollektiv, mag es sich um ganz China, das Dorf, die Belegschaft oder eine Behörde handeln. Doch hier handelt es sich um keine chinesische Besonderheit. Im Prinzip treffen wir diese Gemeinschafts- oder Gruppenorientierung überall im ostasiatischen Kulturkreis an. Unter günstigeren Bedingungen entwickelte sich aus dem gleichen kulturellen Fundus in Japan und Korea eine Demokratie. Die politischen Bedingungen dafür fehlen in China allerdings noch, und es mögen noch einige Jahrzehnte vergehen, bis sie hergestellt sind.

2 China im 19. und 20. Jahrhundert

2.1 Die Erosion des imperialen Systems

Den Höhepunkt seiner Macht erreichte das alte China im 15. Jahrhundert. Die damals noch herrschende Ming-Dynastie hatte die imperialen Strukturen Chinas perfektioniert. Sie hatte die umliegenden Reiche ihrer Suzeranität (Tributpflicht) unterworfen, die konfuzianische Ethik zur Staatsideologie gezüchtet und die Beamtenherrschaft als Instrument der Kaiserherrschaft verstetigt. Sogar in der Seefahrt brachte es China weit, es gab sogar Ansätze eines Handels mit Afrika und Arabien. Der Schiffbau wurde im 14. Jahrhundert allerdings eingestellt und die Erkundung der Meere abgebrochen. Diesem Beschluss waren Naturkatastrophen vorausgegangen. Die Berater des Kaisers schrieben sie dem Zorn des Himmels über die Vorstöße in fremde Welten zu. Tatsächlich waren sie für das Mandarinat, d.h. die Beijinger Beamten, ein Anlass, um fremde Ideen von China fernzuhalten. Das Interesse an der außerchinesischen Welt erlosch. Die Pflege des Status quo wurde Staatsdoktrin (eine plastische Momentaufnahme der politischen Verhältnisse in der Ming-Periode vermittelt Huang 1986). Die Folgen der nun einsetzenden Versteinerung der überkommenen Ordnung zeigten sich in Hungersnöten und Bauernaufständen. Vom Nordosten her eroberten 1644 die Mandschus große Teile des Landes. Der Mandschu-Herrscher erhob Anspruch auf den chinesischen Thron. Bis zum Ende der Kaiserherrschaft sollten Mandschus als Qing-Dynastie China beherrschen.

Die Qing-Periode war in formaler Hinsicht eine Zeit der Fremdherrschaft. Die Han waren und blieben die ethnische Basis des imperialen China. Wie so viele Eroberer vor ihnen, so assimilierten sich auch die Qing-Kaiser an die Herrschertradition und Lebensart der Han (einen Einblick bietet das Porträt des bedeutendsten Qing-Herrschers Kangxi: Spence 1985b). Das Gleiche galt für die Besatzungstruppen der Mandschus. Sie verschmolzen mit der örtlichen Bevölkerung und gerieten unter den Befehl kaiserlicher Beamter. Als äußerliches Zeichen der Fremdherrschaft blieb lediglich der Zopf, die mandschurische Haartracht, den die Han als Zeichen der Unterwerfung tragen mussten. Auch die Qing-Kaiser hielten starr an den seit Jahrhunderten bestehenden Verhältnissen fest. China trat weiterhin, ohne es zunächst zu bemerken, auf der Stelle. Zur gleichen Zeit fand in Europa und Amerika ein stürmischer gesellschaftlicher Wandel statt. Chinas Beharren auf dem Hergebrachten wurde als Versäumnis erst erkannt, als es bereits zu spät war: bei der Begegnung mit den westlichen

Nationen. Bis dahin war China im Einklang mit seinem Selbstverständnis von den ostasiatischen Völkern als politisches und kulturelles Zentrum respektiert worden. Es wurde der Qing-Dynastie zum Verhängnis, dass sie jene ferne Welt europäischer Provenienz nicht wahrhaben wollte, die im traditionellen Weltbild Chinas keinen Platz hatte (dazu Bauer 1980).

2.1.1 Das Eindringen des Westens

Britische Kaufleute entdeckten China im späten 18. Jahrhundert als Markt. Mit Tee, Seide und Porzellan aus China wurden in Europa gute Geschäfte gemacht. Der China-Handel entwickelte sich vorrangig um die schiffbaren Deltas des Perlflusses und des Jangtse. Kanton (Guangzhou) und Shanghai wuchsen bereits im 19. Jahrhundert zu bedeutenden Handelsmetropolen heran. Der Abfluss großer Summen Silbergeldes bereitete in London Sorge. Silber wurde – auch im Zuge der beginnenden Industrialisierung – knapp. Mit dem Rückhalt der Ostindischen Kompagnie – die mit einer Lizenz der britischen Regierung in Asien als Handelsgesellschaft operierte – warfen britische Händler in Indien angebautes Opium auf den chinesischen Markt. Bezahlt wurde mit dem begehrten Silber, das die Händler anschließend in Kreditbriefe der Ostindischen Kompagnie umtauschten. So fand frisches Silber seinen Weg in die britische Wirtschaft.

Für China entwickelte sich die Opiumsucht bald zu einem Problem bedrohlichen Ausmaßes. Als die chinesische Regierung den Opiumhandel verbot, zeigte sich, wie wehrlos China bereits geworden war. In den 1840 beginnenden Opiumkriegen betrieb Großbritannien mit Waffengewalt die Rücknahme des Opiumverbots. Es setzte sich an Handelspunkten unmittelbar an der chinesischen Küste fest, darunter das spätere Hong Kong. Die konfuzianischen Beamten, die auch als Militärchefs eingesetzt wurden, verstanden nichts von moderner Kriegsführung. Die Bewaffnung und Taktik der chinesischen Heere hatten sich seit Jahrhunderten kaum verändert. Kleine britische Truppenkontingente schlugen ohne große Mühen zahlenmäßig weit überlegene Heere.

Die Opiumkriege zogen sich bis in die 1860er Jahre hinein. Die zahlreichen Kapitulationen, zu denen China gezwungen wurde, endeten damit, dass der Kaiser den Eroberern strategisch wichtige Küstenstädte als „Vertragshäfen“ überlassen musste. Über die großen Ströme, insbesondere den Jangtse, wurden die Handelswege weit ins Landesinnere ausgedehnt. An strategisch wichtigen Punkten entlang der Flüsse wurde Handelsposten mit einem besonderen Rechtsstatus eingerichtet. Die Staatsangehörigen der Vertragsnationen wurden von der chinesischen Gerichtsbarkeit ausgenommen (dazu und zum Folgenden: Fairbank 1986: 13ff., 123ff.). Das kaiserliche System brachte nicht mehr die Kraft auf, um diesen Herausforderungen mit der gebotenen umfassenden Modernisierung der Streitkräfte und der Staatsverwaltung zu begegnen.

Blicken wir zum Vergleich kurz auf Japan, das mit ähnlichen Herausforderungen ungleich besser fertig wurde. Japan, das nur wenige Jahre (seit 1854) nach Beginn der Opiumkriege vor der gleichen Herausforderung stand wie damals China, hatte rasch und entschlossen reagiert. Auf Drängen einiger Feudalfürsten, das in einen ausgedehnten Bürgerkrieg mündete, wurde das seit Jahrhunderten erstarrte Herrschaftssystem des Shogunats 1868 beseitigt. Eine moderne Staatsverwaltung und moderne Streitkräfte wurden aufgebaut. Westliche Berater wurden ins Land geholt. Viele Japaner bereisten das europäische und nordamerikanische Ausland und studierten dort, um das Land nach ihrer Rückkehr auf den Stand des Westens zu bringen.

Die Insellage war eine wichtige Voraussetzung für das Gelingen dieser Operation. Nur wenige Jahre nach diesen Reformen war Japan schon so weit, dass es ganz wie die westlichen Mächte Interessengebiete auf dem chinesischen Festland beanspruchte. In der japanischen Führungsschicht, einer Kriegerkaste, waren die Instinkte für die eigene Unterlegenheit intakt. Daraus ergab sich die Einsicht, der Bedrohung mit den Mitteln der Herausforderer zu begegnen. Ein Gespür für das Erfordernis der Gegenwehr hatte sich 300 Jahre nach dem letzten großen Feudalkrieg um das Shogunat – und damit um die reale Macht in Japan – gehalten.

Die Sozialwissenschaft bezeichnet solche Vorgänge, wie sie in Japan stattfanden, als Diffusion: Durch zunächst kopierendes Lernen werden auf kurzem Wege bewährte Strukturen übernommen, deren Entwicklung dort, wo sie ursprünglich entstanden sind, Jahrzehnte, wenn nicht Jahrhunderte gebraucht hat. Entscheidend für den erfolgreichen Diffusionsprozess ist die Einpassung der Vorbilder in den vorhandenen kulturellen Rahmen (Hartmann 1995: 39). Die chinesische Geschichte des 19. Jahrhunderts zeigt das Beispiel einer versäumten Diffusion. China fiel damit noch weit hinter das zeitgenössische Russland zurück.

Aus Furcht um seinen Bestand hatte das Russland der Zaren sehr moderat Innovationen westlichen Ursprungs übernommen. Es beschränkte sich auf Insellösungen: Militär, Wissenschaft und Verwaltung schlossen zu den im Ausland vorhandenen Strukturen auf. Volksbildung und Gewerbefreiheit wurden vernachlässigt. Beides wurde als Gefahr für den Bestand der Autokratie wahrgenommen. Im 17. und 18. Jahrhundert, unter Zar Peter und Zarin Katharina, warb das Regime gezielt Ausländer an, die über die in Russland fehlenden Schlüsselqualifikationen verfügten. Die ausländischen Fachleute erhielten umfangreiche Privilegien, darunter sogar die Religionsfreiheit. Damit wurden Leistungen und Fertigkeiten eingekauft, die es erübrigten, die entsprechenden Fähigkeiten aus der russischen Gesellschaft selbst heraus zu entwickeln. Nicht von ungefähr waren es vor allem Ausländer und der russische Staat selbst, die jene schwache Industrialisierung bewerkstelligten, zu der es bis zum Abstieg des Zarismus im 20. Jahrhundert kommen sollte. Erst in der sowjetischen Phase der russischen Geschichte wurden die Bildungspotenziale des russischen Volkes in voller Breite erschlossen.

2.1.2 Der Zusammenbruch des kaiserlichen China

In der Konfrontation mit dem Westen erwies sich der chinesische Kaiserstaat als gelähmt. Einige Provinzgewaltige erkannten zwar den Ernst der Lage. Sie holten westliche Berater, erwarben moderne Waffen und richteten Schulen ein. Aber ihre Bemühungen waren lediglich Tropfen auf den berühmten heißen Stein. Es fehlte auch nicht an Ratgebern in der Beamtenschaft, die am kaiserlichen Hof auf Reformen drängten. Aber das Leben am Kaiserhof drehte sich unverändert um sich selbst. Die Gefahr ernsthafter Reformen für den Erhalt des Gewohnten wurde von der Dynastie als größer eingeschätzt, als wenn sich die Fremden in einigen Küstenorten festsetzten. Die bei weitem überwiegende, in alten Gewohnheiten und ultraorthodoxen Einstellungen verknöcherte Mehrheit der Beamtenschaft teilte diese Haltung. Demgegenüber hatte Japan nach der Abschaffung des Shogunats durch reformwillige Feudalfürsten nicht nur den Aufbau einer Industrie, die Anlage moderner Verkehrswege und die Modernisierung seiner Streitkräfte nach westlichen Vorbildern in Angriff genommen, sondern in Windeseile auch ein allgemeines Schulwesen und moderne Universitäten auf die Beine gestellt.

Für junge Chinesen, die das marode Kaisertum und Chinas Ausbeutung durch den Westen beklagten, wurde Japan zum Vorbild. In Tokio wuchs bis zum Beginn des 20. Jahrhunderts eine chinesische Emigrantengemeinde heran, die ihre Kenntnis der westlichen Welt aus japanischen Übersetzungen westlicher Literatur erwarb (Spence 1985a). Junge Chinesen zogen mit den Strömen chinesischer Kontraktarbeiter (für den Eisenbahnbau) über den Pazifik und studierten in den USA. In Beijing selbst wurde gegen Ende des 19. Jahrhunderts nach westlichem Vorbild eine staatliche Universität gegründet. Auch private, von westlichen Geldgebern finanzierte Universitäten entstanden. Diese Hochschulen entwickelten sich zu Kristallisationskernen der Kritik an der Rückständigkeit Chinas. Hier wuchs jetzt eine zunächst sehr kleine Gegenelite heran, die das Gesicht des Landes bis weit ins 20. Jahrhundert verändern sollte.

Eine Revolution stieß 1911 die Qing vom Thron. Zunächst blieb sie allerdings ein oberflächliches Ereignis. Ihr Initiator, der in den USA ausgebildete Arzt Sun Yatsen, hatte mit dem Geld reicher Auslandschinesen und mit tatkräftiger Hilfe krimineller Organisationen (Geheimgesellschaften) im von Beijing traditionell schwierig zu kontrollierenden Süden des Landes einen Aufstand angezettelt. Die Ausläufer dieser Revolte erreichten bald die Hauptstadt. Es folgte ein vollständiger Zusammenbruch der Jahrtausende alten Ordnung. Mit dem Ende der Dynastie verschwanden die Gelehrten-Beamten in der historischen Kulisse. An ihre Stelle traten ausgebildete Militärs. Diesen fehlte es aber an der Fähigkeit, das Land zu verwalten. Der erste General auf dem an Stelle des Throns aufgestellten Präsidentensessels, Yuan Shikai, vermochte den Kaiser nicht zu ersetzen, niemand schuldete ihm Loyalität. Bereits 1916 trat er zurück, nachdem er den Fehler gemacht hatte, Ambitionen auf die Restauration der Kaiserherrschaft zu zeigen (Nathan 1976). China zerfiel in mehr oder weniger große Gebietsfragmente, in denen ein Militärbefehlshaber, gestützt auf ihm persönlich ergebene Truppen, das Sagen hatte. Diese Warlords waren faktisch ihre eigenen Herren (Ch'i 1976).

Resümieren wir nun, was hier geschehen war. China war in dieser Epoche noch kein Staat im modernen Sinne gewesen, d.h. kein politisches Gebilde mit klar definierten Grenzen, mit der Unterscheidung von Staatsangehörigen und Nicht-Staatsangehörigen, mit einer Apparatur zur Erzwingung von Rechtsnormen und mit weiteren Strukturen zum Management der Außenbeziehungen. China verkörperte eine politische Welt für sich, die sich mit der Vorstellung einer konkurrierenden Welt jenseits der asiatischen Meere und Gebirge nicht vertrug. Tibeter, Koreaner, Vietnamesen, ja auch Japaner hatten darin Platz, aber keine Europäer oder US-Amerikaner. Die Jahrtausende währende Stabilität der sinozentrischen Welt machte China wehrlos, als es sich – wie Japan – offensiv mit dem Westen hätte auseinandersetzen müssen. Es kam noch hinzu, dass China, selbst wenn es gewollt hätte, dies bei seiner großen Ausdehnung und bei der Vielzahl seiner Dörfer und Städte in überschaubarer Zeit gar nicht hätte leisten können. In europäischen Analogien entsprach China etwa dem hochmittelalterlichen Imperium Romanum, das durch die römische Kirche zusammengehalten wurde, wo das Schriftlateinische die Reichssprache war und katholische Priester und Mönche als Ritualverwalter und Sinnstifter walteten.

2.2 Die Ära der nationalistischen Republik

2.2.1 Das Entstehen des chinesischen Nationalismus

Der Zugriff der westlichen Mächte auf China blieb auch nach dem Sturz der letzten Dynastie bestehen. Es fehlte eine funktionierende Zentralgewalt, die eine flächendeckende wirtschaftliche Modernisierung Chinas hätte leisten können. Nur um die großen Städte der Küstenregionen setzte eine punktuelle, aber stürmische Modernisierung ein. Im Umfeld von Industrie und Handel entstand allmählich eine schmale chinesische Mittelschicht: Fabrikanten, Ärzte, Künstler, Wissenschaftler, Anwälte (Pye 1996). Das wichtigste Ferment in der politischen Entwicklung waren aber Schüler, Studenten und Arbeiter. Zunächst erhob der Nationalismus seine Stimme.

Am 4. Mai 1919 kam es in Beijing zu Protesten von Schülern und Studenten. Sie empörten sich darüber, dass die Versailler Friedenskonferenz das deutsche „Schutzgebiet" Qingdao nicht in die chinesische Souveränität zurückgegeben, sondern vielmehr Japan als Rechtsnachfolger eingesetzt hatte. Die Demonstranten gehörten zur noch sehr schmalen Schicht von Chinesen, die über die Außenwelt Bescheid wussten und darüber hinaus den Grundgedanken des Nationalstaates verinnerlicht hatten: das Selbstbestimmungsrecht. Aus den Teilnehmern und Zeugen dieses Ereignisses gingen zahlreiche Persönlichkeiten hervor, die Chinas Geschichte in den kommenden Jahrzehnten mitbestimmen sollten (Schwarcz 1986). Der Verrat der Pariser Friedenskonferenz am Grundsatz des Selbstimmungsrechts hatte gravierende Folgen. Eine kritische Masse unter den jungen Intellektuellen verstand dies ganz zutreffend als Ausdruck europäischen Dünkels und rassistischer Herabsetzung. Es blieb asiatischen Beobachtern auch nicht verborgen, dass die Versailler Konferenz unter Berufung auf das Selbstbestimmungsrecht zur gleichen Zeit in Südost- und Ostmitteleuropa artifizielle Staaten aus der Taufe hob. Mit alledem war die junge Sowjetunion nicht belastet. Sie wurde vielmehr bewundert, weil sie ein neues politisches Modell verkörperte und den Kolonialismus verurteilte.

Lenin und die Sowjets kehrten den eurasischen Charakter Russlands, d.h. seine Brückenlage zwischen Ost und West heraus. Sie gewannen damit auch in Asien große Resonanz. Der junge Sowjetstaat hatte alle Attribute des klassischen Nationalstaates abgelegt, und die Kommunistische Partei hatte die Völker der Welt aufgerufen, sich gegen die koloniale Unterdrückung aufzulehnen. Die Kommunistische Internationale (Komintern) mit ihrem Sitz in Moskau präsentierte sich als Befreiungsagentur für die unterdrückten Völker. In der Arbeiterschaft der chinesischen Küstenstädte, vor allem in Shanghai, wo Ausländer und zunehmend auch Chinesen Fabriken betrieben, fassten dank gewerkschaftlicher Arbeit kommunistische Funktionäre Fuß.

Zahlreiche junge Chinesen hatten sich bereits vor dem Ersten Weltkrieg als Vertragsarbeiter in der europäischen Industrie anwerben lassen. Nach 1918 fragte die durch zahlreiche Kriegstote geschwächte französische Industrie chinesische Arbeiter nach. Etliche Chinesen studierten in Frankreich und auch in Deutschland. Für Künstler und Intellektuelle blieb Japan nach wie vor ein begehrtes Ziel. Es handelte sich hierbei aber nicht um Emigranten, die ihrer Heimat für immer den Rücken kehren wollten. Die Emigrationswilligen wählten hingegen, wie auch viele arme Japaner, eine Zukunft in den USA, wo sich als Folge früherer Emigrationswellen bereits etablierte Netzwerke von Auslandschinesen gebildet hatten: die paradigmatischen Chinatowns (Lin 1998: 24ff.).

Nicht wenige der in Europa lebenden Auslandschinesen gerieten an ihren Arbeits- und Studienplätzen in Kontakt mit dem kommunistischen Milieu. Der radikale Internationalitätsanspruch der Komintern beherrschte die kommunistischen Parteien und Organisationen Europas. In der vorstalinistischen Epoche richtete die sowjetische Politik große Hoffnungen auf China. Das sozialistische Experiment in Russland war noch nicht konsolidiert. An die ursprünglich einmal fest erwartete sozialistische Revolutionierung der westeuropäischen Industriemetropolen war bald nicht mehr zu denken. Weltweiter Rückhalt für die Russische Revolution wurde nunmehr in Asien erwartet (zum sozialgeschichtlichen Hintergrund Chinas vom Sturz der Qing bis zur Gründung der Volksrepublik: Lorenz 1977).

Die nächste Großrevolution erschien in China am wahrscheinlichsten. Die Autorität seiner Zentralregierung war zusammengebrochen. Die Herrschaft der regionalen Warlords stand auf ihrem Höhepunkt. Die seit 1921 von Sun Yatsen, dem Führer der 1912 gegründeten nationalistischen Partei beanspruchte gesamtchinesische Regierung zeigte eine polizeilich und militärisch ernst zu nehmende Präsenz lediglich in einigen Küstenstädten, in denen das europäische Ausland seine Exklaven unterhielt. Eben dort gab es ein Industrieproletariat und viele Gründe für sozialen Protest. In der Moskauer Wahrnehmung wies die Situation Chinas starke Parallelen mit der vorrevolutionären Situation in Russland auf. Ein großes, überwiegend bäuerliches Volk sollte mit einer kommunistischen Erhebung in den großstädtischen Metropolen zur Revolution geführt werden. So ließe sich die Isoliertheit des Sowjetsystems in Russland beenden und ein Fanal für die Kolonialvölker Asiens setzen. Moskau begleitete und unterstützte die Gründung der Kommunistischen Partei Chinas (KPCh). Erst 1926 sollte die KPCh allerdings als Faktor der chinesischen Politik auftreten. Die Bühne gehörte vorerst noch den Warlords in den Provinzen und der nationalistischen Bewegung Guomindang (GMD) um Sun Yatsen.

2.2.2 Die Guomindang (GMD)

Die Warlords waren Militärbefehlshaber unterschiedlichster Couleur, die zumeist eine oder mehrere Provinzen kontrollierten. Sie verkörperten die effektive Staatlichkeit in China. Das Primärziel der GMD-Nationalisten war es, überhaupt erst einen handlungsfähigen chinesischen Staat zu installieren. Im Zentrum ihrer Bemühungen stand zunächst die Unterwerfung der Warlords. Moskau unterstützte die GMD zunächst als eine fortschrittliche, antikolonialistische Bewegung. Stalin befand sich bis in die späteren 1920er Jahre noch in der Auseinandersetzung mit Trotzki. Der internationalistisch gesinnte Trotzki stand für die Idee, überall in der Welt, wo sich die Chance bot, sozialistische Revolutionen zu entfachen. Diese Idee beseelte verständlicherweise zahlreiche Kommunisten in anderen Ländern, denen die Russische Revolution gezeigt hatte, dass die vorhandene Ordnung auch dann beseitigt werden konnte, wenn sie dafür nach den

Drehbuchanweisungen von Marx und Engels noch gar nicht reif war. Demgegenüber ging es Stalin darum, zunächst und vorrangig das in der Sowjetunion Erreichte zu sichern. Diesem Zweck wurde das Operieren der von Moskau gelenkten Kommunistischen Parteien untergeordnet.

Die GMD hatte ihren Ausgangspunkt im südlichen China gehabt. Seit den Zeiten der Opiumkriege hatte die Provinz Guangdong dank ihrer günstigen Häfen und ihrer Handelsprodukte den engsten Kontakt zum westlichen Ausland. Von dort und aus den benachbarten Provinzen waren die meisten Chinesen ins Ausland emigriert, vorzugsweise in die USA. Die bedeutendste Figur der GMD war Sun Yat-Sen. Ihm ging es nicht nur um die Restauration einer handlungsfähigen Zentralregierung. Er wollte auch die vollständige Wiederherstellung der Souveränität über die Vertragshäfen. Für die GMD war es zwar ein Leichtes, formal die Kontrolle über China zu gewinnen. Zwar beanspruchte die GMD die Regierung des Landes. Für freie Wahlen fehlten allerdings schon im verbreiteten Analphabetismus und in der autoritären Struktur der GMD alle Voraussetzungen. Die Operationsbasis der GMD blieb bis in die Mitte der 1920er Jahre die südliche Metropole Guangzhou (Kanton). Die sowjetische Führung hatte die junge und noch schwache KPCh 1923 veranlasst, mit der GMD zusammenzuarbeiten. Sie unterstützte Sun Yatsen mit allen Mitteln, so leistete sie Aufbauhilfe bei der Schaffung einer modernen Armee. Die GMD wurde nach sowjetischem Vorbild als Kaderpartei organisiert, die Streitkräfte wurden von vornherein als Parteiarmee konzipiert.

Die in der Nähe von Guangzhou (Kanton) gegründete Whampoa-Militärakademie sollte zur Kaderschule der nationalistischen Bewegung werden. Mehr als eine gewisse militärische Kompetenz brachte die GMD-Elite aber nicht zustande. Nach dem Tode Sun Yatsens (1925) gelangte der GMD-Militärführer Chiang Kaishek an die Spitze der Nationalregierung. Chiang war als Offizier in Japan ausgebildet worden. Die wichtigsten gesellschaftlichen Stützen der nationalistischen Bewegung waren die reichsten Familien des Landes. Sie hatten ihr Vermögen im Handelsverkehr mit Europa und den USA erworben. Shanghai hatte für das nationalistische Regime besondere Bedeutung. Dort lebten die Finanziers der Nationalbewegung. Dort konzentrierten sich auch kriminelle Syndikate, die Teile der Wirtschaft kontrollierten. Die Grüne Gilde in Shanghai war eng mit der Nationalbewegung verflochten. Durch Einheirat in den reichsten Wirtschafts-Klan Shanghais und Chinas, die Sung-Familie, verband sich Chiang mit den Profiteuren der ungehemmten Ausbeutung (Seagrave 1988). Chiang trat später zum christlichen Glauben seiner Frau über. Er gewann damit die Unterstützung der US-amerikanischen protestantischen Kirchen, die in China von jeher besonders aggressiv missioniert hatten.

Als Militärchef der GMD schickte sich Chiang an, vom Süden aus ganz China zu erobern. Er erzielte beachtliche Erfolge bei der Bekämpfung der Warlords. Die einigermaßen professionell geführten GMD-Truppen, die zudem von kampferfahrenen europäischen Offizieren, darunter der frühere Reichswehrchef v. Seeckt, beraten wurden, waren den schlecht ausgebildeten und ausgerüsteten Soldaten der Warlords überlegen. Provinz für Provinz fiel nach dem Aufstieg Chiangs an die Zentralregierung. Die Kommunisten unterstützten die militärischen Handlungen mit Streikaktionen der von ihnen kontrollierten Gewerkschaften. Chiangs Erfolge fußten nicht selten auf Diplomatie. Er ließ sondieren, ob ein Militärbefehlshaber nicht die Seiten wechseln wollte. Verzichtete ein Warlord auf die Konfrontation, so setzte ihn Chiang nunmehr als Zivil- und Militärgouverneur der betreffenden Provinz ein. So errang die GMD häufig Siege, ohne weitere Feinde zu produzieren. Die Kehrseite dieser Einigungsstrategie war der Umstand, dass sich für die Menschen in den „befreiten" Provinzen nichts änderte: Willkür, drückende Steuerlasten und Verwaltungsdefizite blieben.

Zur Hauptstadt Chinas erklärte die GMD-Regierung die Metropole Nanjing im Zentrum der bevölkerungsstarken Osthälfte Chinas. Sie setzte sich damit symbolträchtig von der kaiserlichen Epoche ab. Mit der Organisation legitimatorischer Akte wie Verfassungsgebung und Wahlen gewann sie ferner die Anerkennung des Auslands. In den Gebieten, die nicht von der GMD kontrolliert wurden, galt ihr Wille wenig.

Die sowjetische Führung unterstützte Chiang, wie sie zuvor auch Sun unterstützt hatte. Sie sah in der GMD eine Kraft, die den Interessen des weltumspannenden britischen Imperiums schadete (die USA wurden in dieser Epoche noch nicht als bedeutender weltpolitischer Spieler wahrgenommen). Chiang erwies sich freilich als unlenkbar. Er nahm die sowjetische Hilfe in Anspruch, zahlte aber nicht wie erwartet zurück, weil er es vermied, sich mit den in China engagierten europäischen Mächten anzulegen. Chiangs erste Priorität war die Durchsetzung der GMD als bestimmende Kraft in ganz China. Ungeachtet des Bündnisses mit der KPCh wurden die Gewerkschaften unterdrückt und Agitatoren gegen die herrschenden Verhältnisse von Geheimpolizei und Bandenkillern brutal verfolgt. Als taktischer Verbündeter wurde Chiang für Moskau zunehmend wertloser, ja er schien den Ring der kapitalistischen Einkreisung der Sowjetunion sogar noch enger zu schließen.

2.2.3 Der Aufstieg der Kommunistischen Partei

Chiang nahm die Hilfe der KPCh in Anspruch, solange sie ihm nützlich war. Nachdem er mit Hilfe der von den Kommunisten beeinflussten Gewerkschaften

Shanghai erobert hatte, beschloss er, sich ihrer zu entledigen. Finanziert von der Geschäftswelt, bildete er eine private Truppe, die – gedeckt von Polizei und Armee – im April 1927 die Shanghaier Kommunisten und ihre Sympathisanten ermordete. Nahezu die gesamte KPCh wurde ausgelöscht. Die Verantwortung für diesen Schlag trugen die Moskauer Revolutionsstrategen. Sie hatten Chiang unterschätzt; die Führung der kleinen KPCh hatte der Komintern und dem hinter ihr stehenden Politbüro der KPdSU blind vertraut.

Die GMD war jetzt der politische Feind der KPCh. Die Kommunisten zogen sich nach diesem Schlag in die ländlichen Gebiete einiger Provinzen zurück. Dort bildeten sie Enklaven, wo sie ein Sowjetsystem errichteten. Die wichtigste Enklave entstand in einem unwegsamen Gebiet der südchinesischen Provinzen Jiangxi und Fujian. Die KPCh-Kader vertrieben Geldverleiher und Grundbesitzer. Landlose Bauern erhielten eigenen Grund und Boden. Für die GMD war der in den Sowjetgebieten betriebene ländliche Kassenkampf eine ebenso große Gefahr wie die noch unbesiegten Warlords im Norden Chinas. Die Abgelegenheit der Gebiete – es gab dort keine effektive politische Autorität, einige waren von örtlichen Banden beherrscht – gab den gut organisierten Kommunisten zwar die Chance, dort Fuß zu fassen. Ihre wirtschaftliche Basis war für den Unterhalt kleiner Armeen und zahlreicher Funktionäre aber zu schwach. Das nationalistische Regime konzentrierte seine militärischen Anstrengungen fortan ganz darauf, diese Sowjetenklaven zu erobern.

2.2.4 Der Lange Marsch und der chinesische Weg zur Revolution

Der zum Mythos gewordene Lange Marsch ist ein Schlüsselereignis der jüngeren chinesischen Geschichte (zum Folgenden: Salisbury 1985). Die Episoden der Sowjetenklaven und des Langen Marsches waren von heftigem Streit um unterschiedliche Konzepte begleitet, wie in China das sowjetische System installiert werden sollte. Die Berater der Komintern, die selbst keine fundierte Landeskenntnis besaßen, drängten auf die Befolgung der in Moskau ergangenen Weisungen. Sie empfahlen der chinesischen KP-Führung Schritte, die den Machtkämpfen und Kalkülen an der Spitze der sowjetischen Partei folgten. Die chinesische Situation verkannten sie aber grundlegend. Dies zeigte sich auch darin, dass sie selbst nach dem Shanghaier Massaker an den chinesischen Kommunisten noch darauf bestanden hatten, die GMD-Herrschaft in den großen Städten herauszufordern. Ein in Guangzhou (Kanton) angezettelter, dilettantisch vorbereiteter kommunistischer Aufstand war im Dezember 1927 im Kugelhagel der überlegenen GMD-Kräfte gescheitert. Und auch in den ländlichen Sowjetgebieten verlangten Stalins Agenten in der Komintern, die vorhandenen Kräfte auf die

Eroberung benachbarter Großstädte zu konzentrieren. Der in das Schema des Historischen Materialismus gepresste Verlauf der Russischen Revolution wurde auf die chinesischen Verhältnisse kopiert.

Werfen wir dazu kurz einen Blick auf die Sowjetunion und die kommunistische Weltbewegung. Zwischen 1928 und 1933 hatte Stalin seine Gegner im Streit um die Kontrolle der sowjetischen Partei endgültig ausmanövriert. Er verfolgte das Ziel, die Sowjetunion in kürzester Zeit zu industrialisieren, um sie verteidigungsfähig zu machen. Die großen kommunistischen Parteien in Deutschland und Frankreich wurden dazu angehalten, sich auf die politische und soziale Agitation zu beschränken, aber nichts zu unternehmen, was als Intervention der Sowjetunion in die Angelegenheiten anderer Staaten hätte gedeutet werden können. Das sowjetische Staatsinteresse hatte den revolutionären Impuls der kommunistischen Idee überwuchert.

Vor diesem Hintergrund plädierten die von der Komintern delegierten Berater der KPCh für ein abermaliges Arrangement mit dem nationalistischen Regime. Dagegen opponierte zunächst subtil, dann aber offener Mao Zedong. Mao war nach der Ermordung des Gros der KP-Mitglieder in Shanghai eine der Führungsfiguren in der Partei geworden. Im Unterschied zu vielen anderen Parteigrößen in der KPCh hatte er keinerlei Auslandserfahrung. Darin ähnelte er Stalin. Mao kultivierte nicht so sehr seine Belesenheit in den Schriften von Marx, Engels und Lenin, wie es unter den Führungskadern und -aspiranten aller kommunistischen Parteien üblich war. Er glänzte vielmehr mit seiner Kenntnis der chinesischen Geschichte und insbesondere der klassischen chinesischen Kriegskunst.

Durch geschicktes Taktieren und Überzeugen gewann Mao die führenden Kader der KPCh für den Plan, sich nicht mehr um die von Stalin diktierten Richtungsgebungen zu kümmern und statt dessen eine Revolution unter den besonderen chinesischen Bedingungen anzustreben. Als Folge trat eine Entfremdung zwischen der chinesischen und der sowjetischen Kommunistischen Partei ein. Sie sollte bis zum Ende der Sowjetunion andauern.

An den kommunistischen Bürgerkriegsfronten entwickelten die militärischen Führer der KPCh ihre berühmte, von Mao Zedong später auch theoretisch verarbeitete Guerillakriegstaktik. 1934 hielten die Sowjetgebiete dem Druck der Nationalisten nicht mehr stand. In einer dramatischen Aktion, dem bis 1935 dauernden Langen Marsch, durchbrachen kommunistische Truppen die nationalistischen Belagerungsringe. Auf verschlungenen Wegen, dabei stets den Attacken der Nationalisten und verschiedener Warlords ausgesetzt, schlugen sie sich durch das unwegsame und unwirtliche Westchina in das vorbereitete Rückzugsgebiet Yan'an in der entfernten Nordwestprovinz Shaanxi durch. Die Provinz lag fernab von den Kerngebieten unter Kontrolle der GMD und recht nahe an der von der

Sowjetunion kontrollierten Mongolei. Japanische Truppen standen nicht weit von Beijing, das wiederum an der Peripherie der Mandschurei gelegen war, wo Japan 1932 den Marionettenstaat Mandschukuo installiert hatte. In der Manschurei hatte Japan eine massive militärische Präsenz aufgebaut. Die KPCh hatte einen strategisch vorteilhaften Rückzugsraum gewählt. Jedes Vordringen der GMD-Armeen in Richtung Nordwesten barg das Risiko eines Konflikts mit Japan. Von Yan'an aus nahm die kommunistische Führung mit ihrem drastisch reduzierten Anhang die Eroberung neuer Gebiete im Norden Chinas in Angriff.

2.3 Antijapanischer Krieg und Bürgerkrieg

2.3.1 Krieg gegen Japan

Japanische Truppen überfielen 1937 Nanjing, Shanghai und andere chinesische Städte. Große Teile der Küstengebiete wurden dauerhaft besetzt. Um den gemeinsamen Gegner Japan zu bekämpfen, schlossen Kommunisten und Nationalbewegung einen Burgfrieden. Dieser entsprach auch den Interessen der Sowjetunion, die eine Aggression der japanischen Militärmacht gegen ihre Fernostprovinz fürchtete. Japan hatte mit der von ihm betriebenen Sezession der Mandschurei bereits die rüstungsrelevanten Schwerindustrien Chinas an sich gerissen. Die Nationalregierung zog sich vor den militärisch überlegenen Invasoren in das unzugängliche Sichuan zurück. Die von Land her praktisch nicht zu erobernde Stadt Chongquing am Oberlauf des Jangtse wurde vorübergehend zum Regierungssitz. Im Norden Chinas führten die Kommunisten einen Guerillakrieg gegen die japanischen Besatzer. Dieser Kleinkrieg band beträchtliche Teile der japanischen Truppen. Er änderte aber nichts an der faktischen Kontrolle Japans über die strategisch und wirtschaftlich wichtigen Gebiete. Politisch brachte er der KPCh allerdings großen Gewinn. Die Partei erwarb dank ihrer Widerstandsaktivität Sympathien in der Bevölkerung des besetzten Nordchina.

Die KPCh baute im antijapanischen Krieg Untergrundstrukturen auf, die bereits auf die Zeit nach dem Abzug der Japaner berechnet waren. Das Verhalten der kommunistischen Truppen hob sich vorteilhaft sowohl von der Brutalität des japanischen Besatzungsregimes als auch vom Auftreten der nationalistischen Armeen ab. Lebensmittel wurden nicht einfach requiriert, sondern bezahlt; das Eigentum der einfachen Bauern wurde respektiert. Die kommunistischen Kader lebten selbst wie Bauern. Sie sprachen ihre Sprache und gaben sich bescheiden. Sie hielten sich dabei an den Kodex, der das Leben in der kommunistischen Hauptstadt Yan'an regelte. Mao und andere höchste Funktionäre trugen einfache Kleidung und ernährten sich spartanisch, sie verrichteten gemeinsam Feldarbeit und lebten in Gruppen, die gemeinsam wohnten und arbeiteten. Ferner legten sie einen prüden, dem polygamen und verschwenderischen Auftreten der Reichen und Mächtigen Chinas ostentativ entgegengesetzten Lebensstil an den Tag. In einzelnen Fällen, vor allem bei Mao selbst, war dies lediglich Attitüde. Ganz allgemein war es jedoch eine vernünftige Antwort auf das Leben in Yan'an, einem der unwirtlichsten Orte im von der Natur ohnehin nicht begünstigten Nordwestchina. In dieser Zeit reifte Yan'an zum Mythos (dazu der Augenzeugenbericht von Snow 1974 (Erstaufl. 1938)). Das Leitbild dieser kommunistischen „Urgemeinde" sollte später, in der Ära der Volksrepublik, als Vorlage für die Um- und Neugestaltung der ganzen Gesellschaft dienen.

Die Nationalregierung schonte bis zum Ende der japanischen Besatzung die ihr verbliebenen Truppen. Chiang hielt sein Pulver für die unvermeidliche Kraftprobe mit den Kommunisten trocken. Schon bald nach dem Eintreten der USA in den Krieg zeichnete sich ab, dass sich Japan in China auf Dauer nicht würde halten können. Sehr zum Ärger der US-amerikanischen Militärs blockte Chiang die Forderung der USA ab, die Nationalregierung solle einen nennenswerten militärischen Beitrag leisten, um den pazifischen Krieg abzukürzen. Mit Hilfe seiner politischen und gesellschaftlichen Verbindungen zum amerikanischen Establishment vereitelte Chiang alle Versuche, ein stärkeres Engagement im antijapanischen Krieg zu erzwingen (Tuchman 1988). Es gelang ihm sogar, weiterhin die Versorgung mit hochwertigem Rüstungsmaterial zu sichern. Nach dem Ende der Kriegshandlungen stieg Chiang in der Gunst der US-Administration auf. In der Anti-Hitler-Koalition wurden die antikommunistischen Reflexe nach Kriegsende noch eine Zeitlang unterdrückt; die Sowjetunion wirkte an der Neugestaltung Europas mit. Für Asien galt diese geopolitische Zurückhaltung gegenüber der neuen Weltmacht und den mit ihr verbundenen Kommunistischen Parteien nicht.

2.3.2 Nationalisten und Kommunisten im Kampf um die Macht im Nachkriegschina

Gleich nach der japanischen Kapitulation im September 1945 lebte der Bürgerkrieg erneut auf. Sein Ausgang wurde von der Tatsache entschieden, dass die Nationalisten nunmehr jeglichen moralischen Kredit in der Bevölkerung verloren hatten. Die Kommunisten propagierten demgegenüber eine in der ländlichen Bevölkerung populäre Politik der Landreform und Armutsbekämpfung, die sie in den von ihnen beherrschten Gebieten bereits demonstrativ in die Tat umsetzten. Die betonte Volksnähe der Kommunisten widerlegte zudem die Propaganda der Nationalisten, die eine drohende kommunistische Herrschaft in den schwärzesten

Farben ausmalten. Die Nationalregierung malträtierte in den Jahren nach dem Ende der japanische Besatzung die Landbevölkerung weiterhin mit steuerlicher Ausbeutung und mit Zwangsrekrutierungen für ihre Armee. Die wahllose Repression und die Bereicherung der GMD-Politiker und -Offiziere kostete sie selbst in den Städten Sympathien. Die Rote Armee dagegen ging mit den erbeuteten und übergebenen Waffen, darunter die gesamte Palette der amerikanischen Rüstungsproduktion, vom Guerillakrieg zum konventionell geführten Großkrieg über. 1948 zog sich die politische Führung der GMD auf die Insel Taiwan zurück, die erst nach der japanischen Kapitulation überhaupt erst wieder unter chinesische Souveränität zurückgekehrt war. 1949 wurde in Beijing, das seine historische Hauptstadtfunktion zurückerhielt, die Volksrepublik China ausgerufen.

2.3.3 Chinesischer Kommunismus und Weltkommunismus

Während dieser Ereignisse vollzog sich auf der anderen Seite des Globus die Spaltung Europas. Die Westalliierten wechselten im Verhältnis zur Sowjetunion die Rolle des Partners mit derjenigen des politischen und militärischen Rivalen. Die im europäisch-atlantischen Raum jetzt Platz greifende Politik der antikommunistischen Eindämmung pflanzte sich in der Chinapolitik fort. Die USA unterstützten die schwache Nationalregierung, die im Bürgerkrieg Gebiet um Gebiet verlor. Die GMD-Regierung wiederum projizierte das denkbar falsche Bild einer von kommunistischer Aggression in die Ecke gedrängten Bastion westlicher Freiheit und Lebensweise in die US-amerikanische Öffentlichkeit. Asienkundige US-Militärs und Diplomaten wussten es zwar besser. aber eine grobschlächtige und falsche Deutung der Ereignisse beherrschte die Öffentlichkeit. Die Sowjetisierung der ostmitteleuropäischen Staaten zwischen 1946 und 1948 wurde als Szenario auf Ost- und Südostasien projiziert. Demzufolge hatte allenthalben, von der Gründung der chinesischen Volksrepublik über den antikolonialistischen Krieg in Indochina (Vietnam) bis hin zu den Streiks linker japanischer Gewerkschaften stets die Sowjetunion ihre Finger im Spiel.

Stalin gewährte den chinesischen Kommunisten keineswegs die massive Unterstützung, die eine ideologisch gleichgerichtete Partei hätte erwarten dürfen. Mao Zedong war, wie auch der kommunistische Führer Jugoslawiens, Josip Broz Tito, ganz ohne die Unterstützung Moskaus, ja gegen dessen Willen an die Spitze der KPCh gelangt. Erst als der Sieg der Kommunisten nicht mehr in Zweifel stand, zog Moskau seine Hand von Chiang Kaishek ab. Dieses Detail unterstreicht abermals, dass die chinesische Kommunistische Partei ein Eigengewächs der jüngeren chinesischen Geschichte ist, keineswegs ein politisches Implantat europäischen Ursprungs.

2.4 Der Aufbau des chinesischen Kommunismus nach sowjetischem Vorbild

Die Jahre nach dem Untergang des kaiserlichen China waren von Erfahrungen bestimmt gewesen, die in zweierlei Hinsicht scharf mit der Tradition gebrochen hatten. Die Menschen in den Dörfern der okkupierten Gebiete hatten im chinesisch-japanischen Krieg erstmals hautnah eine Fremdherrschaft kennen gelernt, die bis in den kleinsten Alltag hineinreichte und den Gegensatz zwischen Menschen anderer Herkunft und Sprache hervorkehrte. Bürgerkrieg, Besatzung und abermals Bürgerkrieg hatten Fluchtbewegungen in einem bisher unbekannten Maßstab ausgelöst. Viele – nicht zuletzt einfache – Menschen wurden sich der Größe und Vielfalt, aber eben auch der kulturellen und zivilisatorischen Einheit des Landes bewusst. In sozialwissenschaftlicher Sprache fand hier ein Nation-building statt, das dem State-building, d.h. der Schaffung effektiver Staatlichkeit, vorausging.

2.4.1 Kollektivierung der Landwirtschaft

Als sich die KPCh 1950 anschickte, das Land zu regieren, verloren die Erfahrungen des Bürgerkriegs ihren unmittelbaren Nutzen. Sie hatte einige Strukturen der Volksrepublik zwar vorbereitet (Esherick 2002). Aber erst jetzt gewann die praktische Anschauung der Sowjetunion für China an Bedeutung. Die Russische Revolution hatte sich erstens, wie in China, in einem überwiegend agrarischen Land ereignet. Zweitens war es der Sowjetunion unter Stalin in kürzester Zeit gelungen, sich zu industrialisieren und verteidigungsfähig zu machen.

Die Industrialisierung war in der Sowjetunion bis 1933 mit der Zwangskollektivierung der privaten Landwirtschaft in Gang gebracht worden. Den landwirtschaftlichen Kollektiven wurden Produktionsmengen vorgeschrieben, die bis auf geringste Quoten für den Eigenverbrauch an den Staat abgeführt werden mussten. Der Staat wiederum organisierte die Versorgung der Städte mit Grundnahrungsmitteln. Zur Flankierung dieser Politik hatte die sowjetische Führung einen Repressionsapparat aufgebaut, der jegliche Regung politischen Dissenses und offene Unzufriedenheit mit den Verhältnissen unterdrückte. Die Ergebnisse dieser Strategie waren beachtlich: Die noch in den 1930er Jahren international geächtete Sowjetunion war 1950 trotz eines verheerenden Krieges zur Weltmacht aufgestiegen. Es gab für die chinesischen Kommunisten bei aller persönlichen Animosität zwischen Mao und Stalin keinen Grund, beim Aufbau des chinesischen Sozialismus nicht dem sowjetischen Beispiel zu folgen.

Betrachten wir zunächst die Entwicklung auf dem Lande. Bis 1956 waren 90 Prozent der bäuerlichen Haushalte in ländliche Kollektivwirtschaften gezwungen worden, die das Dorf in eine Wirtschaftseinheit umwandelten. Seit 1957 wurden die Kollektivwirtschaften mehrerer Dörfer im Zuge der von Mao betriebenen Kommunebewegung zu so genannten Volkskommunen verschmolzen. Die Bauern sanken – wie 20 Jahre zuvor in der Sowjetunion – auf den Status von Landarbeitern herab. Die Leitung der Kommune dirigierte die Arbeitskräfte so, dass Bauernfamilien auch weitab von ihren Heimatdörfern arbeiten mussten. In der radikalsten Phase der Kommunebewegung wurden sogar die Mahlzeiten kollektiviert, d.h. das Essen in Kantinen vorgeschrieben. Dies alles diente dem Zweck, die Bindung der bäuerlichen Bevölkerung an die Familie zu schwächen. Auf der Habenseite dieser Entwicklung stellte sich eine – allerdings keineswegs flächendeckende – Verbesserung der ländlichen Infrastruktur ein, insbesondere der Bau von Straßen, Schulen und Krankenhäusern sowie die Elektrifizierung der Dörfer. Die entsprechenden Arbeiten wurden von den Kommunemitgliedern geleistet. Den Kommunen wurden darüber hinaus Aufgaben der örtlichen Verwaltung, darunter die Geburtenkontrolle, übertragen.

2.4.2 Planwirtschaft und Sowjetisierung der Elitenstruktur

In der KPCh war Kompetenz in der Wirtschaftsverwaltung sowie in der Leitung großer Industriebetriebe und Verteilungssysteme rar. Mit Ausnahme weniger Funktionäre hatten die Kader einen bäuerlichen Hintergrund. Die meisten hatten Lebenserfahrung in den militärischen Strukturen der KPCh gesammelt. Die Führung der Volksrepublik befand sich hier in einem ähnlichen Dilemma wie die sowjetischen Kommunisten nach der erfolgreichen Revolution.

Nach einer Übergangsphase, in der noch private Unternehmer geduldet wurden, hatten chinesische Kader, die in der Sowjetunion geschult worden waren, die Wirtschaftslenkung übernommen. Sie errichteten ein planwirtschaftliches System, das den Ressourceneinsatz und die Produktion zentral festgelegte und nach strikten Regeln dezentral verteilte. Die Inhaber der Führungspositionen in Partei, Staat und Wirtschaft wurden mit Privilegien bedacht, so bei der Zuteilung von Wohnungen und beim Bezug knapper Konsumgüter. Auch hier hielten sich die chinesischen Kommunisten an das sowjetische Vorbild. Diese Privilegien sollten Anreize schaffen, um die mit der Führungsposition verbundenen Erwartungen auch tatsächlich einzulösen. Umgekehrt drohten Statusverluste, wenn die

Erwartungen verfehlt wurden. Das Ergebnis war eine „neue Klasse" in den Worten des jugoslawischen Sozialismusanalytikers Milovan Djilas (1976). Schließlich wurde auch die Armee umgestaltet. Aus der Bauern- und Bürgerkriegsarmee wurde eine professionelle Militärorganisation abermals nach sowjetischem Vorbild. Die erste Führergeneration der Volksbefreiungsarmee (VBA) erhielt ihre militärische Ausbildung an sowjetischen Akademien. Bewaffnung, Ränge, Befehlsstränge, Reglement und Taktik der Sowjetarmee wurden ebenfalls kopiert.

Um die Institutionen des Staates, der Wirtschaft und der Streitkräfte rankte sich eine für alle sozialistischen Systeme charakteristische Doppelstruktur. Sämtliche Führungspositionen von unten bis auf die höchste Ebene unterlagen der Nomenklatur der KPCh. Je nach Wichtigkeit der Position schlug die Partei den Positionsinhaber vor, oder sie musste umgekehrt den Personalvorschlägen der Staats- und Wirtschaftsverwaltungen zustimmen. Jeder höhere Kader im Staats- und Wirtschaftsapparat und jeder Offizier musste zudem Parteimitglied sein.

2.4.3 Konflikt zwischen sozialistischer Realität und Maos kommunistischer Utopie

Mit der Kopie des sowjetischen Modells eignete sich die Volksrepublik die Errungenschaften des modernen Staates an. Der sowjetische Parteistaat war anfänglich auf eine herausgehobene Führerfigur wie Stalin oder Chruschtschow ausgerichtet gewesen. Er wandelte sich erst später zu einer im Politbüro repräsentierten Oligarchie der Verwaltungen und Apparate – Partei, Militär, Wirtschaft, Geheimdienst. Die Auffassungen über die Richtigkeit des sowjetischen Modells klafften in der chinesischen Führung bereits recht früh auseinander. Planwirtschaftsspezialisten, Politbürokraten, Verwaltungsleiter und Truppenführer waren die Gewinner des State-building unter sowjetischem Vorzeichen. Die wichtigsten Spitzenpositionen wurden notorisch mit Kadern besetzt, die der Generation des Langen Marsches angehörten. Die Entbehrungen und Grenzsituationen des Bürgerkrieges lagen nun weit zurück. Die Kader stellten sich jetzt auf die neuen Verhältnisse ein. Viele wurden nüchterne, graue Verwalter eines Status quo, der nach langen Jahren des Kampfes und der Opfer endlich Ruhe und Sicherheit versprach.

Die Zentralfigur der KPCh, Mao Zedong, hieß es nicht gut, dass China so stark dem sowjetischen Sozialismus nacheiferte. Maos politisches Kapital waren der Mythos des Revolutionsführers, Charisma und Visionen. Den Erfolg der chinesischen Revolution schrieb er der Volksnähe der Kommunisten, ihrer einfachen Lebensweise, der egalitären Gesinnung und dem Primat der Ideologie vor technischer Kompetenz zu. Mao war ein politischer Romantiker, ein Politiker mit literarischen Ambitionen. Für ihn zählten Gesinnungstreue und Willenskraft stärker als Wissen und Professionalität. Die vormalige Bedeutung Maos als Ideengeber, Symbol und Präzeptor der kommunistischen Bewegung verblasste in den ersten Jahren des sozialistischen China. Bei den zahllosen Kadern, die Chinas Landwirtschaft, Industrie, Städte und Dörfer verwalteten, zählten Routine, Befehlsstränge und Ressourcenplanung. Die hehre Idee von der egalitären Gesellschaft rückte in eine ferne Zukunft.

Der chinesische Sozialismus schien den gleichen Weg zu nehmen wie vor ihm der sowjetische. Hatte die Architektur des Parteistaates in der Sowjetunion aber mit den Interessen ihres Konstrukteurs und langjährigen Steuermannes Stalin übereingestimmt, ja hatte Stalin das sowjetische System geradezu perfekt auf seine persönliche Kontrolle zugeschnitten, so empfand Mao den bürokratischen Superstaat als Verfälschung seiner Idee vom Sozialismus mit chinesischem Gesicht. Er spürte zudem, dass er als Visionär und Symbolfigur der chinesischen Politik überflüssig würde, wenn sich die Politik nur noch um das Machbare, um Expertise und um die Ausübung bürokratischer Macht drehte. Mao wollte die vergangene Welt der Revolutions- und Bürgerkriegsjahre in Yan'an, in der sich alles um Politik und um das Räsonnieren über Politik gedreht hatte, in die Gegenwart zurückholen. Der Primat der Politik sollte den sich immer deutlicher abzeichnenden Primat der Sachzwänge wieder ablösen. Die psychologisch überaus schwer fassbare Gestalt Maos, die laufende Meter an biografischer Literatur hervorgebracht hat, soll hier nicht weiter skizziert werden (zum politischen Denken Maos: Schram 1975 (Erstaufl. 1963)).

In dem beschriebenen Spannungsverhältnis drückte sich ein Machtkonflikt aus. Die bürokratiegebundene Kaderherrschaft, letztlich also die Herrschaft der Neuen Klasse, und die inzwischen verklärte Selbstwahrnehmung Maos als volksnaher, unverbildeter Wegweiser zum chinesischen Sozialismus waren unvereinbar. Der erste moderne Staat in der chinesischen Geschichte fußte auf einem vielleicht nicht sonderlich effizienten, aber doch realistischen System politischer und ökonomischer Lenkung. Maos – nie präzise ausformulierte – Idee einer vom politischen Bewusstsein gesteuerten, in unablässiger Bewegung befindlichen Gesellschaft ließ hingegen keine Anhaltspunkte für alternative Formen der Staatlichkeit erkennen.

2.5 Maos Kampagnenpolitik

2.5.1 Lasst Hundert Blumen blühen

Auf Maos Veranlassung begann 1957 eine Kampagne mit dem Motto: „Lasst Hundert Blumen blühen. Lasst Hundert Schulen miteinander wetteifern". Wissenschaftler, Künstler und Literaten wurden aufgefordert, frei heraus Kritik an der Realität des chinesischen Sozialismus zu üben. Mao hatte dabei einen Test im Sinne. Es sollte geprüft werden, ob die geistige Elite positiv zu schätzen wusste, was in den vergangenen Jahren erreicht worden war. Die Aufforderung zur Kritik mündete in einen Sturzbach von Negativbewertungen, die eine tiefgreifende allgemeine Unzufriedenheit zum Ausdruck brachten. Nach geraumer Zeit wurde die Kampagne abgeblasen. Zahlreiche Kritiker, die ungeschminkt ihre Meinung kundgetan hatten, wurden mit Degradierungen, Auftritts- und Veröffentlichungsverboten sowie mit anderen Repressalien überzogen (Spence 2001: 664ff.). Die Intellektuellen hatten Mao enttäuscht. Mao selbst war ein Autodidakt. Mit dem Verfassen von Gedichten und mit kalligrafischen Arbeiten pflegte er in aller Öffentlichkeit ein Image, das eher an den Habitus des konfuzianischen Gelehrten als an einen kommunistischen Revolutionär erinnerte. Den Verlauf der Hundert-Blumen-Kampagne empfand Mao als Verhöhnung, er war gekränkt. Den Misserfolg schrieb Mao dem Wirken seiner Feinde in der Partei zu.

2.5.2 Großer Sprung nach Vorn

Maos Initiative zum nächsten Kraftakt beim Aufbau des Sozialismus galt der Wirtschaft. Mit Hilfe der Massen, also der einfachen Menschen in Stadt und Land, sollte die bisher in vorsichtigen Schritten geplante industrielle Produktion in einem gewaltigen Kraftakt gesteigert werden. Mit Unterstützung seiner Anhänger in den Parteigremien setzte Mao 1958 die Kampagne des „Großen Sprungs nach Vorn“ durch. Insbesondere die Stahl- und Metallproduktion sollte so rasch gesteigert werden, dass sie bald das Niveau der – damals noch beträchtlichen – britischen Produktion erreichte. (Zu dieser Zeit wurde industrielle Kapazität weltweit noch in Eisen- und Stahlprodukten gemessen.) Bäuerliche Kommunen und Betriebe in metallfernen Branchen, ja sogar Verwaltungsbehörden sollten aus Schrott, Blech und Draht in primitiven Miniaturöfen, die auf Dorfplätzen, Fabrikhöfen und Freiflächen errichtet wurden, verarbeitungsfähigen Stahl schmelzen.

Die Kampagne brachte das Land an den Rand des Chaos. Metallgegenstände in Haushalten und Büros wanderten in Öfen, die durchweg minderwertigen, industriell nicht nutzbaren Stahl produzierten. Bauern vernachlässigten ihre Ernten und holzten ganze Wälder ab, um die Öfen in Betrieb zu halten. Die Folgen waren u.a. dramatische Schädigungen der Vegetation, die zum Teil erst heute spürbar werden. Die Eisen verarbeitenden Betriebe dehnten ihre Belegschaften von heute auf morgen massiv aus. Neu eingestellt wurden Bauern aus den umliegenden Landstrichen. Diese nutzten die Chance, aus ihren Dörfern wegzukommen und von den Annehmlichkeiten eines regelmäßigen Geldeinkommens zu profitieren. Schulen, Universitäten und Verwaltungen vernachlässigten ihre Aufgaben. Auf dem Lande konnte vielfach die Ernte nicht eingebracht werden, weil die Bauern ihre Zeit mit dilettantischer Industriearbeit verbrachten. Aus den gleichen Gründen wurde die Saat für die nächste Ernte vernachlässigt. Der Große Sprung endete in einer gigantischen Hungersnot. Ihr fielen in den Jahren 1959/60 nach groben Schätzungen Menschen in zweistelliger Millionenzahl, vor allem auf dem Lande, zum Opfer (Spence 2001: 677ff.).

Die hoch gesteckten Produktionsziele wurden weit verfehlt. Wegen der starken Konzentration auf den Metallsektor ging die Produktion in anderen Industriezweigen zurück. Auf einer dramatischen Konferenz der Parteiführung (Lushan-Konferenz) wurde Mao 1959 mit den ökonomischen Fakten konfrontiert. Sein Hauptkritiker, der Verteidigungsminister Peng Dehuai, wurde umgehend kalt gestellt, weil er es gewagt hatte Mao vorzuwerfen, er habe die katastrophalen Folgen des Großen Sprungs sehenden Auges ignoriert (Salisbury 1985: 418ff., Terrill 1980: 286f.). Die Politik des Großen Sprungs wurde in den Jahren 1960/61 deutlich zurückgenommen (Terrill 1980: 310ff., Salisbury 1992: 219ff.). Unter Leitung des Wirtschaftsfachmannes Deng Xiaoping gelangte die Ökonomie wieder in die vor dem Großen Sprung verfolgten Bahnen. Die Lushan-Konferenz markierte die erste politische Herausforderung Maos seit den frühen 1930er Jahren. Aus der Öffentlichkeit zog sich Mao fortan zurück (Terrill 1980: 332ff.). Um so stärker traten Liu Shaoqui, der nach Maos Verzicht auf diese Funktion Staatspräsident wurde, und der Wirtschaftsexperte Deng Xiaoping hervor, beide Pragmatiker, die – wie die meisten Parteiführer – vom Großen Sprung nie begeistert gewesen waren.

2.5.3 Mao und die Entwicklungen in der sowjetischen Welt

Zwar hatte sich Mao nach dem Scheitern des Großen Sprungs zurückgezogen. Aber er verfolgte weiterhin argwöhnisch die Entwicklung in der übrigen sozialistischen Welt. Die außerchinesischen Ereignisse bestärkten seine frühere Einschätzung, dass der revolutionäre Elan, wie einst in der früheren Sowjetunion, nachlassen könnte. Bereits 1956 hatte Mao die sowjetische Führung ermuntert, den Reformkurs der ungarischen Kommunisten mit militärischen Mitteln zu beenden (zu den Entwicklungen in der sozialistischen Staatenwelt, die im Handeln der chinesischen Kommunisten als Referenzgröße stets gegenwärtig waren: Hartmann 1983, Hoensch 1977). Stalins Radikalität, sein rücksichtsloses Verfolgen hoch gesteckter Ziele und die Verunsicherung der sowjetischen Kader durch

Säuberungs- und Verdächtigungskampagnen, kurz: das stalinistische Herrschaftssystem, waren in Maos Sicht bestens geeignet, das Sicherheits- und Routinebedürfnis zu konterkarieren, das jede Bürokratie letztlich entwickelt. Deshalb weckte die von Stalins Nachfolgern betriebene Entstalinisierung Maos Misstrauen. Der XX. Parteitag der KPdSU (1956) wurde weltweit noch nicht sonderlich stark beachtet. Chruschtschow hatte dort Stalin als politischen Verbrecher gezeichnet. Aber der Parteitag war eine geschlossene Veranstaltung gewesen, Stalins Platz im öffentlichen Leben blieb im Wesentlichen unverändert. Der XXII. Parteitag der KPdSU (1961) ging in dieser Hinsicht sehr viel weiter. Stalin wurde aus dem öffentlichen Leben verbannt. Städte, Straßen und Plätze, die Stalins Namen trugen, wurden umbenannt und Stalins Leichnam aus dem Lenin-Mausoleum entfernt.

Dieser Umgang mit Stalin empörte Mao. Stalin durfte geschmäht werden, um sich von seiner Politik zu verabschieden. Seine Nachfolger sicherten damit ihre Besitzstände. Auch Chruschtschows Kurs der friedlichen Koexistenz mit der kapitalistischen Welt, der einen nuklearen Krieg vermeiden sollte, lehnte Mao ab. Mao ging hingegen von der Führbarkeit eines nuklearen Krieges aus. Chruschtschow wie auch seine Nachfolger avancierten zu Hassfiguren. Die Tiraden gegen die sowjetische Führung und den angeblichen Verrat der Sowjetunion am Sozialismus wurden auf Jahre hinaus zum festen Bestandteil der chinesischen Propaganda. Bereits 1961 zog Moskau Berater und Experten ab, die beim Aufbau der chinesischen Industrie geholfen hatten. Nachdem China 1964 seine erste Nuklearwaffe getestet hatte, froren die Beziehungen zur Sowjetunion vollständig ein.

2.5.4 Beginn der Kulturrevolution

Die Auseinandersetzung Maos mit den Apparaten lebte wenige Jahre nach dem Abblasen des Großen Sprungs wieder auf. Ein symbolträchtiges, als mutig und vital empfundenes Schwimmen Maos im Jangtse kündigte ein Comeback an; den bäuerlichen Chinesen war das nasse Element von jeher suspekt. Mao rief 1966 die Große Proletarische Kulturrevolution aus. Sein Misstrauen gegen die Führer von Partei, Staat und Armee war ungebrochen. Auf den Kommandohöhen des Systems verortete Mao überall frühere Weggefährten, die sich ihm in den Weg gestellt – und verraten – hatten. Als Hauptwidersacher machte er Liu Shaoqi, den Staatspräsidenten aus. Zudem war in der Volksrepublik eine junge Generation herangewachsen, die Revolution und Bürgerkrieg nicht mehr erlebt hatte. Der revolutionäre Elan ließ sich nach Maos Auffassung nur im Kampf, im Angriff auf das Bestehende erneuern (zum Folgenden: Spence 2004: 216ff.). Was lag also näher, als den Kampf mit einer Attacke auf die Älteren zu eröffnen, die sich in einem nachrevolutionären Status quo eingerichtet hatten?

Maos Lehre aus der Vergangenheit lautete, die überkommenen Befehlsstränge in Staat und Gesellschaft zu unterbrechen. Mit den Apparaten, so die Wahrnehmung, ließ sich die Fehlentwicklung hin zu einem chinesischen Sozialismus sowjetischer Art nicht verhindern. Also kam es darauf an, die Pfeiler der bestehenden Verhältnisse zum Einsturz zu bringen, d.h. den Respekt der Schüler vor den Lehrern, der Jüngeren vor den Älteren, der Untergebenen vor den Vorgesetzten zu beseitigen. Mao zielte auf nichts weniger als auf die Zerstörung der vom Konfuzianismus geprägten Grundlagen der Alltagskultur ab. Deshalb traf der Slogan einer Kulturrevolution ganz korrekt den Kern des Unterfangens.

Die Kulturrevolution war eines der seltsamsten Ereignisse des 20. Jahrhunderts. Sie wurde von einem scheinbar belanglosen literarischen Disput angestoßen. Eine Shanghaier Zeitung veröffentlichte 1966 die Rezension eines in der Hauptstadt aufgeführten Theaterstücks, in dem es um die Entlassung eines Beamten im alten China ging. Die Rezension stellte das Stück als verfremdete Kritik an der Entlassung des früheren Verteidigungsministers Peng Dehuai hin. In dieser Lesart richtete sich das Stück gegen Mao. Das Erscheinen der Rezension in Shanghai deutete auf Mao als Urheber der literarischen Attacke. In der radikalen Shanghaier Parteiorganisation genoss Mao starken Rückhalt. Vor diesem Hintergrund gewann die Rezension den Charakter einer Fundamentalkritik an der politischen Linie des Staatspräsidenten Liu Shaoqi und des Wirtschaftsverantwortlichen Deng Xiaoping. Beide hatten die Produktion nach dem Experiment des Großen Sprungs pragmatisch in die üblichen planwirtschaftlichen Bahnen zurückgelenkt. Mao ließ die Partei mit diesem feuilletonistisch kaschierten Angriff wissen, dass er den Plan einer radikalen Umgestaltung Chinas nicht aufgegeben hatte.

2.6 Die Kulturrevolution und das Ende der Mao-Ära

2.6.1 Zusammenbruch der staatlichen Autorität

Die Kulturrevolution begann mit der Kündigung des Gewalttabus. Bald nach der noch literarisch verfremdeten Attacke auf die Staatsführung traten die ersten so genannten Roten Garden auf. Sie waren von der Parteilinken mobilisiert worden. Es handelte sich um Schüler und Studenten, die in das starre Pauksystem der höheren Bildung eingebunden waren. Sie wurden von den Radikalen im Umfeld Maos aufgerufen, die traditionell erwartete Disziplin über Bord zu werfen, Lehrer und Professoren auf den Prüfstand zu stellen, ihre Vergangenheit zu durchleuchten und sie zu zwingen, sich zu Vorwürfen über dunkle Punkte in ihrer Vergangenheit zu äußern: Hatten sie vor 1949 mit den Nationalisten paktiert, hatten sie die Revolution verraten, den japanischen Besatzern geholfen, Kritik am Großen Vorsitzenden Mao geübt? Die Bewegung sprang von Schulen und Universitäten auf Verwaltungen, Betriebe und Parteidienststellen über. Zunächst wurde sie noch mehr oder weniger subtil von den Einflüsterern aus den radikaleren Parteikreisen gelenkt. Auch Ministerien und höchste Parteidienststellen wurden nicht verschont. Erst einmal von den Fesseln der gesellschaftlichen Ächtung für Gewalt, Demütigung und Rufschädigung befreit, attackierten Jugendliche Lehrer, Parteifunktionäre und höhere Beamte. Sie nahmen ihnen vorsätzlich ihr Gesicht, indem sie schlugen, quälten, einsperrten, die Opfer mit Schimpfplakaten behängten, sie mit so genannten Schandhüten durch die Straßen führten und in erniedrigender Pose auf der Ladefläche von Lastwagen zur Schau stellten. Minister und höchste Parteisekretäre fielen diesen Ausbrüchen von Gewalt, Demütigung und Beschimpfung zum Opfer; etliche ließen dabei ihr Leben, darunter Peng Dehuai, der Mao auf der Lushan-Konferenz 1959 zu kritisieren gewagt hatte, und der als „chinesischer Chruschtschow" geschmähte Liu Shaoqui, den Mao als persönlichen Gegner empfand.

Die wenigen Roten Garden, die nicht einfach nur gegen die Lehrer und Autoritäten rebellierten, sondern, wie etwa in Shanghai, ideologischen Anspruch zeigten und eine Kommune ausriefen, wurden aber umgehend zurückgepfiffen (Wang 1999: 200). Diese Ausnahmen bestätigten, dass Mao mit nüchternem Kalkül die Gewaltbereitschaft pubertierender Jugendlicher manipulierte. Binnen weniger Monate kam das öffentliche Leben in den Städten zum Stillstand. Mao selbst trat jetzt aus den Kulissen heraus. Er zeigte sich in öffentlichen Auftritten vor den Roten Garden und rief dazu auf, die Konterrevolutionäre im Hauptquartier der Revolution, d.h. in der Partei selbst, zu bekämpfen.

Bis 1968 steigerten sich die kulturrevolutionären Aktivitäten. Sie gewannen die Züge eines Generationenaufstands. Sie waren zugleich Ausdruck des Status- und Sozialneids. Die Roten Garden zersplitterten sich in moderate und radikale Gruppen, die sich nicht selten auch selbst bekämpften. Privilegierte Kaderkinder stritten gegen Gleichaltrige, die den Kadersprösslingen ihre Beziehungen und Milieus neideten. In den größten Städten des Landes eskalierten die Aktionen zu bürgerkriegsartigen Auseinandersetzungen. Polizei und Justiz verhielten sich passiv. Zahlreiche Funktionsträger, Intellektuelle und Künstler wurden mit absurden Beschuldigungen in die Straf- und Arbeitslager der nordöstlichen Grenzregion eingewiesen. Für mehrere Jahre fiel die Schul- und Universitätsbildung aus. Kinder, deren Eltern Lagerhaft verbüßten, wurden sich selbst überlassen. Das kulturelle Leben kam zum Erliegen. Die banalsten Alltagstätigkeiten wurden mit den Worten des Großen Vorsitzenden Mao glorifiziert, von denen die wichtigsten im berühmten Roten Buch zusammengefasst waren. Um Mao entstand ein Personenkult, der dem Vergleich mit dem Stalinkult in der frühen Sowjetunion standhielt. Die Uniformierung der Gesellschaft erreichte mit der grauen oder blauen Einheitskleidung einen Höhepunkt. Im Gewande einzelner Roter Garden bildeten sich Jugendbanden, die ihre Umgebung terrorisierten. Die Kulturrevolution sollte für eine ganze Generation zum Trauma werden. Sie wirkt in den mittleren und älteren Jahrgängen bis heute nach. Die traditionelle Abscheu des Volkes vor Luan, dem Chaos, erhielt neue Nahrung.

2.6.2 Entradikalisierung der Kulturrevolution

Drei Gruppen blieben von den Ereignissen der Kulturrevolution weitgehend verschont: Bauern, Arbeiter und Soldaten. Die Eisenbahnen, die Elektrizitätsversorgung, die Produktion alltäglicher Gebrauchsgüter und die Lebensmitteldistribution in den Städten funktionierten. Die hohlen politischen Diskussionen und die Phrasen des Großen Vorsitzenden Mao erreichten die arbeitende Bevölkerung kaum. Diese hatte genug damit zu tun, ihre Familien über die Runden zu bringen. Auch die Bauern lebten und arbeiteten wie eh und je. Die von Mao kontrollierte Restpartei achtete nach den desaströsen Erfahrungen des Großen Sprungs nach Vorn darauf, nichts zu unternehmen, was die Ernte hätte gefährden können.

Die Kulturrevolution wütete hauptsächlich im Bildungs- und Kulturbereich sowie in Politik und Verwaltung – also in den Multiplikatoren- und Steuerungsbereichen der Gesellschaft. Bemerkenswert war das Vorbeifluten der Kulturrevolution an der Armee. Nachdem auch an der Spitze der Streitkräfte zunächst einige Köpfe gerollt waren, trat Ruhe ein. Verteidigungsminister blieb Lin Biao, ein enger Weggefährte Maos seit den Tagen von Yan'an. Lin hatte Maos Gunst, weil er wie dieser für das Konzept der guerillakriegsfähigen Volksarmee und gegen eine technisierte Armee nach sowjetischem Vorbild eingetreten war.

Die Armee hielt still, während in den Städten bereits das Chaos regierte. Erst als die Roten Garden 1968 dazu übergingen, ihre Auseinandersetzungen mit Waffen auszutragen, schritt die Armee ein. Auch Mao hatte eingesehen, dass ein weiteres Treibenlassen der Ereignisse in der vollständigen Unregierbarkeit enden würde. Die Armeekommandeure in den Provinzen wurden ermächtigt, Ordnung zu schaffen. Die Roten Garden wurden aufgelöst und viele der darin aktiven Jugendlichen zwangsweise in die Dörfer geschickt, um „vom Volke zu lernen". Dieser Schritt löste ein weiteres Trauma aus – diesmal bei den Jüngeren, von denen die Kulturrevolution inszeniert worden war. Schüler und Studenten aus städtischen Verhältnissen, die an einen gewissen Standard von Konsum, Unterhaltung und Bildung gewöhnt waren, mussten ein Leben unter Bauern führen. Sie mussten körperlich arbeiten, Felder düngen, ohne Elektrizität auskommen, auf Zeitungen, Bücher und die gewohnte Hygiene verzichten – abseits fester Straßen und ohne Verbindung zu Eltern und Verwandten. Nach dem Tode Maos (1976) und am Beginn der Reformpolitik durften die Zwangsverschickten wieder in ihre Heimatorte zurückkehren. Sie waren nun in jeder Hinsicht desillusioniert, besaßen keine vollständige Ausbildung und mussten die minderwertigen Jobs annehmen, die ihnen angeboten wurden. Viele nahmen aus den Dörfern Hass und Verachtung für die Bauern mit. Wenn das Leben für die Masse der Chinesen trotzdem ohne große Brüche weiterging, war dies hauptsächlich ein Ausdruck der dörflichen Autarkie. Aus den Reihen dieser „verlorenen", enttäuschten Generation gingen später, in der Reformzeit, zahlreiche Unternehmensgründer hervor, die vom Wunsch beseelt waren, verpasste Lebenschancen mit Reichtum und Konsum nachzuholen.

2.6.3 Ende der Kulturrevolution und Kampf um Maos Nachfolge

Offiziell wurde die Kulturrevolution im Jahr 1969 abgeblasen. Tatsächlich dümpelte das Land noch jahrelang inaktiv und steuerungsunfähig vor sich hin. Viele Staats- und Wirtschaftsfunktionäre befanden sich in Straflagern oder in der ländlichen Erziehung. Das Führungspersonal, das die Kulturrevolution überlebt hatte, verhielt sich abwartend, um nicht mit Initiativen aufzufallen, die in möglichen späteren Kampagnen zum Nachteil hätte ausgelegt werden können. Maos hohes Alter und seine Abgeschiedenheit von den Ereignissen im Lande verlangten inzwischen ihren Tribut. Mao geriet – in der Art der letzten Kaiser – immer stärker in die Abhängigkeit einer Clique, die ihm über das Weltgeschehen und die Ereignisse im Lande berichtete. Im Mittelpunkt dieser Kamarilla standen seine Frau Jiang Jing und ehrgeizige Jungpolitiker aus dem Umfeld der radikalen Shanghaier Parteiorganisation. Mit zunehmendem körperlichen Verfall – Verlust der Sprachfähigkeit! – ließ sich kaum mehr unterscheiden, ob die Verlautbarungen aus dem Quartier des Parteiführers von Mao selbst oder aus seiner Entourage kamen (Li, Z. 1994). Bezeichnend für den Autoritätsverfall im politischen Zentrum war ein bis heute mysteriöser Staatsstreichversuch des Verteidigungsministers Lin Biao im Jahr 1971. Das dilettantisch vorbereitete Unternehmen scheiterte. Auf der Flucht mit dem vermuteten Ziel der Sowjetunion stürzte Lins Flugzeug ab.

Als einziger Weggefährte aus Yan'aner Tagen hielt sich Maos Ministerpräsident Zhou Enlai, Sprössling einer alten kaiserlichen Beamtenfamilie. Er hatte in den kulturrevolutionären Wirren ausgehalten und sich mit Erfolg um die Aufrechterhaltung der minimalen volkswirtschaftlichen Überlebensfunktionen gekümmert. Zhou hatte 1973 den in der Kulturrevolution kalt gestellten und in die Provinz verbannten Spitzenfunktionär Deng Xiaoping rehabilitieren lassen, um mit seiner Hilfe geordnete Verhältnisse herzustellen. Inzwischen griffen jedoch Maos Frau Jiang Qing und radikale Parteiführer aus dem Shanghaier Milieu – die Viererbande – in die politischen Geschehnisse ein, indem sie die Autorität des handlungsunfähigen Mao vorschoben. Zhou starb noch vor Mao im Jahr 1975. Prompt sorgte Maos Umgebung dafür, dass Deng ein zweites Mal in die politische Wüste geschickt, d.h. aller Ämter enthoben wurde. Dennoch hatte die Viererbande um Maos Witwe Jiang Qing einen schweren Stand.

Zhous Begräbnis geriet zu einer politischen Demonstration. Die Demonstranten waren junge Chinesen, die in der Zeit der Kulturrevolution herangewachsen waren. In Anbetracht der Tatsache, dass Zhou das Gegenteil des ideologischen Politikers verkörpert hatte, dass er Umsicht, Gelassenheit, Würde und Distanz, also klassische Tugenden der Regierenden im alten China repräsentierte, war die ostentative Trauer um sein Verscheiden ein Ereignis von größter Tragweite. Die Gesellschaft sehnte sich offensichtlich nach Ruhe, Kontinuität und Berechenbarkeit. Erst Maos Tod (1976) sollte die Voraussetzungen dafür schaffen.

Unter dem farblosen Interimspolitiker Hua Guofeng wurde die Viererbande um Maos Witwe kaltgestellt, krimineller Verfehlungen angeklagt und inhaftiert. Zur entscheidenden Figur in der politischen Führung wurde nunmehr der erneut rehabilierte Deng Xiaoping. Er war bis zur Kulturrevolution in verschiedenen Wirtschaftsfunktionen tätig gewesen (Chang 1984). Nach dem Tode des unangreifbaren Mao regten sich höhere Kader und Cliquen, die bis dahin still gehalten hatten. Das Land hatte die Chance auf einen Neustart.

2.6.4 Bilanz der Mao-Ära

Der Aufbau moderner staatlicher Strukturen hatte sich in der frühen Volksrepublik zunächst in den Formen der sowjetischen Parteistaatlichkeit vollzogen. Er scheiterte letztlich am Utopismus Maos. Auf den Trümmern des Erstversuchs mit einem Sowjetsystem wurde in einem allmählichen Veränderungsprozess ein Zweitversuch organisiert. Nach Lage der Dinge gab es keine andere Möglichkeit, als zunächst wieder an das sowjetische Modell anzuknüpfen. Der Große Sprung nach Vorn und die Kulturrevolution hatten die Menschen desillusioniert. Was gestern als loyal galt, war heute politisch falsch. Dieselben Kader, die gestern noch in Amt und Würden gewesen waren, galten heute als Verräter und Verfemte. Der traditionelle Respekt vor Ämtern und Beamten wurde dabei aufgezehrt (Chu 2001).

Bevor wir zum jüngsten Abschnitt der chinesischen Geschichte übergehen, erscheint eine abschließende Reflexion über das Phänomen Mao Zedong angebracht. Manches am Auftreten Maos, die sphinxhafte Mimik, die sparsamen Gesten, die rätselhafte Rhetorik und die Liebe zu Sprachbildern erinnerten an das vorrevolutionäre China der Kaiser. Sein Wüten gegen die Konvention, gegen die Verehrung des Alters und des Lehrers waren indes revolutionär. Es stand gegen alles, was die chinesische Kultur als richtiges Verhalten überliefert hat. Die sozialwissenschaftlichen Metaphern und die kulturwissenschaftlichen Erklärungsmuster helfen hier nicht weiter. Wir treffen hier wie bei den Gestalten eines Hitler, Stalin oder Bonaparte auf historische Kontingenz, auf schicksalhafte Personen, die vernünftig nachvollziehbare Pfade unterbrechen.

2.7 Die Ära der Reformpolitik

Die im Folgenden geschilderte Epoche der jüngeren Geschichte dauert bis in die Gegenwart an (einen Überblick bietet Gittings 2005). Die neue politische Führung, personifiziert durch Deng Xiaoping, versuchte zunächst, sich durch die Trümmer der Kulturrevolution zur Wiederherstellung des Status quo ante vorzuarbeiten. Deng galt als Pragmatiker mit guten Verbindungen zu den überlebenden Staats- und Wirtschaftskadern der Zeit vor der Kulturrevolution. Ideologie und theoriegeleitete Politik bedeuteten Deng nichts. Seine Initiativen, seine Kontakte und sein bescheidenes Auftreten ließen ihn zur politischen Leitfigur der Reformpolitik werden (zur Biographie Dengs: Salisbury 1992: 461ff.). Dabei begnügte sich Deng mit der Mitgliedschaft im Politbüro, mit dem Rang eines Stellvertretenden Ministerpräsidenten und mit dem Vorsitz im mächtigen Zentralen Militärkomitee.

2.7.1 Ökonomisches Reformprogramm Dengs

Die von Deng betriebenen Veränderungen standen im Zeichen des programmatischen Slogans der Vier Modernisierungen, die ein Parteitag der KPCh als Leitlinien der künftigen Politik beschloss. Der Klassenkampf verlor seine bisherige Priorität im Handeln der Partei. An seine Stelle sollten die Modernisierung der Ökonomie, der Technik, der Wissenschaft und der Landesverteidigung treten. Die Vier Modernisierungen postulierten das Aufholen Chinas zu den entwickelteren und wohlhabenderen Ländern.

Der leninistische Parteistaat wurde nach 1977 repariert. Zunächst wurden die im Lande verstreuten, einschlägig kompetenten Altkader in die alten Wirkungsbereiche zurückgeholt. Gleichzeitig wurden Maßnahmen getroffen, um das Ausbildungsdefizit auszugleichen, das durch den nahezu zehn Jahre dauernden Ausfall des Unterrichts an höheren Schulen und Universitäten entstanden war. Die Kulturrevolution hatte in das Lehrpersonal der Universitäten und in die Forschungseinrichtungen große Lücken gerissen. Die Regierung förderte nun unter anderem das Auslandsstudium.

Im Jahr 1978 erhielten Bauern die Erlaubnis, wieder eigenverantwortlich zu wirtschaften, langfristig Land zu pachten und Ernteüberschüsse, die nach Abzug einer an den Staat abzuführenden Quote übrig blieben, gewinnbringend zu verkaufen. Dieser Schritt war auf Produktionsanreize angelegt. Er erwies sich als voller Erfolg. Bauernmärkte sprossen aus dem Boden. Für einige Jahre avancierten die Bauern zur wohlhabendsten Schicht in China (Oi 1999). Die Industrie war aber nach wie vor unproduktiv. Für eine Modernisierung fehlten allerdings die Mittel. Zur Devisenbeschaffung waren die veralteten Staatsindustrien ungeeignet. 1982 beschloss die Parteiführung, China für ausländische Investoren zu öffnen. In den südchinesischen Provinzen Guangdong, Zhejiang und Fujian wurden Sonderwirtschaftszonen eingerichtet, in denen ausländische Investoren und Firmen Fertigungsanlagen errichten durften. Bodenpacht und Steuersätze waren gering bemessen, spülten aber dringend benötigte Devisen in die Staatskasse. Für die Investoren waren vor allem die geringen Arbeitskosten attraktiv.

Südchina wurde aus mehreren Gründen für die Anwerbung ausländischen Kapitals ausgewählt. Dieser Teil des Landes war von jeher Chinas Fenster zum Westen gewesen. Hong Konger und taiwanesische Unternehmer hatten von jeher enge und vielfältige Beziehungen zu den benachbarten Festlandsprovinzen. Billige Arbeit war schon bei der Industrialisierung Hong Kongs und Taiwans ein wichtiger Faktor gewesen. 1984 wurden Joint ventures erlaubt. Später wurde es auch Bürgern der Volksrepublik gestattet, kleine Gewerbe- und Handelsbetriebe zu gründen. 1988 wurde diese Konzession noch dahin erweitert, dass private Betriebe eine größere Zahl von Beschäftigten einstellen durften. Die Städte veränderten sich. Sie erhielten westliche Attribute mit Licht- und Plakatwerbung. In den Großstadtverkehr, der über dreißig Jahre hinweg ganz von Fußgängern und Radfahrern bestimmt gewesen war, mischten sich immer mehr private Pkw. Das Fernsehen verbreitete sich bis in die letzten Dörfer.

Diese Entwicklung war nur bedingt das Ergebnis eines durchgeplanten Prozesses. Es handelte sich um zwar kalkulierte, aber in den Ansätzen als experimentell zu verstehende Entscheidungen. Ließ man zunächst der „Bauernbefreiung“ in einigen Provinzen ihren Lauf und beobachtete man ihre Resultate und Folgen, so wurde die Reform auf ganz China ausgedehnt, sobald sich die Ergebnisse als unschädlich für die Partei und als vorteilhaft für die Lebensmittelproduktion herausgestellt hatten. Ministerpräsident Zhao Ziyang, der wie in allen leninistischen Systemen vorrangig für Wirtschaftsangelegenheiten verantwortlich war, bildete für alle weiteren Reformen ein Netz wissenschaftlich geschulter Berater. Sie studierten unter anderem ausländische Beispiele, um die Folgen geplanter Reformmaßnahmen einzuschätzen. Der Zeitkontext spielte ebenfalls eine Rolle.

Als die Reformpolitik begann, stand Japan auf dem Höhepunkt seiner weltwirtschaftlichen Bedeutung. Es konkurrierte in den USA ganze Bereiche der Gebrauchs- und Unterhaltungselektronik nieder und machte selbst den leistungsfähigen europäischen Autoproduzenten das Leben schwer. Die japanischen Großunternehmen kooperierten eng mit ihrer Regierung. Auch die so genannten Vier Kleinen Drachen – Hong Kong, Singapur, Taiwan und Südkorea – standen den chinesischen Reformern vor Augen. Die chinesische Reformpolitik drückte also ein Stückweit die erfolgreiche Diffusion erfolgreicher ökonomischer Modelle in der asiatischen Nachbarschaft aus.

2.7.2 Verlierer der Reformpolitik

Die Bauern, zunächst die Profiteure des Reformkurses, mussten den Gürtel bald wieder enger schnallen. Die Preise für Konsumgüter liefen den Erlösen für den Verkauf der Agrarprodukte davon. Beschäftigte im neuen Wirtschaftssektor mit seinen privaten und halbprivaten Eigentumsformen waren flexibler, mobiler und motivierter als die Arbeiter in den Staatsbetrieben. Die Staatsbetriebe registrierten rückläufige Aufträge. Auch Studenten und Intellektuelle waren nicht durchweg begeistert. Der politische Konformitätsdruck hatte zwar nachgelassen. Aber Meinungsfreiheit lag noch in weiter Ferne.

Bereits am Beginn des Reformprozesses hatte die Partei 1978 deutlich gemacht, dass die Reform den Primat der Partei nicht gefährden dürfe. Dies wurde an den Vorgängen um die Mauer der Demokratie deutlich: An eine Mauer in der Beijinger Innenstadt waren regimekritische Wandzeitungen geklebt worden. Ihre Initiatoren wurden aus dem Verkehr gezogen und verurteilt. Die Unzufriedenheit der Intellektuellen lag alles in allem aber weniger in der Demokratieverweigerung. Die meisten der durch die Kulturrevolution geprägten Menschen hatten überhaupt keine Vorstellung davon, was sich hinter diesem Begriff verbarg. Empörung reifte vielmehr in der Beobachtung, dass alle Lebensbereiche zunehmend um Geld und Bereicherung kreisten. Beamte, Professoren und selbst hohe Funktionäre zeigten sich korrupt. Die Studentengeneration der 1980er Jahre war im Geiste der frugalen Yan'an-Ideologie erzogen worden. Vorbildhaftigkeit und

Gesinnung wurden hoch gehalten – durchaus im Einklang mit der Bildungstradition. Aus einer Mélange von Sozialneid, sozialem Abstieg und enttäuschten Idealen erwuchsen 1989 die großen Proteste auf dem Platz des Himmlischen Friedens (Tiananmen).

2.7.3 Reform der Staatsverwaltung

Das Schlüsselwort der amtlichen Reformpolitik lautete auf Dezentralisierung der wirtschaftlichen Entscheidungen. Die Staatsindustrien wurden in die Verantwortung der Provinzen übertragen. Sämtliche Wirtschaftsaktivitäten auf der unteren Ebene sollten von den Kreisen, Verwaltungsgemeinden und Dörfern gemanaged werden. Die Zentralregierung behielt sich das Management strategisch wichtiger Bereiche wie Verkehr, Post, Telekommunikation, Energie und Währung vor.

Die Parteiführung beschloss 1982, Positionen im Verwaltungsapparat strikt nach Eingangsprüfungen und Qualifikation zu vergeben. 1988 wurde eine Reform der Zentralverwaltung in Angriff genommen, mit der sich die Zahl der – zumeist für bestimmte Industrien verantwortlichen – Ministerien drastisch verringerte. Dirigistische Eingriffe in das Wirtschaftsgeschehen wurden zurückgefahren. 1998 folgte eine zweite Reform, bei der die Anzahl der Ministerien auf die international übliche Zahl um die 30 fiel. In den Bereichen Wirtschaft und Soziales verzichtete die Partei recht weitgehend auf eine Detailsteuerung, im Sicherheitsbereich blieb so stark präsent wie seit je.

Experten und Reformerteams hatten in den 1980er Jahren die politischen Modelle im Ausland studiert, um einen Rahmen zu finden, in den sich die marktwirtschaftlichen Reformen einpassen ließen. Der Niedergang des Sozialismus in der Sowjetunion und in Osteuropa hatte die Führung darin bestätigt, das politische Monopol der Partei, die Kernbereiche des Staates und die Medien vor Veränderungen zu bewahren. Die Diskussion wandte sich deshalb zu autoritären Lösungen. Der Staat sollte den Marktkräften bis auf die Kontrolle strategisch wichtiger Bereiche wie Geld, Infrastruktur und Bildung weitere Entfaltung bieten. Als ideal wurden die Verhältnisse im Stadtstaat Singapur empfunden.

Deng Xiaoping war die treibende Kraft der Reformen. Er betrieb die Reformpolitik als zwar informeller, aber unbestrittener politischer Führer des Landes. Inzwischen im hohen Greisenalter, glaubte Deng 1987 den Reformkurs hinreichend konsolidiert. Er trat von seinem relativ bescheidenen Regierungsamt eines Stellvertretenden Ministerpräsidenten zurück und beschränkte sich fortan auf den Vorsitz der damals noch mächtigen Zentralen Militärkommission sowie auf die Mitgliedschaft im Ältestenrat der KPCh, der förmlich bloß eine beratende Funktion hatte. Seit 1982 lag die Parteiführung in den Händen des reformerisch gesinnten Funktionärs Hu Yaobang, das Amt des Regierungschefs bekleidete seit 1980 der Wirtschaftsexperte Zhao Ziyang.

2.7.4 Studentenproteste 1989: Die Grenzen der Reform

Hu Yaobang trat 1987 vom Amt des Generalsekretärs zurück. Die Umstände kamen einer Entlassung gleich. Hu wurden Studentenproteste angelastet, die sich ein Jahr zuvor ereignet hatten. Sie waren in Beijing und anderen Städten aufgeflammt und richteten sich gegen die Gängelung politischer Debatten durch die Partei. Hu zeigte Verständnis für die Protestierenden. In den Augen des Königsmachers Deng hatte er als kompromissloser Verteidiger der überkommenen Parteiherrschaft versagt. Zhao Ziyang trat seine Nachfolge an. Auch er war ein Reformpolitiker, er taktierte allerdings behutsamer als Hu. Die Entscheidung für Zhao, der ein enger Weggefährte Hus war, zeigte, dass Deng die wirtschaftlichen Reformen weiterhin voranzutreiben gedachte. Der Wechsel im Amt des Generalsekretärs bekräftigte indes die Entschlossenheit der Parteiführung, den politischen Raum von Veränderungen auszunehmen.

Hu starb überraschend im Frühjahr 1989. Aus einer Trauerkundgebung auf dem Platz des Himmlischen Friedens entwickelte sich eine unerwartete Protestkundgebung, an der sich hauptsächlich Studenten beteiligten, die Hu jetzt – übertreibend – als Idol einer liberalen Lockerung des Regimes betrauerten. Die Trauerfeier für Hu bot zudem die Gelegenheit, auf die Reformdefizite an den Universitäten hinzuweisen. Parteikonforme Professoren, Abhängigkeit des Studienplatzes vom Urteil engstirniger Parteisekretäre und kasernenartig organisierte, überfüllte Studentenheime bestimmten das Universitätsmilieu, während außerhalb der Universitäten die Reglementierung abgebaut wurde. Auch unterschwellige Empörung, dass in dieser Phase der Reformpolitik Geld und Wohlstand die traditionelle Hochachtung vor den intellektuellen Berufen überwucherten, spielte in die Proteste hinein.

Zhao Ziyang suchte das Gespräch mit den Wortführern der Protestierenden, er bekundete sein Verständnis für ihre Beschwerden. Eine Gruppe von Hardlinern im engeren Politbüro, darunter als prominentestes Mitglied der Ministerpräsident Li Peng, suchte demgegenüber die Konfrontation mit den Studierenden. Proteste dieser Art sollten auf keinen Fall Schule machen. Sie sprachen sich deshalb für die Bewertung der Proteste als Aufruhr aus. Auch Deng schloss sich dieser Sicht der Dinge an. Er hatte sich 1987 zwar aus der aktiven Politik zurückgezogen, war aber nach wie vor der eigentliche politische Führer Chinas. Der Vorwurf des Aufruhrs nahm den Demonstrierenden die Chance, den Protest in Würde, d.h. unter Anerkennung ihrer lauteren Motive zu beenden.

Die Auslandsmedien berichteten im großen Stil über die Ereignisse auf dem Platz. Sender in Hong Kong und im Ausland verbreiteten die Berichte in China selbst. Die Wortführer der Protestierenden wussten bald, dass sie von der Weltöffentlichkeit beachtet wurden. Der Protest driftete immer stärker in Formen, die auf das Interesse der westlichen Öffentlichkeit berechnet waren. Die Organisatoren waren recht geschickt: Sie trafen das Regime an dem Punkt, um den sich die Reformpolitik drehte – das Ansehen der Partei- und Staatsführung im Westen, mit dessen Kapital und Know-how die chinesische Ökonomie erneuert werden sollte. Doch mit dem Blick auf das Ausland forderten sie die politische Führung nur um so stärker heraus. Weil die Proteste jetzt vor den TV-Kameras abliefen, sollte um jeden Preis der Eindruck vermieden werden, die Regierung ließe sich erpressen. Studenten aus der benachbarten Metropole Tianjin und sogar aus dem fernen Shanghai beteiligten sich inzwischen an der Demonstration. In Shanghai selbst gab es Kundgebungen größeren Ausmaßes, die im Westen allerdings kaum wahrgenommen wurden.

Die Proteste auf dem Platz des Himmlischen Friedens verselbständigten sich. Hungerstreiks gegen die Verhandlungsweigerung der Regierung dramatisierten die Situation und weckten Sympathien in der Beijinger Bevölkerung. Schließlich begannen auch Arbeiter aus Beijinger Betrieben die Proteste zu unterstützen. Sie sprachen zwar nicht die Sprache der Studenten. Aber sie nutzten die inzwischen international beachteten Proteste, um ihre eigenen Sorgen auszudrücken. Die Mobilisierung der Arbeiter gab womöglich den Ausschlag, die Proteste mit Gewalt zu unterdrücken. Die Ereignisse in Polen, wo zur gleichen Zeit Arbeiterproteste die Herrschaft einer Kommunistischen Partei aushebelten, standen den Herrschenden lebendig vor Augen. In Warschau war die Regierung erst im Vorjahr (1988) in Verhandlungen mit einer unabhängigen Gewerkschaft eingetreten. Anders konnte das Land nicht mehr regiert werden.

Die Unzufriedenheit der Arbeiter, auch bereits die Sorge um den Arbeitsplatz, war der chinesischen Führung geläufig. Zehn Jahre früher waren die Arbeiter noch die legitimatorischen Hätschelkinder des kommunistischen Regimes gewesen. Inzwischen waren viele Arbeiter auf der Einkommensskala weit nach unten gerutscht. Der engere Kreis des Ständigen Ausschusses des Politbüros traf unter Beteiligung Dengs die Entscheidung, die Proteste gewaltsam zu beenden (Zhao, S. 2000). Weil örtliche Truppen wenig Zuverlässigkeit versprachen, geschah dies dann mit dem härtesten Einsatz ortsfremder Truppen. Danach setzte für eine Weile die zu erwartende Hexenjagd auf die Organisatoren der Proteste ein. Der Parteichef Zhao Ziyang verlor sein Amt; er wurde unter Hausarrest gestellt und verschwand bis zu seinem Tode (2005) aus der Öffentlichkeit.

2.7.5 *Fortsetzung der Reformpolitik unter Dengs Nachfolgern*

Der in der Wirtschaftspolitik eingeschlagene Kurs wurde trotz allem beibehalten. Auf den Zufluss von Auslandsinvestitionen hatten die Ereignisse keinerlei Einfluss. Deng bereiste 1992 ostentativ und mit großem Medienspektakel den Süden Chinas. Ein Besuch der Sonderwirtschaftszone Shenzhen verhieß symbolträchtig, dass es für Chinesen wie für Ausländer keinen Grund gebe, an der Fortsetzung der bisherigen Politik zu zweifeln. Nach Dengs Tod (1997) zeigte sich, dass das Regime inzwischen ohne eine Leitfigur auszukommen vermochte, die sich mit einer großen historischen Rolle legitimierte. Dengs Wunschnachfolger war der seit 1987 amtierende Generalsekretär und vormalige Premierminister Zhao Zijang gewesen. Auf ihn fiel der amtliche Tadel, dass es zu den Ereignissen auf dem Platz des Himmlischen Friedens hatte kommen können. Jiang Zemin, Zhaos Nachfolger als Generalsekretär der KPCh, war für Deng bloß zweite Wahl. Sein eigentlicher Wunschkandidat Hu Jintao war noch zu jung; er hatte noch nicht alle Vorbereitungsstationen für das Spitzenamt durchlaufen. Jiang war ein fähiger Funktionär, der allerdings keine größere Ausstrahlung besaß. Nach Ablauf seiner Amtszeit rückte 2001 als Nachfolger Hu Jintao nach, auch er ein erfahrener, gebildeter Funktionär von ähnlichem Format. Die regionalen Schwerpunkte in der Wirtschaftspolitik verlagerten sich in den 1990er Jahren auf Shanghai und die Jangtse-Region. Das private Unternehmertum wurde forciert, gleichzeitig wurde die Privatisierung und Rationalisierung der Staatsindustrie unternommen. Als Folge verloren Millionen Beschäftigte Arbeit und sozialen Schutz. Resümieren wir jetzt diesen historischen Abschnitt:

Das China Dengs und seiner Nachfolger nennt sich zwar immer noch sozialistisch. Aber dieses Etikett hat seine Bedeutung vollständig eingebüßt. Es handelt sich um eine gemischte Ökonomie mit überwiegend kapitalistischen Strukturen und schrumpfender Staatswirtschaft. Das politische System hat einige Eigenschaften des leninistischen Parteistaates bewahrt. Die Rolle der Partei in Wirtschaft und Gesellschaft ist inzwischen aber weit geringer als bei Beginn der Reformen in den 1980er Jahren und als in der Sowjetunion Gorbatschows bis zu ihrem kläglichen Ende.

Die russische Führung hatte sich wenige Jahre nach Auflösung der Sowjetunion (1991) für eine Schocktherapie entschieden. Der Systemwechsel verlief rascher und radikaler als in China. Die Führung lieferte die Staatsbetriebe nach 1993 mit einem Schlag den Marktmechanismen aus. Der gleiche Prozess ging in China schleichend vonstatten. Die russische Transformation sperrte das Auslandskapital aus. Die Privatisierung der Staatsbetriebe vollzog sich als die Übernahme profitabler Unternehmen durch findige Funktionäre (Kaderprivatisierung).

China besitzt einen effizienten Staat, der nicht viel schlechter funktioniert als in anderen Teilen der Welt auch. Der Staat gleicht demjenigen in anderen Teilen der Welt auch darin, dass er den Bedürfnissen der Vermögenden und Investoren dienstbar gemacht worden ist – mit allen Folgen für die weniger gut Situierten in der Gesellschaft! Dass dieser Staat zugleich auch im Dienst einer kommunistisch bemäntelten Staatsklasse steht, ist eine andere Sache. Das Faktum als solches besagt nicht mehr, als dass China *keine* Demokratie ist. Politische Systeme, die Diktatur und Kapitalismus vereinigen, sind im Kreise der rund 200 Staaten in der Welt alles andere als selten. Leider verkörpern sie eher die Regel als die Ausnahme. China ist nach vielen historischen Katastrophen in der Liga der ganz normalen, kapitalismusverträglichen Diktaturen angekommen.

3 Die Guanxi-Gesellschaft

3.1 Öffentlichkeit und Privatheit

Die politische Vorstellungswelt Chinas kennt keine so scharfkantige Unterscheidung der Begriffe von Gesellschaft und Staat, wie sie im Westen gebräuchlich ist. Si bezeichnet die Handlungssphäre, in der ein persönlicher Vorteil angestrebt wird. Gong meint demgegenüber die Sphäre des Ganzen, der Gruppe oder des Staates. Riskiert man einen schiefen Vergleich, so kommen Si und Gong ungefähr der Abgrenzung zwischen dem politisch-staatlichen und dem gesellschaftlich-privaten Bereich in der westlichen Welt gleich.

Si und Gong lassen sich am besten in formaler Hinsicht charakterisieren. Arbeitet man für den Staat, für eine kommunale Verwaltung oder für die Kommunistische Partei Chinas, so wird erwartet, dass man im Sinne des Gong handelt. Das schließt nicht aus, dass dieses Handeln auch einen persönlichen Vorteil bringt. Wer keine Position mit einer staatlichen oder politischen Zweckbestimmung innehat, bewegt sich zwangsläufig in der Sphäre des Si. Die Maßstäbe des Gong gelten hier nicht.

Wer Weigong handelt, hat erstens eine politische oder öffentliche Funktion, und zweitens wird von ihm erwartet, dass er in dieser Eigenschaft persönliche Interessen ausblendet; der Nebeneffekt des privaten Vorteils stört dabei nicht. Wer in der entsprechenden Funktion Weisi handelt, bemäntelt sein Tun nach außen mit dem Gong, seine wirklichen Motive gehorchen dem Si, dem persönlichen Vorteil. Hier kann die Betrachtung abbrechen. Es dürfte deutlich geworden sein, dass es schwer möglich ist, das Handeln im öffentlichen Raum als Weigong oder Weisi zu bestimmen (Yang 2000: 93, Weggel 2000d: 918). Was aus der Perspektive des einen Weisi ist, mag aus der Perspektive des anderen als Weigong erscheinen. Messbar ist allein die Rolle des Handelnden in der sozialen Hierarchie.

Vergleichbare Phänomene finden sich in den Nachbargesellschaften. Ein Beispiel ist das Nebeneinander von Honne und Tatemae in Japan. Honne meint das, was man wirklich meint und will. Tatemae bezeichnet oberflächliche Gesten an die formale Ordnung, die dabei beachtet werden müssen, um das Gewollte mit der gesellschaftlichen Konvention zu legitimieren.

3.2 Familie

Die Familie ist der bevorzugte Ansatzpunkt, um Dinge zu bewegen, die außerhalb der individuellen Möglichkeiten liegen. Die Familie wird dabei sehr großzügig verstanden. Sie umfasst auch entfernte Blutsverwandte, zu denen kein ständiger Kontakt besteht. Ein Verwandter, den man nie kennen gelernt hat, darf auf jede Hilfe rechnen, wenn er sich vorstellt und um eine Bleibe bittet. Demgegenüber muss ein Unfallopfer unter Umständen warten, wenn es die Hilfe der umstehenden Passanten braucht. Ist über eine Einstellung zu entscheiden, so wird der Betriebs- oder Behördenleiter mutmaßlich einen Bewerber vorziehen, mit dem er irgendwie verwandt ist, mag es auch Mitbewerber mit gleicher oder überlegener Qualifikation geben. Gibt es die Möglichkeit, eine Behördenentscheidung durch Verwandte oder durch Beziehungen zu erwirken, so wird der verwandtschaftliche Kontakt wahrscheinlich den Ausschlag geben. Familienbande bieten den verlässlichsten Halt.

Familiäre Beziehungen spielen in allen Lebensbereichen, auch in der Politik, eine herausragende Rolle. In historischer Zeit war die Familie die Basis für die Autonomie des chinesischen Dorfes. Dort lebten einer oder mehrere familiäre Klans, die ihren Ursprung auf gemeinsame Ahnen zurückführten und jeweils denselben Namen führten. Damals freilich war die räumliche und die soziale Mobilität noch gering. Schwindeln und Intrigieren begleiten die Kontakte zu fremden Repräsentanten der außerfamiliären Welt. Solche Kontakte kosten Geschenke, Aufmerksamkeiten, Zeitaufwand, das Deuten von Gesten und das Lesen des Mienenspiels. Bei alledem sind die erwarteten Gratifikationen keineswegs verlässlich. Der Zugang über Verwandte verkürzt die Wege und verringert den Aufwand.

3.3 Guanxi

Der moderne chinesische Staat ist in politikwissenschaftlicher Terminologie ein „weicher Staat". China hat keine rechtstaatliche Tradition. Die Sozialethik ist, wie oben erläutert, auf Personen und Situationen eingestellt. Derlei ist aber weder eine chinesische noch eine asiatische Besonderheit. Ähnliche Phänomene finden sich auch im mediterranen Raum, in Afrika und in weiteren Teilen der Dritten Welt. Dort treffen wir klientelistische Netzwerke an. Sie machen Staat und Politik für die Menschen berechenbar. Ein Patron in einem politischen Amt oder ein Privater mit großem politischem Einfluss baut durch die Begünstigung der Bürger in seinem Wirkungskreis eine Anhängerschaft auf. Diese Klienten zahlen mit dem Wählervotum oder mit politisch relevanten Diensten zurück.

Klientelistische Beziehungen haben eine pyramidale Struktur: An der Spitze der Patron, an der Basis die Klienten, in den mittleren Positionen Vorteilsnehmer und Unterpatrone mit bescheidenen eigenen Ressourcen. Die für die informelle Politik in China charakteristischen Guanxi unterscheiden sich von diesen Patron-Klient-Beziehungen (dazu allgemein und auch zu den folgenden Ausführungen die klassischen Studien von Pye 1981, 1988).

Guanxi bezeichnen das Verhältnis zwischen zwei Personen mit ungleicher Ressourcenausstattung. Typischerweise handelt es sich um einen Petenten A, der mit Hilfe der Person B etwas erreichen will. In einer nüchtern kalkulierten *klientelistischen Beziehung* würde sich A an einen Patron B wenden. Jeder wüsste, was er in dieser Beziehung erreichen will. Bs Leistung trüge stets ein imaginäres Preisetikett, das A signalisiert, was im Gegenzug von ihm erwartet wird. Die Guanxi unterscheiden sich von dieser Konstellation in mehrerlei Hinsicht: Wenn die Biografien von A und B keine Gemeinsamkeit aufweisen, können keine Guanxi reifen. Es bedarf irgendwelcher Anknüpfungspunkte in der persönlichen Erfahrung, um in eine Kommunikation einzutreten. Diese Kommunikation versucht A dann so zu gestalten, dass Guanxi mit B zustande kommen. Den Ausgangspunkt der Guanxi bilden die verschiedensten und abstrusesten Punkte einer gemeinsamen Vergangenheit. Am häufigsten handelt es sich aber um einen gemeinsamen Geburtsort, eine von beiden besuchte Schule, einen Lehrer, bei dem beide Unterricht hatten, um dieselbe Universität oder um dieselbe Einheit in der Militärdienstzeit. Auch ein gemeinsamer Bekannter mag als Grundlage taugen, um sich im Gespräch näher zu kommen (King 1991: 68ff.). Guanxi sind also zunächst eine Ausdrucksform der extrem personalisierten Interaktionsweisen in der chinesischen Gesellschaft (Pye 1986: 211f.).

Die wie auch immer gearteten lebensgeschichtlichen Berührungspunkte zwischen A und B müssen in einem nächsten Schritt intensiviert und auf ihre Belastbarkeit abgetastet werden. Zu diesem Zweck mag A bei nächster Gelegenheit B ein Geschenk machen. Wird es angenommen, so wird B eine später vorgetragene Bitte schlecht ablehnen können. Bei der Anbahnung von Guanxi sind Einladungen zu einem aufwendigen Bankett in einem guten Restaurant weithin gebräuchlich. Essen hat nicht nur im Alltag, sondern auch als Gesprächsstoff einen hohen Stellenwert. Leistet B der Einladung Folge, so hat er sich bereits für ein Nein bei einer später vorgetragenen Bitte entwaffnet. Beide Beispiele haben eines gemeinsam. Das Geschenk und die Tafelrunde bauen die zwischen A und B nach dem ersten Kontakt noch bestehende persönliche Distanz ab.

Beim gemeinsamen Tafeln geht es naturgemäß lockerer zu als in Büros oder Geschäftsräumen (Yang 1994: 135f.). Untergebene, funktionale Gebäude, Vorzimmer und Dienstzubehör vom Bild des Staatspräsidenten bis zum Aktenstück drücken die Tatsache aus, dass B dem Petenten A überlegen ist, bzw. dass A als potenzieller Bittsteller kommt. Zudem kann sich B in seinem beruflichen Umfeld keine allzu große Vertraulichkeit leisten, ohne seinen Respekt aufs Spiel zu setzen. Bei privaten Einladungen in ein gepflegtes Restaurant ist man unter sich, d.h. außer Sichtweite der zahlreichen Beobachter, die B in seinen Amtsräumen auf rollenkonformes Verhalten einstellen. Man plaudert beim Essen und Trinken, man blickt in die Persönlichkeit des Anderen, kurz: man lässt sich auf Vertraulichkeiten ein, die zwischen Menschen, die rein beruflich miteinander zu tun haben, nicht üblich sind, ja als peinlich empfunden würden. Zum Vorschein kommen Charaktere und persönliche Eigenschaften: Einblicke in die Familie, Gesprächsthemen, Lieblingsgetränke und Gewohnheiten, die sonst im starren Korsett der Alltagsetikette verborgen sind. Danach sind die Voraussetzungen hergestellt, damit A an B herantreten kann, um etwa höflich um die Intervention bei einer Behörde zu erbitten. Der springende Punkt im Unterschied der Guanxi zu rein instrumentellen Beziehungen, wie sie sich in Patron-Klient-Beziehungen manifestieren, ist das emotionale Moment (renqing), das es B jetzt schwierig macht, eine Gefälligkeit zu verweigern, und A den Mut fassen lässt, eine Bitte vorzubringen.

Die Guanxi können von A beliebig oft aktiviert werden, ohne dass er selbst zu einer konkreten oder unmittelbaren Gegenleistung verpflichtet wäre. In dieser Hinsicht darf B von A ohnehin nicht allzu viel erwarten. A sucht ja Guanxi, weil seine Ressourcen schwach sind. Wenn A sich mit Geschenken und Gefälligkeiten revanchieren kann, wird er von sich aus die Guanxi pflegen, etwa mit der Einladung zur Einweihung eines neuen Hauses, mit Geschenken zur Einschulung der Kinder, zur Hochzeit eines Sohnes oder einer Tochter, mit Gaben anlässlich der Beerdigung eines nahen Verwandten. Guanxi sind auch für A eine kostenaufwendige Angelegenheit. Es gibt für A aber keine Verpflichtung oder Erwartung, die materiellen Dankesgaben im Umfang so nahe wie möglich zur von B empfangenen Leistung auszugestalten (Hwang 1987: 957f.).

Guanxi sind ein fortlaufender Prozess. A legt darin gleichsam ein Sozialkapital für alle Fälle an. Es mag sein, dass A nie in die Lage kommt, B um ein Tätigwerden bitten zu müssen. Die Möglichkeit, dies tun zu können, verleiht aber ein Stück Sicherheit und Berechenbarkeit auf einem sonst unübersichtlichen Terrain (King 1991: 75). Umgekehrt können B die konkreten Erwartungen von Menschen, mit denen er Guanxi hat, teuer zu stehen kommen. Deshalb ist es durchaus nicht ungewöhnlich, wenn sich B erst einmal diskret nach der Persönlichkeit und den Lebensverhältnissen von A erkundigt, bevor er sich auf Schritte einlässt, die unvermeidlich Guanxi nach sich ziehen (Hwang 1987: 957f.). Er kann, ohne A zu verletzen, durch einen Mittler oder einen Boten mitteilen lassen, dass er verhindert sei oder dass er eine Dienstreise habe antreten müssen. Die gesellschaftliche Konvention drückt darin ein weich verpacktes Nein aus. Der

Kontakt wird von A dann nicht weiter verfolgt. Die offene, persönlich ausgesprochene Ablehnung würde A bloß stellen, ihm „Gesicht“ nehmen. Das Resultat wäre offene Feindschaft und die Suche nach Gelegenheit zur Rache (Hwang 1987: 693).

Ziehen wir ein Zwischenfazit: Guanxi besitzen einen ausgeprägt instrumentellen Charakter. Was A von B will, ist deutlicher als das persönliche Interesse von B. A sucht einen Türöffner, wo seine Möglichkeiten weit vor der Tür enden. Zumindest sucht er einen mächtigen Beschützer für einen vielleicht niemals eintretenden Eventualfall. Doch was will B? Er riskiert sogar das Abschmelzen seiner Ressourcen, wenn er die zahlreichen und aufwändigen Verpflichtungen abarbeitet. Guanxi reichen sehr weit. B kann unter Umständen überhaupt nicht mehr kontrollieren, wem er beistehen muss (Hwang 1987: 965). Setzt sich A für einen Freund ein, der nur mit Hilfe von B weiterkommen kann, dann bleibt B dank seiner Guanxi mit A nichts anderes übrig, als sich für diesen Bekannten zu verwenden. Es reicht womöglich schon aus, wenn A seinen Freund dem B einmal vorstellt, um die Guanxi auf diesen Dritten auszudehnen. Guanxi machen A und B noch lange nicht zu Freunden. B gewinnt durch Guanxi nicht so sehr materielle Vorteile als vielmehr an gesellschaftlichem Ansehen (Pye 1986: 217).

Dieses Ansehen, der Ruf zahlreicher Guanxi, lässt sich unter Umständen in Macht und so letztlich auch in Geld ummünzen (Yang 1994: 141ff.). Ein Politiker, Beamter oder Unternehmer mit Guanxi wird nicht nur von denen respektiert, die von seiner Gunst profitieren. Mit seinem Beziehungsnetz kann er seinerseits womöglich Guanxi mit Mächtigeren herstellen und seine Ressourcen erweitern. Je mehr Petenten in den Umkreis eines Politikers oder eines hohen Beamten geraten, desto weiter verästelt sich dessen politische Basis in der Gesellschaft. Die Gebote der Guanxi gelten auch für die Beziehungen von Mächtigen und sehr Mächtigen. Es muss aber stets irgendeinen persönlichen Anknüpfungspunkt geben. Ganz oben allerdings, an der Spitze der Machtpyramide, sind die Möglichkeiten, solche Gemeinsamkeiten zu ermitteln oder zu erörtern, sehr stark eingeschränkt. Die Eliten im politischen Zentrum Chinas sind überschaubar. Ihre Kinder besuchen dieselben Schulen. Man sieht sich auf Empfängen und im politischen Alltag. Die Mächtigen bleiben unter sich, sie treffen Entscheidungen für gewöhnlich in Kollektiven; die Art und Wirkung der Entscheidungen sind so beschaffen, dass sie schon nicht mehr merklich oder kalkulierbar einzelnen Personen zugerechnet werden können. Guanxi bilden sich hauptsächlich beim Gros der kleinen und größeren Entscheidungen, die das Leben der Menschen direkt betreffen.

Kehren wir noch einmal zum Ausgangspunkt dieser Überlegungen zurück: Biografische Gemeinsamkeiten sind der Ausgangspunkt der Guanxi. Sie bauen Rollendistanz ab und weichen die Tatsache auf, dass hier zwei Ungleiche miteinander verkehren. Die Tatsache als solche bleibt zwar. Sie wird aber subjektiv anders wahrgenommen, wenn erst Guanxi hergestellt sind. Beim Schenken, beim höflichen Besuch oder im Restaurant werden die Rollengewänder – zumindest in Gesten – vorübergehend abgelegt. Im Alltag kaschieren Chinesen üblicherweise ihre Emotionen. Guanxi sind unter diesem Aspekt ein Stück, aber wirklich bloß ein Stück familienähnliche Beziehungen, die dort ansetzen oder besser: fortsetzen, wo die im Prinzip präferierten Wege über verwandtschaftliche Beziehungen nicht zum Ziel führen.

Dazu ein Seitenblick auf Japan: Dort gibt es den Brauch, dass sich ein Vorgesetzter nach Feierabend mit seinen Untergebenen in eine Bar oder in ein Restaurant zurückzieht. Das gesellige Beisammensein festigt die Hierarchie. Der Chef ist nicht nur Chef, sondern auch ein trink- und sangesfreudiger Mensch, dessen Verhalten nach Dienstschluss ganz ähnliche Eigenschaften offenbart, wie man sie von sich selbst kennt. Er will nicht nur in seiner förmlichen Rolle, sondern auch als Mitglied der Gruppe geschätzt, auch emotional in die von ihm geführte Gruppe aufgenommen werden. Dieses Bedürfnis nach Geborgenheit in Gruppen macht es generell schwierig, Kontakte über die Gruppengrenzen hinweg zu knüpfen.

Zerbrechlicher als Familienbande sind Guanxi allemal, weil sie neben dem emotionalen Moment vorrangig auf Nutzenkalkül fußen. Guanxi sind im Wortsinne allgegenwärtig. Die Fähigkeit, Guanxi herzustellen, wird ansozialisiert. Es handelt sich um eine Art berechnende Empathie, die nur in China aufgewachsene Chinesen beherrschen. Alle Chinesen wissen, was Guanxi sind. Sie sind zumeist nicht in der Lage, das Phänomen zu beschreiben, weil es im Alltag ja schließlich nicht erklärungsbedürftig ist; man handelt einfach so. Guanxi mit Nicht-Chinesen gibt es praktisch nicht (King 1991: 80, siehe auch Brady 2000: 954). Schilderungen der chinesischen Politik, die diesen Aspekt vernachlässigten, würden einen essentiellen Aspekt ausblenden (Guo 2001b).

Die Umwandlung der chinesischen Gesellschaft in eine kapitalistische Gesellschaft hat die Bedeutung der Guanxi modifiziert. Vieles, was im sozialistischen China knapp war, wie Wohnungen, Dinge des täglichen Bedarfs und Studienplätze, konnten nur mit Guanxi akquiriert werden. Heute regelt der Markt den Zugang zu Gütern und Leistungen. Im Umgang zwischen Bürgern, Staat und Behörden tritt das Geld immer stärker neben die Guanxi.

Ähnliches beobachtet man in Russland. Auch die sowjetische bzw. russische Mängelökonomie (Planwirtschaft) förderte Gefälligkeiten auf Gegenseitigkeit (Blat) als Modus zur Akquisition knapper Güter und Leistungen. Und auch dort verdrängen seit dem Ende des Sowjetsystems Geldzahlungen zunehmend die Tauschleistungen der Mängelwirtschaft (Ledeneva 1998).

3.4 Gesicht

Die im Begriff des Gesichts ausgedrückte Selbstachtung hat im persönlichen Umgang allergrößte Bedeutung, übrigens nicht nur in China, sondern in allen von der chinesischen Kultur beeinflussten Gesellschaften über Korea und Japan bis nach Vietnam. Beim Gesicht handelt es sich um eine Rolle, die der Einzelne durch Gesten, Sprache und Mimik nach außen projiziert. Wer arm ist und sich verpflichtet sieht, ein Geschenk zu machen oder zum Essen einzuladen, will zeigen, dass er es versteht, persönlichen und gesellschaftlichen Verpflichtungen gerecht zu werden. Zu diesem Zweck wird er sich verschulden oder sein letztes Geld zusammenkratzen oder Geld leihen, wenn auch offensichtlich ist, dass seine Verhältnisse Geschenke oder Bewirtungen dieses Ausmaßes nicht zulassen. Wer unter diesen Umständen „Gesicht zeigt", mag mangelnden Appetit vortäuschen, um sicher zu gehen, dass die Tafelfreuden auch für den essfreudigen Gast reichen, ja dass sie ihn überfordern. Der Gast „gibt" Gesicht, wenn er das Spiel mitspielt und als Einziger in der Runde zulangt. Schlägt er die Einladung aus, „nimmt" er dem Gastgeber Gesicht. Zügelt er seinen Appetit, um den Rest der Mahlzeit nach seinem Fortgang dem Gastgeber zuzuspielen, tut er das Gleiche. Ein einflussreicher Politiker oder Beamter, der seinen Freunden die erhoffte Hilfe verweigert oder der dem Herstellen von Guanxi allzu häufig und allzu deutlich ausweicht, verspielt Gesicht. Er weigert sich, die Verpflichtungen einzulösen, die seine Umgebung von jemand in seiner Position erwartet. Wer Offerten und Einladungen notorisch ablehnt, nimmt anderen Gesicht. Wer mit einer großzügigen Gegenofferte kontert – „ihr seid *meine* Gäste" – gibt anderen Gesicht und gewinnt selbst Gesicht hinzu.

Gesicht kreist um die Würde der Person, um ihr Selbstbild in der Öffentlichkeit. Deshalb gibt es bestimmte Minima, die im Umgang nicht unterschritten werden sollen. Das blanke Nein auf eine Bitte kostet den Petenten Gesicht. Er selbst und seine Umgebung fassen das Nein so auf, dass er in den Augen des Ablehnenden so geringen Wert hat, dass er nicht einmal einer ausweichenden Antwort für wert befunden wird. Das Ausweichen wird inhaltlich korrekt zwar als ein Nein verstanden. Es belässt nach außen aber den Schein eines späteren möglichen Ja. Das Gesichterspiel erzwingt häufig indirekte, versteckt anmutende Kommunikation. In der Politik werden heikle Entscheidungen von Mittelsmännern vorbereitet. Diese loten die Möglichkeiten und Grenzen einer Einigung aus, bevor die Entscheider selbst zusammenkommen, oder sie überbringen ein diplomatisch verpacktes Nein, ohne die Beteiligten selbst zu konfrontieren. Das leichtfertige oder fahrlässige Nehmen von Gesicht produziert Hassgefühle und Rachegelüste.

3.5 Korruption

Die Bestechung mit größeren Geldsummen verlangt geringere soziale und emotionale Kosten als das Knüpfen von Guanxi, sie erreicht aber den gleichen Zweck (Wank 1999: 98). Die Guanxi selbst zielen heute immer stärker auf Geld und geldwerte Leistungen (so auch Yang 1994: 166). Um auf das oben bemühte Bild zurückzukommen: Wenn A1, A2, A3 und A4 von B, sobald Guanxi hergestellt sind, immer häufiger Gefälligkeiten erwarten, die B Geld kosten, wird sich B immer stärker gegen Kontakte verschließen, die auf Guanxi abzielen. Nach wie vor gilt aber, dass Guanxi für beide Seiten ein langfristig angelegtes Sozialkapital bilden, das A – auch in Geschäften – Sicherheit, B hingegen Reputation und Macht verschafft. Wo Entscheidungen direkt mit Geld erkauft werden, handelt es sich um Korruption (Heberer 1989). Diese hat sich zwar längst in Ämter und Behörden eingefressen. Sie birgt allerdings ein hohes Risiko. Dies gilt vor allem dann, wenn große Summen im Spiel sind und wenn die Aufsicht führenden Stellen ein Exempel statuieren wollen, dass sie keine Korruption dulden (Heberer 2003a: 89).

Korruption ist ein Phänomen mit vielen Facetten. Die Kultur begünstigt soziale und politische Praktiken, die gegen Gesetze und formale Verbote verstoßen. Guanxi und Korruption bewegen sich in einer Grauzone, die keine klaren Grenzziehungen erlaubt (Heberer 2003a: 88). Nicht alle wissenschaftlichen Beobachter geben sich mit dieser Unbestimmtheit zufrieden. So definiert Lü Xiaobo das Beziehungsspiel zwischen Privatpersonen als Guanxi, und jegliche Beziehungen zwischen Privatpersonen und Politikern oder Beamten als Korruption. Aus diesem Blickwinkel gewinnen alle Guanxi, die politische Akteure involvieren, den Anstrich der Korruption (Lü 2000: 12f.). Anders ausgedrückt, kriminalisiert diese Sichtweise ein grundlegendes Merkmal der politischen Kultur. Dass die differenzierteren Beschreibungen des Korruptionsphänomens von klaren Unterscheidungen Abstand nehmen, charakterisiert die Schwierigkeit, das Phänomen in den Farben Schwarz und Weiß darzustellen (Heberer 1989, 2003b, Weggel 2000d: 922). Dessen ungeachtet gibt es die ganze Bandbreite der Korruption von der Bestechung über die Veruntreuung öffentlicher Gelder bis zum Erkaufen von Genehmigungen. Schon aufgrund der Summen, um die es geht, und der hoch positionierten Beamten, die daran beteiligt sind, unterscheiden sie sich von der ambivalenten Kleinkorruption des Alltags (dazu die ausführliche Studie von Sun 2004).

3.6 Monetarisierung der Sozialbeziehungen

Seit 1984 gibt es in China wieder ein privates Unternehmertum. Seit 1988 sind die Beschränkungen für die Anzahl der Beschäftigten in privaten Unternehmen entfallen. Seit 1992 bekräftigt die Partei ihre frühere Aufforderung an die Chinesen, Geld zu verdienen, reich zu werden und Japan und den Tigerstaaten nachzueifern, seit 1997 werden Staatsunternehmen zum Ausschlachten und zum Verkauf an private Bieter frei gegeben. 2001 trat China der Welthandelsorganisation bei, die für eine Mitgliedschaft die Eckpunkte einer kapitalistisch verfassten Ökonomie verlangt. Die Generation der jungen Erwachsenen kennt das China der Mao-Ära nur noch aus Schilderungen der Eltern und Großeltern. Die Elterngeneration begrüßte zwar die politische Ruhe, die mit der Reformpolitik einkehrte, vor allem die politisch unbehelligte private Sphäre (Liu/Xiong 1989). Diese Altersgruppe nahm den abrupten Übergang zum offen gezeigten Reichtum und zum Verlust gewohnter Sicherheiten indes nicht ohne Skepsis und Ängste wahr (Jian/Ashley 2001). Die junge Generation kennt nichts anderes als eine Gesellschaft, in der sich alles ums Geld dreht.

Reichwerden ist zum wichtigsten Rollenmodell der Chinesen geworden. Eine gute Ausbildung, ein Studium und eine erfolgreiche Unternehmensgründung versprechen am ehesten die Chance auf Reichtum und Ansehen. Das Fernsehen projiziert die Bedeutung des Geldes weit über die Boomregionen hinaus in arme Gebiete, wo die Bilder prosperierender Lebensverhältnisse die Verdienstmöglichkeiten in den Städten vor Augen führen. Geld ist wie in der Zeit vor Gründung der Volksrepublik abermals ein Faktor der Bildungschancen. Für den Besuch weiterführender Bildungseinrichtungen müssen Gebühren bezahlt werden. Der mangelnden Eignung der Bewerber lässt sich mit Extrazahlungen an die Einrichtung nachhelfen. In den Städten zeigt die Ein-Kind-Politik seit einiger Zeit Wirkung. Nie zuvor dürfte es in China so viele Einzelkinder gegeben haben. Zusammen mit der Fetischisierung eines männlichen Nachkommen beflügeln sie elterlichen Ehrgeiz und Verwöhnung.

In anderen Regionen gelten noch Konsumgegenstände als Luxus, die in Guangdong, Shanghai oder Tianjin längst selbstverständlich geworden sind. Die Lebensweisen, ja die technologischen Standards ganzer Regionen entkoppeln sich. Hohe Geldeinkommen sind in den am weitesten entwickelten Landesteilen zum Richtmaß der individuellen Lebensplanung geworden. Geld tritt dort in Konkurrenz zum traditionellen Sozialkapital. Auch im Verhältnis zur Politik und zu den Behörden lässt sich mit Geld schon vieles einfacher und zeitsparender erreichen als mit den traditionellen Guanxi. Geldzahlungen produzieren keine schwer kalkulierbaren, in die Zukunft verschobenen Bringschulden. Das Ergebnis ist dann tatsächlich ganz gewöhnliche Korruption ohne die Subtilität des herkömmlichen Beziehungsmanagements (Rosen 2004b).

4 Das politische System

4.1 Autoritäres System in sozialistischer Gewandung

Das politische System hat seine Ursprünge im Modell des Sowjetsystems. Dieses weist die folgenden Merkmale auf (dazu Einzelheiten und weiterführende Literatur im lexikalischen Werk von Ziemer 1986):

1. Alle wichtigen Positionen in Regierung, Verwaltung und gesellschaftlichen Organisationen (Vereine, Verbände) werden von der Partei direkt oder aber mit Zustimmung der Partei besetzt (Kaderpolitik).
2. Für die Wahlen kandidieren allein Kandidaten der KPCh oder nicht-kommunistische Kandidaten, die mit Zustimmung der KPCh antreten.
3. Grundlegende politische Entscheidungen werden von der Parteiführung getroffen und mit den Regierungsspitzen abgestimmt. Von den Volksvertretungen werden sie im Allgemeinen pauschal und ohne Debatte abgesegnet.

Ein weiteres Merkmal des Sowjetsystems war die Planwirtschaft mit den folgenden Strukturmerkmalen (dazu ausführlich von Beyme 1977):

4. Infrastruktur, Rohstoffe und Industrieprodukte wurden nach Mengenindikatoren verplant, gefördert bzw. produziert und verteilt. Die Planung besorgte eine zentrale Planbehörde.
5. Die Einkommen und sozialen Leistungen waren auf eine egalitäre Verteilung angelegt. Nach der marxistisch-leninistischen Devise vom Proletariat als herrschender Klasse profitierte davon in erster Linie die Industriearbeiterschaft.
6. Der Staat war alleiniger Eigentümer der Produktionsmittel. Privateigentum beschränkte sich auf die persönliche Lebensführung.

Während in China in den Punkten 1 bis 3 wesentliche Elemente des leninistischen Parteistaates intakt geblieben sind, haben sich in den übrigen Punkten seit Beginn der Reformperiode fundamentale Veränderungen ergeben.

zu 4.) Die planwirtschaftliche Verwaltung wurde vollständig zurückgebaut. Die chinesische Ökonomie verdankt ihre Dynamik dem kapitalistischen Sektor der Gesellschaft.

zu 5.) Die egalitäre Verteilungspolitik wurde aufgegeben. Arbeiter in den staatlichen Industriebetrieben und Bauern in den ärmeren Landesteilen sind die Verlierer der Reformpolitik. Mit der Privatisierung der Staatsbetriebe entfielen für große Teile der Arbeiterschaft minimale Garantien ihres Lebensstandards.

zu 6.) Mit der Zulassung eines privaten Unternehmertums, mit stabileren Garantien für privates Eigentum und mit dem Abschmelzen der Staatsindustrie auf einen leistungsfähigen Restbestand wurde ein weiteres Kernelement des sozialistischen Staates preisgegeben.

Was bleibt also, wenn es um den Anspruch der KPCh geht, eine Politik der klassenlosen Gesellschaft zu betreiben? – Das Programm der Partei verkündet ihn nach wie vor. Das Ziel ist aber mehrfach korrigiert worden, um es in Einklang mit der pragmatischen und nüchternen Tagespolitik zu bringen. Am weitesten ging die Partei mit dem Eingeständnis, erst nach mehreren Generationen sei mit dem Durchbruch egalitärer Gesellschaftsstrukturen zu rechnen.

Versuchen wir nun eine typologische Zuordnung des politischen Systems. Von allen Varianten der westlichen (Europa, Nordamerika) und der östlichen Demokratie (Japan, Südkorea, Taiwan) ist China weit entfernt Deshalb soll hier auch darauf verzichtet werden, die politikwissenschaftlichen Modelle durchzudeklinieren, die bei der Analyse der chinesischen Politik zum Zuge kommen. Ob nun der bürokratische Herrschaftsmodus in den Vordergrund gerückt oder ob eine Vielfalt von Machtträgern in der Partei, im Regierungsapparat und in den Provinzen in das griffige Bild der „fragmentierten Macht" gefasst wird: Alle Bewertungen sind sich darin einig, dass es das „eine Modell", das ein Verstehen der chinesischen Politik ermöglichte, nicht gibt (gute Überblicke dazu bieten Dreyer 2000: 9ff., und Heilmann 2004: 27ff.). Ebenso gibt es aber einen Konsens, dass es in China nicht demokratisch zugeht. So lässt sich zunächst einfach konstatieren, dass China in die große Kategorie autoritärer Systeme fällt, die dem Kapitalismus Entfaltung bieten (Paltiel 2001: 116). Dengs Lob für den Tigerstaat Singapur bei einem Besuch der Sonderwirtschaftszone Shenzhen im Jahr 1992 ließ an Deutlichkeit nicht zu wünschen übrig (Chen 1998: 35).

Betrachten wir zur typologischen Ortsbestimmung das immer noch differenzierteste Schema zur Unterscheidung autoritärer von demokratischen Systemen. Die Demokratie hat nach Dahl folgende Merkmale:

- effektive Partizipation, d.h. die Wahl zwischen Prioritäten und Optionen: Dies bedeutet für jeden Bürger die Chance, seine Präferenz für eine Entscheidung zum Ausdruck zu bringen, Probleme, die ihn bewegen, auf die politische Agenda zu setzen, und öffentlich für seinen Standpunkt einzutreten.

- Chancengleichheit im Wahlprozess: gleiches Gewicht für jede Stimme.
- Aufklärungsfreiheit, d.h. freie Meinungsbildung, Presse- und Informationsfreiheit: Jeder muss die gleiche und angemessene Möglichkeit haben, sich über die zur Entscheidung anstehenden Probleme zu informieren, eine Meinung zu bilden und diese frei gegen andere Meinungen abzuwägen.
- Bestimmung der politischen Agenda, d.h. Mitwirkung in Parteien, Interessengruppen, Demonstrationsfreiheit: Jedem muss die Möglichkeit geboten werden, für die Themen zu werben, die im demokratischen Prozess entschieden werden sollen.
- Inklusion: Alle erwachsenen und geistig gesunden Personen sind rechtsgleiche Bürger, (Dahl 1989: 109ff.).

China erfüllt bis heute keines dieser Kriterien. Insoweit fällt die negative Charakterisierung des politischen Systems leicht. Um so schwieriger ist die nähere Bestimmung als autoritäres System. Von den Demokratien unterscheidet Dahl zum Einen autoritäre Systeme, die von Wenigen gelenkt werden, und Systeme, in denen eine einzelne Person und ihre Entourage die Fäden in der Hand halten (Dahl 1971). Die letztgenannte Variante des autoritären Systems trifft auf China definitiv nicht zu. Die KP und der Staat sind nicht das Besitztum eines persönlichen Herrschers. Der chinesische Herrschaftsmodus ist durch Institutionen charakterisiert, denen es allerdings an demokratischer Legitimation mangelt. Belassen wir es bei der Charakterisierung Chinas als autoritäres System.

4.2 Kommunistische Partei

4.2.1 Programm

Vom sozialistischen Erbgut der KPCh ist hauptsächlich die Leerformel geblieben, dass der Sozialismus der vollen Entwicklung der Produktivkräfte bedarf. Dies leisten zur Zeit am besten marktkonforme, um den Begriff ungeschminkt zu verwenden: kapitalistische Methoden. Die Kapitalisten haben die historische Aufgabe, technische Entwicklungen zu fördern, mit denen sich Geld verdienen lässt.

Diese Aussage ließe sich im Einklang mit dem Historischen Materialismus dahin interpretieren, dass erst einmal die gesellschaftliche Entwicklungsphase des Kapitalismus ausgereift sein muss, bevor die Gesellschaft in den Sozialismus eintreten kann. Die dem Kapitalismus eigentümliche Form der Herrschaft ist der bürgerliche Staat, der im Interesse der besitzenden Klasse handelt. China gehört jedoch wie früher die Sowjetunion zu den Ländern, in denen eine sozialistische Revolution stattgefunden hat, ohne dass es dort eine dafür reife kapitalistische Gesellschaft gegeben hätte. Hier wie dort machte sich eine Kommunistische Partei anheischig, den Sozialismus stattdessen in der Regie des Staates aufzubauen, d.h. in eine Rolle zu treten, die nach Marx und Engels der historisch bestimmten Mission des Kapitalismus entsprochen hätte. Mit der Rehabilitierung der kapitalistischen Wirtschaftsweise räumt die KPCh indirekt ein, dass der Versuch misslungen ist, das Ziel einer sozialistischen Gesellschaft ohne die Geburtshilfe des Kapitalismus zu erreichen.

Dies wirft die Frage auf, welche Bedeutung dem Sozialismus in der chinesischen Politik noch zukommt. Das sozialistische Brimborium wird beibehalten, weil sich die Führungseliten der herrschenden Partei schwer damit tun, organisatorische Strukturen aufzugeben, in denen mehrere Generationen von Politikern Karriere gemacht und Macht ausgeübt haben. Das hehre Ziel des Sozialismus hat mehr Dignität als der blanke Machtwillen, d.h. die Entschlossenheit einer Oligarchie, Staat und Gesellschaft zu beherrschen.

Das leninistische Parteistaatsmodell als solches hat sich als Herrschaftsform bewährt, und zwar in so unterschiedlichen Konstellationen wie der ideologisch überhitzten Mao-Ära und in der von Pragmatismus gezeichneten Reformperiode danach. Von dieser Feststellung aus beantwortet sich auch die Frage nach der Substanz des chinesischen Sozialismus. Aus der Rückschau des Jahres 2006 lässt sich keine sozialistische Substanz mehr ausmachen. Betreibt die KPCh nun aber ein Durchwursteln um des bloßen Machterhalts willen oder lässt sich vielleicht doch ein Zielrahmen erkennen? Viel mehr als die Entschlossenheit, Chinas Anschlussfähigkeit an die moderne Welt herzustellen, lässt sich nicht erkennen (Fewsmith 1999: 56).

Beispielhaft für die Rabulistik, die bei Äußerungen zur Natur des Systems waltet, war Dengs Klarstellung auf seiner berühmten Reise durch den Süden Chinas (1992). Selbst in der eigens für ausländische Investoren eingerichteten Sonderwirtschaftszone Shenzhen, so Deng, gebe es keinen Widerspruch zum Sozialismus. Joint ventures betrügen im Mix der ansässigen Unternehmen lediglich ein Viertel des gesamten Bestandes (Chen 1995: 30).

Betrachten wir nun kurz im Einzelnen die Quellen, auf die sich die KPCh mit ihrer historischen Mission beruft, in China den Sozialismus aufzubauen. Hier ist einmal von den Mao Zedong-Gedanken die Rede. Freilich werden die radikalen Botschaften Maos zur Zeit des Großen Sprungs nach Vorn und der Kulturrevolution in der heutigen Lesart der Mao-Gedanken unterschlagen. So bleiben im Wesentlichen die Sinisierung des Marxismus, also die Anwendung der sozialistischen Idee auf die chinesischen Besonderheiten, und die Bestätigung der im

Kern auf Lenin zurückgehenden Avantgarderolle der Kommunistischen Partei im Verhältnis zum Volk bzw. zu den Massen (Schram 2003: 476). Die KPCh schreibt so eine offizielle Lesart Maos fest, die dessen wirkliche Rolle in der jüngeren chinesischen Geschichte verkürzt und verharmlost.

Unter dem Slogan des Sozialismus mit chinesischen Merkmalen sind die Deng-Ideen in das Parteiprogramm aufgenommen worden. Darunter wird im Wesentlichen die pragmatische Modernisierung Chinas verstanden, wie sie bereits im – heute nicht mehr verwendeten – Begriff der Vier Modernisierungen in den 1980er Jahren zum Ausdruck gekommen ist. Gemeint ist letztlich der Vorrang ökonomischer Aufhol- und Innovationsleistungen vor ideologischer Politik bei gleichzeitig kompromisslosem Festhalten am politischen Führungsanspruch der Partei. Die Partei unterstreicht mit der Berufung auf die Ideen Dengs die Abkehr von den „wirklichen“ Mao-Ideen.

Die These von der Dreifachen Vertretung (Three Representations), die letzte programmatische Deklaration der KPCh, geht auf den letzten Generalsekretär Jiang Zemin zurück. Jiang erklärte im Jahr 2000, die Partei vertrete die fortschrittlichsten und produktivsten gesellschaftlichen Kräfte, die fortschrittlichste Kultur und die grundlegenden Interessen des Volkes. Seit 2002 ist die Dreifache Vertretung Bestandteil des Parteiprogramms. Die Dreifache Vertretung attestiert den privaten Unternehmern Chinas ihre legitime Rolle im sozialistischen System. Durch die Hintertür sanktioniert sie eine kapitalistischen Wirtschaftsordnung.

Der seit 2002 amtierende Generalsekretär Hu Jintao akzentuierte die Dreifache Vertretung neu. Er lud sie gleichsam sozial- und verteilungspolitisch auf (Holbig 2003b). Nach den Jahren stürmischen industriellen Wachstums muss demzufolge nunmehr die Situation der Bauern und der ländlichen Wanderarbeiter verbessert werden (Holbig 2004a: 263). Die Parteiführung reagiert damit auf die tiefgreifende Unzufriedenheit in der bäuerlichen Mehrheit des chinesischen Volkes.

4.2.2 Mitgliederstruktur

Die KPCh hatte 1945 rund 1,2 Millionen Mitglieder. Zehn Jahre später waren es bereits mehr als zehn Millionen. Wiederum ein Jahrzehnt später war die KPCh auf 20 Millionen Mitglieder gewachsen. Über 40 Millionen (1984) und 55 Millionen (1995) wuchs der Mitgliederbestand auf rund 66 Millionen im Jahre 2002. Dieser ungebremste Zuwachs hat den Grund, dass politische Karrieren nur in oder mit Hilfe der KPCh möglich sind. Aber auch für die privaten Geschäfte und für das berufliche Fortkommen ist es nützlich, der Partei anzugehören. Bekenntnismitgliedschaften dürften heute keine Rolle mehr spielen (Dickson/Rublee 2000, Dickson 2000/2001).

Tabelle 1: Mitgliederentwicklung der Kommunistischen Partei Chinas

1921	57	*1966*	20.000.000
1927 (Anfang)	57.967	*1973*	28.000.000
1927 (Ende)	10.000	*1977*	35.000.000
1934	300.000	*1984*	40.000.000
1937	40.000	*1989*	48.000.000
1940	800.000	*1992*	52.000.000
1945	1.211.128	*1995*	55.000.000
1949	4.500.000	*1998*	61.000.000
1950	5.821.604	*1999*	63.000.000
1956	10.734.384	*2002*	66.000.000

Quellen: Colin Mackerras: The Cambridge Handbook of Contemporary China, Cambridge 2002, S. 90; Tony Saich: 2004: Governance and Politics in China, Houndmills und New York 2004, S. 107.

Private Unternehmer stellen heute zwanzig Prozent der Parteimitglieder. Dieser Umstand wurde bis vor kurzem noch diskret verschleiert, um ein 1989 verhängtes Aufnahmeverbot für private Gewerbetreibende nicht zu desavouieren. Jiang Zemin äußerte knapp zehn Jahre später, Fortschrittlichkeit in der Gesinnung lasse sich nicht einfach deshalb ausschließen, weil eine Person als Unternehmer tätig sei (Fewsmith 2003: 5f.). Offiziell dürfen Unternehmer erst seit 2002 wieder Mitglieder werden. Damit trägt die KPCh der Bedeutung der Unternehmer für die weitere wirtschaftliche Entwicklung Rechnung. Die These von der Dreifachen Vertretung legitimiert diesen Akt auch programmatisch. Shanghaier Kader werden beispielsweise in der Kooperation mit einer amerikanischen Business School fortgebildet (China aktuell 1997: 960f.).

Der durchschnittliche Bildungsgrad der Parteimitglieder zeigt, dass die Parteimitgliedschaft vor allem von den besser Ausgebildeten für attraktiv oder nützlich gehalten wird. Der Anteil der Parteimitglieder mit höherer Schulbildung stieg von 1978: 12,8 Prozent auf 2000: 52,5 Prozent. Gleichzeitig sank der Anteil der Arbeiter und Bauern, in marxistischer Diktion also die herrschenden Klassen im sozialistischen System, auf nur mehr 45 Prozent. Acht Prozent aller Studierenden waren im Juni 2003 Parteimitglieder, 50 Prozent hatten einen Aufnahmeantrag gestellt (Walder 2004: 200). Je höher die Parteifunktion, desto stärker kommen Hochschulabsolventen zum Zuge. Hierin unterscheidet sich die KPCh allerdings nicht von Parteien in anderen Gesellschaften. Der Anteil der Hochschulabsolventen im Zentralkomitee, dem wichtigsten Legitimationsorgan der KP zwischen den Parteitagen, stieg von 1969: 23,8 Prozent über 1982: 55,5 Prozent auf 2002: 98,6 Prozent (Dickson 2004: 145, China aktuell 2003: 717).

4.2.3 Parteikontrolle und Kaderpolitik

Die KPCh fußt auf dem Prinzip des Demokratischen Zentralismus. Parteiversammlungen und Parteitage von den Gemeinden über die Provinzen bis hin zur Ebene des Zentralstaates wählen Komitees, die zwischen den Parteitagen als höchste Beschlussorgane auftreten. Diese Komitees, auf gesamtchinesischer Ebene handelt es sich um das Zentralkomitee der KPCh, wählen als operative politische Gremien Exekutivausschüsse. Der wichtigste Ausschuss dieser Art ist das Politbüro der KPCh. Es handelt sich um den Ort der zentralen politischen Führung. Das Politbüro besitzt im Sekretariat des Zentralkomitees der KPCh eine personalstarke Parteibürokratie. Das ZK-Sekretariat bereitet Beschlüsse vor und überwacht ihre Ausführung. Alle diese Strukturen folgen dem ursprünglich für die frühe Sowjetunion entwickelten und in der Stalin-Ära perfektionierten Organisationsmodell kommunistischer Parteien.

Das Sekretariat des ZK ist eine Art Ministerialverwaltung der Partei. Es gliedert sich in verschiedene Sachgebiete. Eines davon betrifft die innere Verwaltung der Partei selbst: Organisation und Kaderpolitik. Dieser wichtigste Teil des ZK-Sekretariats hält systematisch Ausschau nach geeigneten Kandidaten für die Spitzenpositionen in Partei und Staat, insbesondere für das ZK und das Politbüro. Die Kaderabteilung führt Interviews mit Kandidaten, die für Führungspositionen vorgesehen sind. Sie hellt die biografischen Hintergründe auf und sucht nach persönlichen Schwachpunkten, die eine Auswahlentscheidung nachträglich kompromittieren könnten. Für jeden Personalvorschlag legt sie ein ausführliches Dossier an, das anschließend den Mitgliedern der engeren Parteiführung als Entscheidungshilfe vorgelegt wird. Der langjährige Leiter dieser Abteilung, Zen Qinghong, war ein enger Mitarbeiter und Vertrauter des letzten Generalsekretärs Jiang Zemin. Er gehört heute dem Politbüro an und gilt als einflussreich (Nathan/Gilley 2002: 25ff.). Die übrigen Sachgebiete des Sekretariats spiegeln in etwa die Zuständigkeitsverteilung im Regierungsapparat – Wirtschaft, Sicherheit, Bildung, Kommunikation – wider.

Abbildung 1: Schema der formellen und tatsächlichen Machtstruktur der Kommunistischen Partei Chinas*

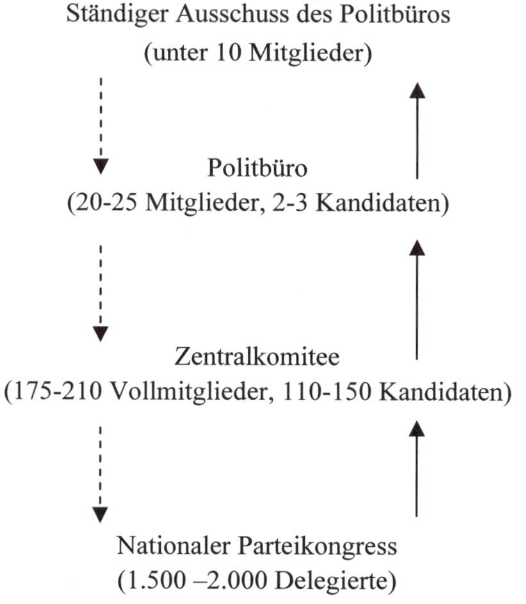

* Gestrichelter Pfeil faktische Machtbeziehung, durchgehender Pfeil nominelle Legitimation.
Quelle: Sheng, Yumin 2005: Central Provincial Relations at the CCP Central Committee: Institutions, Measurement and Empirical Trends, in: The China Quarterly, Nr. 182, S.341, Abb. 1.

Das Sekretariat „leitet" die Arbeit der Regierungsbehörden „an". Dies geschieht förmlich in Gestalt des Parteiauftrags. Alle wichtigeren Staatsfunktionäre sind Parteimitglieder. Für sie hat der Parteiauftrag auch in dienstlichen Angelegenheiten Vorrang vor dem Staatsamt. In personeller Hinsicht kontrolliert die Partei Staat und Verwaltung mit dem Instrument der Kaderpolitik (Huang 1995). Bestimmte Positionen (Kader) in der Zentralregierung und in der Provinzverwaltung sind ausschließlich für Parteimitglieder reserviert. Bei den wichtigsten Stellen schlägt die Partei vor. Bei den übrigen Stellen schlägt eine Behörde vor und die Partei muss zustimmen, bevor eine Ernennung oder Beförderung vollzogen werden kann (dazu im Detail Heilmann 2004: 114ff.).

In der Zentralregierung und in den Provinzen besetzt die Parteiführung 2.400 Positionen im direkten Zugriff. Bei 41.600 Stellen behält sich die Partei vor, Personalvorschläge zu prüfen, sie abzulehnen oder zuzustimmen. Die Parteiinstanzen in den Provinzen verwalten die Nomenklatur von 492.000 Verwaltungsstellen in den Präfekturen und Kreisen. Die Führungsgremien der Partei in den Präfekturen und Kreisen kontrollieren schließlich über 14 Millionen Kader in den Verwaltungsgemeinden (Großgemeinden) und Dörfern (Heilmann/Kirchberger 2000: 502ff.). Eine beim ZK der KPCh angesiedelte Disziplinarkommission geht Beschwerden über das Fehlverhalten von Parteimitgliedern nach, sie verhängt ggf. Parteistrafen und sanktioniert im Extremfall mit dem Parteiausschluss. Die Kommission befasst sich heute fast ausschließlich mit Korruptionsvorwürfen.

Eine Parteireform reduzierte 1984 den Katalog der von der Partei kontrollierten Stellen auf einen Schlag um 90 Prozent (Burns 1989a: xvii). In der Wirtschaftsverwaltung und auf den unteren Verwaltungsstufen wurden die Nomenklaturstellen ganz beseitigt oder doch stark ausgedünnt. Der Schritt stand im Einklang mit dem Entschluss, das Staatspersonal in fachlicher Hinsicht besser für seine Aufgaben zu qualifizieren (Burns 1989b: 741). Dieser recht starke Rückzug der Partei aus der Stellenpolitik unterscheidet die KPCh von anderen regierenden kommunistischen Parteien. Dabei ist allerdings zu bedenken, dass von diesen Schwesterparteien die wenigsten in einer regierenden Funktion überlebt haben, außer in China lediglich in Nordkorea, Vietnam und auf Kuba. Diese anderen Parteien haben allerdings – mit Ausnahme inzwischen der vietnamesischen Staatspartei – überhaupt nie soviel Markt und Verwaltungsdezentralisierung an sich herangelassen, wie es in China geschehen ist.

4.2.4 Parteiführung

An der Spitze des Sekretariats der KPCh steht der Generalsekretär. Es handelt sich um die wichtigste Position im politischen System. Das Politbüro der chinesischen KP tagt selten als Vollgremium. Es bildet einen engeren Ständigen Ausschuss, der das eigentliche Entscheidungszentrum darstellt. (Yan 1995: 4). Der herausragende Erste auch im exklusiven Zirkel des Ständigen Ausschusses des Politbüros ist seit 1982 der Generalsekretär der Partei. Die 1943 für Mao geschaffene Position des Parteiführers wurde nach seinem Tod nur noch einmal von seinem blassen Nachfolger Hua Guoafeng besetzt. Seither ist sie stillschweigend erloschen.

Tabelle 2: Generalsekretäre und Vorsitzende der KPCh

Chen Duxiu	Generalsekretär*	1921-1927
Qu Qiubai	Generalsekretär*	1927-1928
Xiang Zhongfa	Generalsekretär*	1928-1931
Qin Bangxian	Generalsekretär*	1931-1935
Zhang Wentian	Generalsekretär*	1935-1943
Mao Zedong	Vorsitzender	1943-1976
Hua Guofeng	Vorsitzender**	1976-1982
Hu Yaobang	Generalsekretär**	1982-1987
Zhao Ziyang	Generalsekretär**	1987-1989
Jiang Zemin	Generalsekretär	1989-2002
Hu Jintao	Generalsekretär	2002-

* Das Amt des Generalsekretärs erreichte erst nach Mao Zedong seine gegenwärtige Bedeutung. Mao war zwischen 1935 und 1943 auch ohne eine herausragende Position im Politbüro bereits die führende Figur in der KPCh.

** Der Vorsitzende und die Generalsekretäre standen zwischen 1977 und 1997 im Schatten der informellen Führungsrolle Deng Xiaopings, der nach 1987 überhaupt kein Partei- oder Staatsamt mehr bekleidete.

Quelle: Thomas Kampen: Kommunistische Partei Chinas, in: Brunhild Staiger, Stefan Friedrich und Hans-Wilm Schütte (Hrsg.), Das große China-Lexikon, Darmstadt 2003, S. 384.

Die erste Position in der Parteiführung verbindet sich mit dem Amt des Generalsekretärs. Zu Maos Lebzeiten hatte es keine größere Bedeutung; der Generalsekretär war eine Art Organisationsleiter der KPCh gewesen. Die Aufwertung des Amtes geht auf Deng Xiaoping zurück, der darauf verzichtet hatte, sich mit dem Titel eines Parteiführers zu schmücken. Dengs Nachfolger bauten die Position des Generalsekretärs noch weiter aus. Jiang Zemin und Hu Jintao ließen sich in diesem Amt zusätzlich noch zum Staatspräsidenten wählen. Nach diplomatischem Protokoll standen sie damit auf gleichem Fuß mit den höchsten Repräsentanten anderer Staaten.

Jiang und Hu ließen sich darüber hinaus, dem Beispiel Dengs folgend, an die Spitze der Zentralen Militärkommission wählen. Der Vorsitz in der Militärkommission entspricht der Wertigkeit eines Oberbefehlshabers der Streitkräfte in anderen Staaten. Beide hatten vor ihrem Aufstieg an die Spitze von Partei und Staat die Position des – zivilen – Stellvertretenden Vorsitzenden der Militärkommission bekleidet. Die in dieser Funktion erworbene Kenntnis des Militärkomplexes darf inzwischen als unabdingbare Karrierestation künftiger Partei- und Staatschefs gelten.

Tabelle 3: Staatspräsidenten der Volksrepublik

Mao Zedong	1949-1959
Liu Shaoqui*	1959-1968
Li Xinnian	1983-1988
Yang Shangkun	1988-1993
Jiang Zemin**	1993-2002
Hu Jintao**	2002-

* Das Amt des Staatspräsidenten wurde zwischen 1968 und 1982 nicht besetzt. Die Verfassung von 1975 sah es nicht mehr vor; die nächste, bis heute geltende Verfassung von 1982 führte es wieder ein.
** Der Staatspräsident bekleidet zugleich das Amt des Generalsekretärs der KPCh.

Dem Gremium steht üblicherweise der Generalsekretär als Vorsitzender vor. Deng und sein Nachfolger Jiang behielten den Vorsitz in der Zentralen Militärkommission sogar noch bei, als sie das Amt des Generalsekretärs bereits aufgegeben hatten (Fewsmith 2001b: 92). Der Vorsitzende der Militärkommission und sein Stellvertreter sind die einzigen Zivilisten in diesem Organ. Die übrigen Mitglieder gehören dem Generalstab und den Teilstreitkräften an. Die Zentrale Militärkommission hat einen besonderen Status. Sie ist ein Organ sowohl der Partei als auch des Staates. Der Vorsitzende, in aller Regel also der Partei- und Staatschef, wirkt nur bei wichtigen Beschlüssen mit. Das Alltagsmanagement der Beziehungen zwischen politischer und militärischer Führung ist die Aufgabe des Stellvertretenden Vorsitzenden (Chopan 2002: 288).

Hu rückte erst mit einer Verzögerung von zwei Jahren nach seiner Wahl zum Generalsekretär an die Spitze der Militärkommission auf (2004). Jiangs später Rückzug besiegelte einen Machtkampf. Jiang hatte darauf gehofft, das Geschehen im Politbüro mit Hilfe seines Vertrauten Zeng Qinghong, der dem allerengsten Führungszirkel angehört, mitsteuern zu können. Doch Zeng hatte sich offenbar mit Hu arrangiert. Beide traten nach dem XVI. Parteitag (2002), der Hus Wechsel an der Führungsspitze bestätigte, demonstrativ gemeinsam auf. Zusätzlich zur Kaderabteilung übernahm Zeng die Leitung der zuvor von Hu geleiteten Zentralen Parteischule. Mit seinen Zuständigkeiten für die Ausbildung und Auswahl der Kader ist der wegen seiner langjährigen Verbindung mit Jiang nicht unumstrittene Zeng unverändert ein Schwergewicht im engeren Politbüro (China aktuell 2002: 1378f., 1380). Trotzdem wurde deutlich, dass Zeng den Zenit seiner Karriere überschritten haben dürfte. Er wurde als Hus Stellvertreter in der Militärkommission übergangen (Strittmatter 2004d).

4.2.5 Juniorparteien

Neben der KPCh gibt es noch acht weitere Parteien: die Demokratische Liga Chinas, die Gesellschaft für den Demokratischen Nationalen Aufbau Chinas, die Gesellschaft zur Förderung der Demokratie in China, die Studiengesellschaft des 3. September, die Demokratische Partei der Bauern und Arbeiter Chinas, die Partei für Öffentliche Angelegenheiten, die Liga für die Demokratische Selbstverwaltung Taiwans und das Revolutionäre Komitee der Chinesischen GMD.

Der Status dieser Parteien ist mit dem der Blockparteien in der früheren DDR vergleichbar. In der Gründungsphase der Volksrepublik wurde ihnen die Aufgabe zugewiesen, bestimmte Bevölkerungsgruppen wie Intellektuelle, Künstler, Wissenschaftler, Auslandschinesen und ehemalige GMD-Mitglieder an das neue Regime zu binden. Die Mitgliedschaft dieser Parteien liegt jeweils in einer Marge von 50 bis 130.000. Sie stellen kleine Kontingente in der Volksvertretung, dem Nationalen Volkskongress. Alles in allem wirken sie wie vergessene Überbleibsel einer lange zurückliegenden Epoche. Ihre Bedeutung ist denkbar gering (Gottwald/Sandschneider/Zhang 2003).

4.3 Regierungsapparat

4.3.1 Staatsrat

Der Staatsrat bezeichnet das zentrale Regierungsorgan Chinas. Er wird vom Nationalen Volkskongress gewählt. Die KPCh beherrscht die Wahl dieser Volksvertretung. Sie führt bei der Aufstellung der Kandidatenlisten Regie. Der Volkskongress tagt recht selten und für kurze Perioden. In den Sitzungstagen fassen seine Delegierten eine Fülle vorgefertigter Beschlüsse. Er übt keine parlamentarischen Funktionen wie die Regierungskontrolle und die Mitgestaltung der Gesetzgebung aus.

Die verschiedenen Wirtschaftszweige waren bis 1988 – wie in anderen sozialistischen Systemen üblich – mit eigenen Ministerien im Staatsrat vertreten. Mit seinen etwa 90 Ministerien bildete der Staatsrat damals die Struktur der chinesischen Planwirtschaft ab. Die Wirtschaftsressorts hatten der Staatlichen Plankommission zugearbeitet, die den Ressourcenbedarf und die Produktionsaufträge der den Ministerien unterstellten Betriebe koordinierte. Mit dem Abschied von der Planwirtschaft wurden große Teile dieser Ministerien überflüssig. Die Anzahl der Ministerien sank auf der zentralstaatlichen Ebene im Jahr 1988 auf 40 und im Jahr 1998 noch einmal auf 29 Ressorts (Yang 2001, Chan 2001).

Der Staatsrat als Ganzes spielt in der operativen Politik keine Rolle. Die engere Funktion einer Staatsregierung liegt beim Ständigen Ausschuss des Staatsrates. Dort sind die als klassisch und neoklassisch angesehenen Ressorts vertreten: Innere Sicherheit, Verteidigung, Äußeres, Wirtschaft, Landwirtschaft und Justiz. Der Ministerpräsident steht an der Spitze des Staatsrates bzw. seines Ständigen Ausschusses. Vier Stellvertretende Ministerpräsidenten stehen ihm zur Seite. Jeder von ihnen koordiniert die Arbeit der Ministerien in einem großflächigen Politikbereich, im Einzelnen Wirtschaft, Soziales, Infrastruktur sowie Sicherheit und Verteidigung. Lässt sich der Ministerpräsident als Gesamtkoordinator der zentralchinesischen Regierung beschreiben, so agieren die Stellvertretenden Ministerpräsidenten als Bereichskoordinatoren.

Tabelle 4: Staatsratsvorsitzende (Ministerpräsidenten) der Volksrepublik

Zhou Enlai	1949-1976
Hua Guofeng	1976-1980
Zhao Ziyang	1980-1987
Li Peng	1987-1998
Zhu Rongji	1998-2002
Wen Jiabao	2002-

Der Ministerpräsident ist formell für das gesamte Spektrum der Regierungstätigkeit verantwortlich. Seine Leitungsaufgabe beschränkt sich tatsächlich auf die Wirtschafts-, Sozial- und Infrastrukturpolitik. Es darf inzwischen als feste Regel gelten, dass für dieses Amt ausschließlich hohe Funktionäre in Frage kommen, die sich durch wirtschaftliche Kompetenz auszeichnen. Beschäftigung, Wohlstand und Wachstum haben für die politische Stabilität im gegenwärtigen China eine Schlüsselbedeutung. Der Ministerpräsident und der Staatsrat managen vorrangig die „weichen“ Bereiche der Systemstabilität. Die „harten“ Politikbereiche aber, die das politische System mit Gewalt, Verboten und Strafen stabil halten, sind Sache der Partei geblieben. In der Außenpolitik, der inneren Sicherheit, der Justiz- und der Medienpolitik stellt die Parteiführung die Weichen. Verteidigungsfragen sind Angelegenheit der Zentralen Militärkommission.

Blicken wir kurz auf das demokratische und gleichwohl kulturell verwandte Japan: Dort treffen wir eine überaus mächtige Regierungspartei an, die, obgleich seit zehn Jahren in ihrer dominanten Stellung erschüttert, die Politik des Landes beherrscht. Dennoch walten in den zentralen Ministerien des japanischen Einheitsstaates Fachbeamte von hoher Qualität, mit großem Selbstbewusstsein und ausgesprochenem Korpsgeist. Ihre Primärloyalität gilt dem Ministerium, in dem sie arbeiten (Curtis 1999). Dessen ungeachtet gibt es Unterschiede zwischen den Ressorts. Die für Japans internationale Wettbewerbsfähigkeit, seine Staatsfinanzen und die diplomatischen Interessen zuständigen Ministerien arbeiten unter Leitung der Beamtenelite strikt fachlich und kompetent; die Interessen der Regierungspartei spielen – auch in Gestalt der zuständigen Minister – keine wesentliche Rolle. Andere Ministerien gehorchen aber sehr deutlich den Interessen der regierenden Partei. Es handelt sich vornehmlich um die für Landwirtschaft, Post und Telekommunikation sowie Infrastruktur (Bau) zuständigen Ressorts. Ihre zumeist ausgabenträchtige Tätigkeit begünstigt die Klientel der Liberaldemokratischen Partei, in der die ländliche Bevölkerung wiederum eine große Rolle spielt.

Die Rotation der Parlamentarier zwischen Minister- und Parteifunktionen trägt einiges dazu bei, dass die Partei ihren Einfluss sachkundig geltend macht und dass die Bürokratie parteisensibel entscheidet (Kevenhörster 2003: 329ff.). Beide Länder freilich, Japan und China, Letzteres scheint sich jedenfalls sich in diese Richtung zu bewegen, überlassen das Management der für ihren Wohlstand maßgeblichen ökonomischen Angelegenheiten, insbesondere Außenhandel und Technologie, vorrangig fachlich ausgewiesenem Personal. Während sich die Handels- und Finanzfachleute in Tokyo murrend der Tatsache beugen, dass ein stromlinienförmiges volkswirtschaftliches Management politisch gewollte Abstriche hinnehmen muss, steht es der chinesischen Führung frei, mit dem Repressionsapparat im Rücken ökonomische Musterlösungen zu verfolgen.

Blicken wir kurz nach Russland, das sich von einem ähnlichen Ausgangspunkt her entwickelt hat wie China. Im Unterschied zu China gibt es dort keine kommunistische Regierungspartei mehr. Aber der Herrschaftsmodus ist auch dort autoritär. Wo in China die sozialistische Ideologie ihre Bedeutung verloren hat und nur mehr die Herrschaftsinteressen einer landesweiten Kaderelite kamoufliert, hat man in Russland – in diesem Punkt ehrlicher – ganz auf die weltanschauliche Verkleidung autoritärer Strukturen verzichtet. Eine mächtige Präsidialadministration, die sich in der ausschließlichen Verantwortung des Präsidenten befindet, bündelt alle Aspekte der inneren und äußeren Sicherheit. Dies gilt vor allem für die so genannten Machtministerien, die dem Zugriff der parlamentarisch verantwortlichen Regierung faktisch entzogen sind. Beim makroökonomischen Management führt die Regierung unter Vorsitz des Ministerpräsidenten die Regie. Dies gilt aber auch nur für das Alltagsgeschehen. Geht es um ökonomische Entscheidungen, denen strategische Bedeutung zugemessen wird, wie etwa 2003 den Plan des Eigentümers der Yukos-Gruppe im Ölfördergeschäft, mit US-amerikanischen Konzernen zusammenzuarbeiten, dann schaltet sich auch der Präsident ein. In diesem Fall geschah dies, um eine unerwünschte Fusion zu verhindern, die ausländischem Kapital einen Zugang zum devisenträchtigsten Handelsgut Russlands hätte verschaffen können. Die Arbeitsteilung zwischen den „harten" und den „weichen Politikbereichen" sowie zwischen Präsidialstruktur und Regierungsbehörden erinnert noch stark an die Verhältnisse in sowjetischer Zeit; nicht von ungefähr ähnelt sie der Dualität von „politischer" und „wirtschaftlicher Regierung" in China.

4.3.2 Gebietsverwaltungen

Blicken wir nun auf die vertikalen Strukturen des Regierungsapparats. In formeller Hinsicht ist China ein Einheitsstaat mit 22 Provinzen, vier Autonomen Regionen, vier regierungsunmittelbaren Städten mit dem Status einer Provinz – Beijing, Chongqing, Shanghai und Tianjin – und mit zwei Sonderverwaltungsgebieten – Hong Kong und Macao. Auf eine Detailsteuerung der Politik in den Provinzen und Regionen verzichtet die Zentralregierung seit längerem. Sie wäre angesichts der Bevölkerungsdimensionen, bei etlichen Provinzen bis zu 80 Millionen und mehr Einwohner, gar nicht realistisch.

Bis 1988 waren die Gouverneure an der Spitze der Provinzregierungen und auch die Leiter der Präfekturebene darunter noch direkt von der Zentralregierung nominiert worden. Die Partei hatte dafür gesorgt, dass ihre Kandidaten von den Volksvertretungen der Provinzen in einer förmlichen Wahl bestätigt wurden. Die Provinzregierung wiederum hatte die Verwaltungsspitzen der Kreise und Ortschaften nominiert, die Kreisverwaltungen schließlich die Verwaltungsleiter der Verwaltungsgemeinden und Dörfer. Dieses „two down" mit seiner stark zentralisierenden Wirkung wurde im Zuge der Dengschen Reformpolitik auf ein „one down" verkürzt. Der Staatsrat nominiert seither nur mehr die Gouverneure, die Provinzregierungen nur noch die Leiter der Präfekturen usf. Das gleiche Prinzip gilt auch in der Partei. Das ZK-Sekretariat nominiert den Parteisekretär der Provinz, das Provinzsekretariat die Sekretäre der darunter liegenden Ebene usf.

Jede Verwaltungsebene unterhalb der Zentralregierung nimmt gewisse Staatsaufgaben in eigener politischer Verantwortung wahr. Gleichzeitig fungiert sie als Auftragsverwaltung für die nächsthöhere Ebene. Ein zentralstaatliches Ministerium darf der Fachbehörde einer Provinz Weisungen erteilen, eine Provinzbehörde wiederum den Behörden einer Präfektur usf. Weil die Inhaber führender Positionen nur von Ranghöheren Weisungen entgegen nehmen, rangiert ein Provinzminister in der Staatshierarchie unter einem Fachminister der Zentralregierung. Ein Staatsratsmitglied (Minister) und ein Provinzgouverneur stehen protokollarisch hingegen auf derselben Stufe.

Sollte es zu widersprüchlichen Weisungen der Zentral- und der Provinzregierung kommen, so hat die Erstere den förmlichen Vorrang. Ob die Provinzbehörden in solchen Fällen tatsächlich Beijing folgen oder nicht doch ihren eigenen Weg gehen, lässt sich verallgemeinernd schwer beantworten. Der Primat des Parteiauftrags und die Kaderpolitik der Partei sollten diese Frage eigentlich gar nicht erst aufkommen lassen. Doch die Zentralregierung hat sich gerade aus den Schwerpunktbereichen der provinziellen Regierungstätigkeit – Wirtschaft und Soziales – deutlich zurückgezogen. Die Beziehungen zwischen Zentralregierung und Provinzen sind im Regierungsalltag sehr variabel und schwer durchschaubar. Dass die zentrale Politik in den Provinzen sehr uneinheitlich implementiert wird, ist eine Basistatsache der chinesischen Politik (dazu am Beispiel der Umweltpolitik: Lotspeich/Chen 1997).

Alle Bemühungen um die Reform der Staatsverwaltung sind zumindest teilweise an den Verschiedenheiten der Provinzen und der örtlichen Verhältnisse gescheitert. Einstellungen und Beförderungen in der Staatsverwaltung sollen seit 1993 dem Leistungsprinzip gehorchen. Doch die strikte Beachtung dieses Prinzips wird zunächst vom personalpolitischen Kalkül der KPCh unterlaufen. Zwar steigt dank des Zustroms von Universitätsabsolventen die Qualifikation der Beamten, vor allem auf den höheren Ebenen. Aber die Partei nimmt unverändert Einfluss auf die Personalentscheidungen. Die größten Schwierigkeiten für offene und leistungsorientierte Bewerbungen und Beförderungen ergeben sich unterhalb der zentralstaatlichen Ebene.

Dem Staatsrat geht es darum, China möglichst effizient nach den politischen Vorgaben und marktwirtschaftlichen Notwendigkeiten zu regieren. In den Provinzen, Präfekturen und Kreisen nehmen Guanxi, persönliche Freundschaften und Rücksicht auf die örtlichen Verhältnisse der vom Zentralstaat gewollten Politik den Biss. Der Grund liegt in der oben skizzierten Basistatsache der personalisierten und situationsbezogenen Sozialbeziehungen (Chou 2004).

4.4 Die politische Elite

4.4.1 Elitenwandel im Generationenwechsel

Die Struktur der politischen Elite wird nach Generationen unterschieden, in denen sich markante historische Kollektiverfahrungen ausdrücken. Bei der *ersten Generation* handelt es sich um die Veteranen des Langen Marsches. Die noch lebenden Vertreter dieser Epoche befinden sich im höchsten Greisenalter und haben sich bereits vor langer Zeit von politischen Ämtern zurückgezogen. Deng Xiaoping repräsentierte diese Generation als einer der Letzten.

Die *zweite Generation* war durch die Erfahrungen des Antijapanischen Krieges und des Bürgerkrieges geprägt (dazu und im Folgenden: Li 2001a). Es handelt sich um die Aufbaugeneration der Volksrepublik. Ihre letzten führenden Vertreter sind vor ungefähr zehn Jahren abgetreten. Die Kulturrevolution riss große Lücken in die Reihen dieser Generation, deren prominenteste Vertreter der frühere Parteichef Hu Yaobang und der liberale Regierungschef Zhao Ziyang waren.

Die *dritte Generation* besteht aus Fachleuten, von denen viele in der Sowjetunion ausgebildet worden sind. Vertreter dieser Generation wuchsen in den

1950er und 1960er Jahren in das Regierungs- und Verwaltungsgeschäft hinein. Ihr Métier hatten sie in der Planwirtschaft sowie in der Partei- und Staatsverwaltung gelernt. Sie wurden von der egalitätswütigen und expertenfeindlichen Kulturrevolution in einem viel versprechenden Karriereverlauf gebremst. Jene Kader, welche die Kulturrevolution überstanden hatten, kletterten später, als der ideologische Sturm vorüber war, auf die alten Kommandostände, um die Sturmschäden zu beseitigen. Zur selben Zeit begann der rasche Verfall des Sowjetsozialismus. Er warnte davor, die von früher gewohnte Planwirtschaft fortzuführen. Diese Generation, die der letzte Parteichef Jiang Zemin und der letzte Ministerpräsident Li Peng repräsentierten, machte einen gewaltigen Lernprozess durch, der das Land so verändert hat, wie man es heute kennt (Gilley 1998).

Die *vierte Generation* wuchs in der Kollektiverfahrung der Kulturrevolution auf. Vertreter dieser Generation hatten zu Beginn der Kulturrevolution eine Ausbildung begonnen oder gerade erst abgeschlossen. Für sie spielte die Sowjetunion als Vorbild und Auslandserfahrung schon keine Rolle mehr. Aus ihr gingen die von Mao instrumentalisierten Roten Garden hervor. Diese Generation war von der Einstellung des Ausbildungsbetriebs in der Kulturrevolution besonders stark betroffen. Ihr derzeit bekanntester Vertreter ist der gegenwärtige Generalsekretär Hu Jintao. Die dritte und die vierte Generation haben dem gegenwärtigen China maßgeblich ihren Stempel aufgedrückt.

Die *fünfte Generation*, die erst jetzt in Spitzenpositionen aufsteigt, kennt nichts anderes als eine Gesellschaft, die sich dem Ausland geöffnet und den Kapitalismus hat sprießen lassen. Sie ist besser ausgebildet als jede Generation vor ihr.

Als der Reformprozess begann, fanden sich in vielen hohen und höchsten Stellen des Partei- und Staatsapparates noch Veteranen des Bürgerkrieges. Seit den Anfängen der Volksrepublik war es diesen Altkadern selbst überlassen, wann sie zurücktreten wollten. Mit dem aktiven Staatsdienst waren nicht nur ein angenehmes Leben mit Dienstwohnung, Fahrer und Personal verbunden, sondern auch soziales Prestige und Guanxi, d.h. die Möglichkeit, Freunde und Vertraute zu belohnen. Die Partei hatte 1984 beschlossen, den Staatsrat und die Staatsverwaltung zu professionalisieren. Die Nachwuchskader sollten eine geeignete Ausbildung nachweisen und sich in Leistungsprüfungen gegen konkurrierende Kader durchsetzen können. Die starke Präsenz hoch betagter Altkader in den Apparaten drohte diesen Erneuerungsprozess zu blockieren. Deshalb führte die Parteiführung eine Altersgrenze ein. Die Altkader wurden in den 1980er Jahren in Ehren ausgebootet. Mit großzügigen Pensionen und wohlklingenden Beratertiteln fand die Partei eine materiell befriedigende und Gesicht wahrende Lösung (Manion 1993).

Mit der Staatsratsreform von 1998 stellte sich das gleiche Problem erneut. Die letzten Relikte der Planwirtschaft, etliche Industrieministerien, wurden aufgelöst; ganze politische Leitungsebenen wurden damit überflüssig. An ihre Stelle traten Behörden mit regulierendem Charakter. Öffentliche Korporationen versprachen bei der Implementierung der Wirtschaftspolitik mehr Flexibilität als die überkommene Behördenorganisation. Im Zuge dieser Reform wurden erstmalig zahlreiche Kader im Rang herabgestuft. Teilweise wurden sie auf Beraterfunktionen abgeschoben.

Aus der Natur der Sache heraus waren hier in erster Linie Funktionäre betroffen, die der dritten und vierten Generation angehörten – Techniker, Wirtschaftsfachleute und Planer. Sie hatten in den Residuen des planwirtschaftlichen Apparats gearbeitet. Gefragt waren fortan aber Betriebs- und Volkswirte, Verwaltungswissenschaftler und Außenhandelsexperten, d.h. die Absolventen einschlägiger Ausbildungsgänge in China selbst und im westlichen Ausland. Sie stehen für die in den letzten 20 Jahren herangewachsene Generation (Lee 1991). Mit dem Aufrücken dieser Generation in Schlüsselstellungen ist die Fortsetzung des liberalen Kurses in der Wirtschaft vorgezeichnet (Dittmer 2000b, Pye 2001, Chang 2001, You 2002, Ewing 2003).

4.4.2 Familienbande

Gemeinsame Karriere- und Lebenserfahrungen sind eine wichtige Ressource der Regierenden. Die ENA-Verbindungen französischer Politiker und Spitzenbeamter, die kalifornische oder texanische Prägung des Weißen Hauses unter amerikanischen Präsidenten und der hamburgische, pfälzische oder hannoveranische Anstrich deutscher Kanzler sind gut dokumentiert. China verkörpert ein autoritäres System. Das politische Spitzenpersonal kann sein Herkunftsmilieu dort ungehinderter im politischen Apparat installieren, als dies in demokratischen Systemen möglich wäre, wo Akzeptanz-, Koalitions- und Mehrheitskalküle beachtet werden müssen. Das stärkste Bindemittel zwischen Personen, die einen Kontakt herstellen wollen, sind die Guanxi. Ihre Grundlagen sind, wie oben dargelegt, gemeinsame Herkunft, Ausbildung und Bekannte. Noch stärker wirken die Familienbande: Es wird geschätzt, dass in einigen Ministerien bis zu 20 Prozent der Beschäftigten zumindest entfernt miteinander verwandt sind.

4.4.3 Parteiführer und ihre Netzwerke

Der Parteiführer war bis zum Ende der Ära Mao das Maß aller Dinge. Allein Kampfgenossen aus der Zeit des Langen Marsches und des Bürgerkrieges hatten gewagt, ihn herauszufordern. Der letzte Versuch früherer Weggefährten, Mao als bestimmende politische Kraft zu schwächen, scheiterte am Abwehrmanöver der Kulturrevolution. Durch die Indoktrinierung der Jugend, insbesondere Schüler und Studenten, wurde ein Charisma herbeimanipuliert, das Mao zu Lebzeiten geradezu unangreifbar machte.

Deng war noch lange über seinen förmlichen Rückzug aus der Politik hinaus (nach 1987) das einigende Band der Reformer. Wenn es in dieser Zeit überhaupt eine Gemeinsamkeit in der politischen Elite gab, dann den Vorsatz, ideologisch inspirierte Politik zu meiden. Deng hatte auf seine Weise Charisma – als Antipode zum politischen Utopismus Maos und als Anwalt der Menschen, die Stabilität wollten und ihr kleines materielles Glück suchten. Seine Mitarbeiter holte Deng aus dem disparaten Bestand der Beijinger Staatsfunktionäre, die er in der Zeit vor der Kulturrevolution kennen gelernt hatte.

Deng war ein Vertreter der oben skizzierten ersten Generation. Die Funktionäre, die er im Zuge seiner Reformen um sich sammelte, waren hingegen Techniker und Ingenieure, typische Vertreter der dritten Generation. Die Reformen der Ära Deng wurden in vielen kleinen Teilstücken als Political engineering bewerkstelligt, d.h. als das technisch saubere Lösen machbarer Aufgaben.

Dengs Nachfolger, Jiang Zemin, war, ebenso wie der langjährige Ministerpräsident Li Peng, Ingenieur. Für Deng war er bloß zweite Wahl. Sein Wunschkandidat, der liberale Premierminister Zhao Zijang, musste nach den Ereignissen auf dem Platz des Himmlischen Friedens (1989) als Sündenbock preisgegeben werden. Hu Jintao, der Dengs besondere Gunst genoss, hatte zu diesem Zeitpunkt seinen Rundkurs durch die wichtigsten Vorbereitungsstationen für ein Spitzenamt noch nicht beendet. Deshalb war es Jiang Zemin, der auf Deng folgte.

Als Chef der Wirtschaftsmetropole Shanghai war Jiang Zemin ein geborenes Mitglied des engeren Politbürozirkels gewesen. Erst einmal als Generalsekretär im Amt, hievte Jiang zahlreiche Shanghaier Kader in Beijinger Führungspositionen. In Jiangs Zeit als Generalsekretär verlagerte sich der regionale Schwerpunkt der Reformpolitik zudem von den südlichen Provinzen um Guangdong auf die südöstlichen Küstenprovinzen um Shanghai. Dieser Kurswechsel hatte mit Günstlingswirtschaft und Klientelpflege allerdings nichts zu tun. Er resultierte aus der der langfristigen Überlegung, im Jangtse-Mündungsgebiet einen weiteren Wachstumsmagneten entstehen zu lassen.

Mit Jiangs Nachfolger Hu Jintao kam ein weiteres Netzwerk zum Zuge. Hu ist Absolvent der Beijinger Qinghua-Universität und machte sich am Beginn seiner Karriere als Parteisekretär dieser Hochschule einen Namen. Die Qinghua fördert ihre Studenten nicht nur nach der wissenschaftlichen Befähigung. Sie blickt auch auf ihr politisches Interesse und die Eignung für eine Kaderkarriere. Qinghua-Absolventen haben Alumni-Assoziationen gebildet, die sich über ganz China verzweigen. Für die Elitenrekrutierung ist die Universität bereits ein gewichtiger Faktor geworden (Li, C. 2001: 88ff., Li, C. 2000). Die Mitglieder des gegenwärtigen ZK der KPCh weisen den Besuch der Quinghua als signifikante Gemeinsamkeit auf (Bo 2004: 239ff.).

In der ersten Hälfte der 1980er Jahre war Hu auch Vorsitzender der Jugendliga der Partei gewesen. In dieser Eigenschaft hatte er Gelegenheit, weitere Kontakte über ganz China hinweg zu knüpfen. Eine ehemalige Funktion im Jugendverband ist das zweite bedeutende Merkmal der meisten ZK-Mitglieder. Dabei ist allerdings zu bedenken, dass alle hohen Funktionäre irgendwann in ihrer früheren Laufbahn mit der Jugendliga zu tun hatten. Heute gilt für die Ernennung von Ministern und Provinzgouverneuren ein Höchstalter von 58, für ihre Stellvertreter von 53 Jahren (China aktuell 2003: 7; einen detaillierten Überblick über die Zusammensetzung der Führungsorgane der KPCh, einschließlich Kurzbiografien, bieten Liu, J. 2002 und Bo 2004).

4.5 Informelle Politik

4.5.1 Faktionen

Kommen wir nun zu den Eckpunkten der innerbürokratischen Politik. Sie sind besonders wichtig, um den Regierungsprozess zu verstehen. China kennt keine parlamentarischen und demokratischen Strukturen, die als Widerpart und Kontrolleure der Bürokratien wirken könnten. Die Forschungen über Faktionen in der chinesischen Politik leisten vor diesem Hintergrund immer noch einen guten Beitrag, um sich einen Reim auf die politische Bürokratie zu machen (dazu die klassische Arbeit von Pye 1992).

Für Ministerien gilt bis heute die eiserne Regel, geschlossen aufzutreten. Eine Person oder eine Gruppe, die an die Spitze einer politischen Behörde gelangen will, täte nicht gut daran, die Führung mit offenem Visier herauszufordern. Sie würde in kürzester Zeit kalt gestellt. Stattdessen wird sie Sympathisanten ansprechen, zumeist die Unzufriedenen und Ambitionierten. Sie alle haben ihre Gründe, einen Wechsel zu wünschen. Zu diesem Zweck werden Schwachstellen in der Organisationsarbeit und Unzulänglichkeiten in der Führungsequipe erkundet. Es wird argumentative Munition gesammelt, die zum Anschwärzen und für Verdächtigungen bei den Vorgesetzten und den Aufsicht führenden Instanzen taugt (Shih 1997: 52ff.).

Glaubt sich eine Herausfordererfaktion stark genug, den Angriff zu wagen, wird sie eine Mehrheit in den Partei- und Regierungsgremien hinter sich wissen. Um solche Herausforderfaktionen gar nicht erst gedeihen zu lassen oder um sie, falls erkannt, ins Leere laufen zu lassen, wird sich die Führungsgruppe selbst wie eine Faktion verhalten. Sie stärkt ihren Anhängern den Rücken und belohnt sie. Ferner sammelt sie Material, um die Opponenten mit fingierten oder gerechtfertigten Gründen kalt zu stellen. Die Seele solcher Faktionsbildungen und Faktionskämpfe sind abermals die oben beschriebenen Guanxi – das Knüpfen und Ausnutzen von Beziehungen zu den Mächtigen und Einflussreichen (Dittmer 2000a: 116ff., Dittmer/Wu 1995: 475, Fukui 2000: 12, Lieberthal/Oksenberg 1988: 156).

In der Mao-Ära konnten Faktionskämpfe gefährlich ausgehen. Der Vorwurf konterrevolutionärer Aktivität und vernachlässigter Wachsamkeit mochte Amt und Privilegien kosten. Schlimmstenfalls endete er in Umerziehungs- und Arbeitslagern. In den Zeiten der Kulturrevolution blieb den Kadern oft nichts anderes übrig, als sich der einen oder anderen Faktion anzuschließen. Diese Dramatik gibt es in den Intrigenspielen der chinesischen Politik schon lange nicht mehr. Bürokratisches Infighting gibt es aber nach wie vor. Es wird heute mit anderen Vorwürfen ausgetragen. Der Beweis oder der Verdacht der Korruption hat den Vorwurf des politischen Richtungsfehlers abgelöst. Zwischen 1998 und 2002 wurden gegen ca. 850.000 Parteimitglieder (bei insgesamt 66 Millionen) disziplinarische Maßnahmen wegen Bestechlichkeit verhängt (Strittmatter 2004c).

4.5.2 Korruptionsbekämpfung als politisches Instrument

Auf Korruption stößt man im heutigen China im großen wie im kleinen Maßstab. Meist wird sie nur dann spektakulär geahndet, wenn sie als wohlfeiler Sprengstoff gegen hohe Funktionäre taugt, die aus ganz anderen Gründen abgelöst werden sollen. So ist von Jiang Zemin überliefert, dass er den Politbürokollegen und Beijinger Bürgermeister Chen Xitong so lange überprüfen ließ, bis er ihm Korruption nachweisen und daraufhin absetzen konnte (1997). Der eigentliche Grund dafür war aber nicht Chens Korruptheit, sondern sein länger zurückliegender Angriff auf Jiangs Autorität (Kuhn 2004: 262ff.). Chen hatte Jiang nicht informiert, als er den Parteipatriarchen Deng Xiaoping um einen Auftritt in einem Beijinger Industriebetrieb gebeten hatte. Jiang als Generalsekretär hätte erwarten dürfen, davon in Kenntnis gesetzt zu werden. Das Übergehen des Parteichefs war eine ernste Sache. Es zu ignorieren hätte als Signal politischer Schwäche gedeutet werden können. Jiang suchte deshalb nach einem in der Öffentlichkeit nachvollziehbaren Grund, um Chen abzulösen. Er gab den Auftrag, Chens Tätigkeit in Beijing zu recherchieren – wohl wissend, dass dieser dort in die eigene Tasche wirtschaftete. Deng Xiaoping, der Parteipatriarch, erhielt im Zuge dieser Untersuchungen die Zusicherung, dass man seine Familie – Dengs Söhne waren durch zwielichtige Geschäfte reich geworden – aus den Ermittlungen aussparen würde. Ein weiterer Versuch Jiangs, seinen liberalen Politbürokollegen und Rivalen Li Ruihan mit Korruptionsvorwürfen auszubooten, scheiterte, weil die Parteifahnder trotz aller Mühen keine Beweise fanden. (Nathan/Gilley 2002: 52f., 154f.). In solchen Fällen erweist es sich für die politische Führung als vorteilhaft, dass sich die Grenzen zwischen der üblichen Schenkkultur als dem Schmiermittel der Guanxi und dem Amtsmissbrauch schwer bestimmen lassen (Weggel 2000d: 922).

Das chinesische Rechtssystem ist unzulänglich, die Gesetze sind unklar und sie werden unterschiedlich – und stets mit Blick auf die Situation und die beteiligten Personen – ausgelegt. Jede wirtschaftsbezogene Regierungstätigkeit involviert den Umgang mit in- und ausländischen Unternehmern. Manager und Eigentümer sind gern bereit, wichtige Beamte großzügig zu bewirten, um einen Kontakt zu Kollegen und Vorgesetzten herzustellen. Hier handelt es sich um Standardsituationen, die für gewöhnlich kein Ärgernis erregen. Sie lassen sich bei argwöhnischer Deutung aber als Missbrauch deuten. Konkurrenten, die beim Ringen um eine Lizenz oder um einen Auftrag das Nachsehen haben, mögen die Beamten und die Behördenleitung anschwärzen.

Zahlreiche Vorgänge sind selbst nach den großzügigen chinesischen Maßstäben deutlich korrupt. So betreffen Entscheidungen über Infrastrukturprojekte, z.B. Stadtautobahnen, Staudämme oder Industrieflächen zahlreiche Menschen, die umgesiedelt werden, Ackerflächen verlieren und ihre Häuser verkaufen müssen. Die entsprechenden Planungen und Entscheidungen werden von örtlichen Beamten implementiert, die auf die Betroffenen häufig keine Rücksicht nehmen; oft werden bei solchen Vorgängen Entschädigungszahlungen für die Betroffenen veruntreut. Einer der größten Korruptionsfälle flog 1999 auf. Es handelte sich um einen Schmuggelring mit dem Zentrum in der südchinesischen Stadt Xiamen. Er beteiligte Funktionäre von der örtlichen Ebene bis hinauf in die Hauptstadtbehörden sowie eine Reihe findiger Unternehmer (Shieh 2005). Es fehlt im Alltag des kapitalistisch gewordenen China also nicht an Vorgängen, die sich dafür eignen, die politische Auseinandersetzung in der schimmernden Rüstung des Kämpfers wider den Amtsmissbrauch zu führen.

4.5.3 Konsens als politische Mithaftung

Die Entscheidungsprozesse in den Ressorts der Zentral- und Provinzbehörden verlaufen sehr umsichtig und langsam. Nicht selten enden sie damit, dass man eine Sache erst einmal im kleinen Rahmen als Pilotvorhaben ausprobiert, bevor entsprechende Maßnahmen mit landesweiter Geltung angeordnet werden. Typischerweise kreist eine Vorlage solange durch die Ministerien, bis auch der letzte an der Sache beteiligte wichtige Beamte seine Zustimmung gegeben hat. Dieser begibt sich damit in Mithaftung, wenn anschließend etwas schief läuft (Lieberthal 1995: 170, Shirk 1993: 127, Lampton 1992). Hier haben auch die gebräuchlichen, breit angelegten Konferenzen ihren Sinn, auf denen Vertreter des Staatsrates und der Provinzregierungen gemeinsam Vorhaben besprechen (Weggel 2000a: 405, Weggel 2000d: 921). Solchermaßen abgesicherte Beschlüsse lassen sich im Detail schwer ändern, ohne den ganzen Prozess neu aufzurollen. Regen sich aber nachträglich innerorganisatorische Bedenken, die Angriffsflächen für Kritik erkennen lassen, dann wird die mühsam erarbeitete Position ohne große Skrupel revidiert. Verwaltung ist in aller Welt ein Machtspiel, in China ganz besonders. Internationale Verhandlungspartner wissen davon ein Lied zu singen. Vereinbarungen mit Brief und Siegel gelten stets unter Vorbehalt. Tut sich etwas hinter den Kulissen, ist eine schriftliche Einigung kaum mehr als das Papier wert (Fewsmith 1994: 10). Das Konsensprinzip gilt in gleicher Weise für die kollegialen Spitzenorgane der Partei und des Staates.

4.6 Das politische Zentrum

4.6.1 Politbüro und Ständiger Ausschuss des Politbüros

Mao hatte mit seiner persönlichen Macht das Politbüro und die Regierung in den Schatten gestellt. Deng genoss als Vater der Reformpolitik große persönliche Autorität. Um ein Beispiel zu geben, zog er sich 1987 im Greisenalter vom Amt des Generalsekretärs zurück. Gemeinsam mit anderen noch lebenden Parteiführern der Mao-Generation beobachtete er das Handeln seiner Nachfolger jedoch in einer Art Ältestenrat. Dieser Beirat stand jedoch gänzlich außerhalb der Parteihierarchie; er besaß keinerlei förmliche Entscheidungsmacht. Dengs Nachfolger im Politbüro suchten in kritischen Situationen gern den Rat der Älteren. Dabei hatte Dengs Stimme großes Gewicht. Die folgenschwere Entscheidung, die Anhänger der Demokratiebewegung auf dem Platz des Himmlischen Friedens mit Gewalt zu vertreiben, ging wesentlich auf Deng zurück, der zuvor vom Politbüro gedrängt worden war, eine Kursempfehlung auszusprechen. Mit Dengs Tod wurde der Ältestenrat stillschweigend abgeschafft.

Die wissenschaftliche Beobachtung zeichnet das folgende Bild des inneren Führungskreises der chinesischen Politik, über den allerdings nicht allzu viele zuverlässige Informationen vorliegen (Teiwes 2001:70). Grundlegende Entscheidungen trifft das „Zentrum", eine Gruppe von 25 bis 30 Personen (Lieberthal/ Oksenberg 1988: 35). Einmal im Jahr kommen die höchsten Parteifunktionäre im Seebad Beidaihe zu einer Konferenz zusammen. Im Teilnehmerkreis wird das Zentrum schemenhaft sichtbar (Lieberthal 1995: 176, Nathan/Gilley 2002: 38). Aus der Dauer der Beidaihe-Konferenzen und den Gerüchten um ihren Verlauf gedeihen Spekulationen. Ihre Stichhaltigkeit erweist sich erst, wenn Beschlüsse bekannt werden. Mag es sich um richtungsweisende Beschlussvorlagen für das ZK, mag es sich um den Parteitag der KPCh handeln oder um den Wechsel an der Spitze von Partei und Staat – Fragen dieser Art werden in diesem kleinsten Kreise erörtert, von dem nicht viel mehr bekannt ist, als dass es ihn gibt.

Tabelle 5: Zusammensetzung des Ständigen Ausschusses des Politbüros*

8. Plenum des ZK	1956	*Mao Zedong*, Liu Shaoqui, Zhou Enlai, Chen Yun, *Deng Xiaoping*
9. Plenum des ZK	1969	*Mao Zedong,* Lin Biao, Zhou Enlai, Chen Boda, Kang Sheng
10. Plenum des ZK	1973	*Mao Zedong,* Zhou Enlai, Wang Hongwen, Kang Sheng, Ye Jianying, Li Desheng, Zhang Chungqiao, Zhe De, Dong Biwu
11. Plenum des ZK	1977	*Hua Guofeng*, Ye Jianying, *Deng Xiaoping,* Li Xinnian, Wang Dongxing
12. Plenum des ZK	1982	*Hu Yaobang,* Ye Jianying, *Deng Xiaoping,* Li Xinnian, Wang Dongxing
13. Plenum des ZK	1987	*Zhao Ziyang,* Li Peng, Hu Qili, Qiao Shi, Yao Yilin
14. Plenum des ZK	1992	*Jiang Zemin,* Li Peng, Qiao Shi, Li Ruihan, Zhu Rongji, Liu Huaqing, *Hu Jintao*
15. Plenum des ZK	1997	*Jiang Zemin,* Li Peng, Zhu Rongji, Li Ruihan, *Hu Jintao,* Wie Jiangxin, Li Lanqing
16. Plenum des ZK	2002	*Hu Jintao,* Huang Ju, Jia Qinglin, Li Changchun, Luo Gan, Wen Jiabao, Wang Bungguo, Wu Guanzheng, Zeng Qinghong

* Aktuelle oder spätere Vorsitzende bzw. Generalsekretäre in Kursivschrift.

Den Kern des Führungszentrums bildet der Ständige Ausschuss des Politbüros. Er tagt zweimal im Monat (Shambaugh 2001: 105). Seine Agenda bestimmt der Generalsekretär nach vorheriger Rücksprache mit den übrigen Mitgliedern dieses Zirkels. Der Generalsekretär greift dabei auf die Ressourcen der Abteilung für Allgemeines im ZK-Sekretariat zurück. Diese Parteidienststelle arbeitet ausschließlich für die Bedürfnisse des Ständigen Ausschusses des Politbüros.

Tabelle 6: Ständiger Ausschuss des Politbüros des XV. ZK (1997-2002)

	geboren	*Herkunfts-provinz*	*Provinzver-wendung**	*aktuelle Funktion*
Jiang Zemin	1926	Jiangsu	*Shanghai*	Generalsekretär KPCh
Li Peng	1928	Sichuan		Mitglied des ZK
Zhu Rongji	1928	Hunan	*Shanghai*	Ministerpräsident
Li Ruihan	1934	Tianjin	*Tianjin*	Konsultativkonferenz
Hu Jintao	1942	Shanghai	*Tibet*	Leiter Parteischule
Wei Jiangxing	1931	Zhejiang	*Beijing*	Disziplinarkommission
Li Lanqing	1932	Jiangsu	Tianjin	Vize-Ministerpräsident

* Aktuelle Verwendung in Staats- und Parteiämtern auf Provinzebene in gerader, eine frühere Verwendung auf dieser Ebene in kursiver Schrift.

Tabelle 7: Ständiger Ausschuss des Politbüros des XVI. ZK (2002-2007)

	geboren	*Herkunfts-provinz*	*Provinzver-wendung**	*Aktuelle Funktion*
Hu Jintao	1942	Shanghai	*Tibet*	Generalsekretär KPCh
Huang Ju	1938	Zhejiang	Shanghai	Stadtparteisekretär
Jia Qinglin	1940	Hebei	*Beijing*	Konsultativkonferenz
Li Changchun	1944	Jilin	*Guangdong*	Provinzparteisekretär
Luo Gan	1935	Shandong	*Henan*	Sekretär ZK KPCh
Wen Jiabao	1942	Tianjin		Ministerpräsident
Wang Bunguo	1941	Anhui	*Shanghai*	Volkskongress
Wu Guanzheng	1938	Jiangxi	Shandong	Disziplinarkommission
Zeng Qinghong	1939	Jiangxi	*Shanghai*	Sekretär ZK KPCh

* Aktuelle Verwendung in Staats- und Parteiämtern auf Provinzebene in gerader, eine frühere Verwendung auf dieser Ebene in kursiver Schrift.

Die Mitglieder des Politbüros als Vollgremium repräsentieren die wichtigsten Institutionen der Partei und des Staates, darunter den Ministerpräsidenten, den Außenminister, den Generalstab, die öffentliche Sicherheit (Polizei) sowie die Parteichefs von Beijing und Shanghai sowie diejenigen der größeren Provinzen. Dies bedeutet in der Praxis, dass in wichtigen Fragen jede tragende Säule der Partei- und Staatsverwaltung eine Stimme hat. Für Entscheidungen gilt die Konsensregel. Es wird so lange beraten und verhandelt, bis alle Beteiligten einen Beschluss mittragen.

4.6.2 Führungsgruppen und Kous

Entscheidungen im politischen Zentrum werden in kleinen Gruppen vorbereitet (im Englischen Small Groups oder Leading Groups, im Folgenden als Führungsgruppen bezeichnet). In diesen Führungsgruppen führt üblicherweise ein Politbüromitglied den Vorsitz; ein weiteres Politbüromitglied fungiert als Stellvertreter. Ihre Leitung wird Mitgliedern des engeren Führungskreises übertragen, die im betreffenden Politikbereich die Vorstellungen des Generalsekretärs repräsentieren. Die wichtigsten Führungsgruppen haben einen festen Aufgabenbereich, andere Gruppen werden ad hoc gebildet. Die verschiedenen Abteilungen des ZK-Sekretariats arbeiten den Führungsgruppen zu. Sie greifen gegebenenfalls auf die Expertise der Regierungsbehörden und wissenschaftlicher Institute zurück. Beim ZK-Sekretariat ist ferner ein Politikforschungsinstitut mit hoch qualifizierten Mitarbeitern angesiedelt (Lieberthal 1995: 192f.).

Die wichtigsten Führungsgruppen stehen an der Spitze eines Kou. Der Kou bezeichnet ein breites Politikfeld, das sich über die Zuständigkeiten verschiedener Partei- und Regierungsbehörden erstreckt. Vier großflächige und stabile Kous sind a) für die Parteiangelegenheiten, b) für die Sicherheitspolitik, c) für die Außenpolitik und d) für die Wirtschaft zuständig. Die Bedeutung des Wirtschafts-Kous hat in den vergangenen Jahrzehnten stark nachgelassen. Die Formulierung der Wirtschaftspolitik hat sich in kleine Arbeitsgruppen des Staatsrates, also der Regierung, verlagert (Saich 2004: 122). Diese Entwicklung unterstreicht den Status des Staatsrates als primär für die Wirtschaft verantwortliche Institution. Im Sicherheits-Kou operiert die vom Generalsekretär selbst geführte Zentrale Militärkommission. Der einzige Kou, den die einschlägige Führungsgruppe des Politbüros vollständig kontrolliert, ist der Partei-Kou selbst.

Für Problembereiche, die sich als besonders sensibel herausstellen, werden spezielle Führungsgruppen gebildet. Solche Gruppen sind etwa für die Außenpolitik (Li, H. 2002: 35), für den Umgang mit der Autonomen Region Tibet (Sautman 2002: 99) und für die Taiwan-Politik gebildet worden (Bi 2002: 541f.). Hu

Jintao übernahm 2002 umgehend selbst die Leitung der Führungsgruppen für die Außenpolitik und Taiwan (China aktuell 2003: 691). Als sich 2000 in ganz China Bauern- und Arbeiterproteste häuften – allein 1999 wurde eine Steigerung der gewaltsamen Proteste um 70 Prozent registriert –, beschloss das Politbüro die Einsetzung einer Gruppe für unvorhergesehene Zwischenfälle (China aktuell 2000: 888). Im Juni 2000 bildete das Sekretariat eine Führungsgruppe für die Bereiche Propaganda und Medien. Die im März 2004 vom Volkskongress beschlossenen Verfassungsänderungen waren von einer Führungsgruppe des Politbüros erarbeitet worden (Holbig 2004a: 262). Die Einrichtung einer Führungsgruppe signalisiert ganz allgemein die Aufwertung des betreffenden Politikbereichs oder die Brisanz eines bestimmten politischen Problems (China aktuell 2000: 743).)

Die russischen Verhältnisse unterscheiden sich von den chinesischen vor allem im patrimonial anmutenden Charakter des Herrschaftssystems. Der Präsident als Person zieht die Fäden – in der Regel durch Vertraute und Bevollmächtigte in seiner präsidialen Bürokratie (Avenarius 2003). Bei Jelzin bestimmten Verwandte und Günstlinge das Milieu, in dem Entscheidungen getroffen wurden (Brovkin 1996, Robinson 2001). Putin regiert mit Hilfe ausgewählter Vertreter der bewaffneten und uniformierten Apparate (Lukin 2001). Materielle Privilegien (Villen, Autos etc.) untermauern die Loyalität der Entourage. Eine kollegiale oder oligarchische Machtteilung wie in der spätsowjetischen Breschnew-Periode oder wie in China gibt es nicht. Günstlinge des Präsidenten stehen an der Spitze der Ministerien und Verwaltungen. In der Präsidentschaft Putins ragen darunter ehemalige Militärs und Geheimdienstler heraus. Der Grund dafür dürfte in der Tatsache liegen, dass es sich hier noch um die effizientesten Verwaltungsapparate handelt, die der sowjetische Staat dem post-sowjetischen Russland hinterlassen hat. Der russische Autoritarismus tritt im Gewande eines personalisierten Regimes auf (Mommsen 2003a, 2003b, Shevtsova 2003).

4.6.3 Xitongs: Klammern zwischen politischer Führung und Verwaltung

Neben dem Kou stellt der Xitong eine weitere Schlüsselstruktur der politischen Führungsebene dar. Lassen sich die Kous am besten als horizontale Strukturen im politischen Zentrum umschreiben, so sind die Xitongs vertikale Strukturen, die sich von der Hauptstadt bis weit in die Provinzen hinab verästeln (Cavey 1997: 4ff.). Xitongs sind Verwaltungssysteme, ihr Zweck ist die Implementierung der in Beijing beschlossenen Politik. Einzelne Xitongs befassen sich mit Parteiangelegenheiten, Kaderpolitik, Finanzen und Wirtschaft, Bildung und Propaganda, Politischen und Rechtsangelegenheiten und dem Militär (Hamrin 1992: 113ff.). Ein Xitong integriert die Partei- und Staatsinstanzen im selben Politikbereich. In den Organisationsplänen der Partei und des Staates kommen Xitongs ebenso wenig vor wie die Kous. Es handelt sich um informelle Phänomene. Deshalb wird die Reichweite eines Xitong auch unterschiedlich interpretiert. In einem sehr minimalistischen Verständnis umfasst der Xitong lediglich den Geschäftsbereich eines Zentralministeriums und der fachlich gleich gewidmeten Ministerien in den Provinzen und nachgeordneten Gebietsverwaltungen.

Im umfassenderen Verständnis bedeutet der Xitong einen Politikbereich, der die Zuständigkeit verschiedener Parteidienststellen und Ministerien umgreift. Die Fachabteilung des ZK-Sekretariats einer Provinz, die Fachbehörde einer Provinz, ein Ministerium im Beijinger Staatsrat – sie alle verstehen sich in der einen oder anderen Weise als Bestandteile eines Xitong. Bei einer großzügigen Interpretation unterteilt sich jeder Xitong noch einmal in Spezialrichtungen, so der Bildungs-Xitong etwa in spezialisierte Xitongs für Schule, Universitäten und Forschung.

Während der Kou in vielen Politikbereichen seine frühere Bedeutung verloren hat, hat sich der Xitong in seiner Funktion als informelles Verbindungsglied zwischen Partei, Zentralregierung und Provinzen behaupten können. Auch in den Xitongs ist es zu Verschiebungen gekommen. Davon haben in der horizontalen Dimension eher die staatlichen auf Kosten der Parteidienststellen und in der vertikalen Dimension eher die Provinzen auf Kosten der Zentralregierung profitiert. Doch diese Verschiebungen folgten den Weichenstellungen des politischen Zentrums, das sich für die Marktwirtschaft und die Dezentralisierung der Verwaltungstätigkeit entschieden hatte. Die Bausteine der Xitongs sind letztlich Verwaltungen. Diese Tatsache verleiht ihnen größere Beharrungskraft als den Kous, die sich letztlich auf eine überschaubare Schar von Spitzenfunktionären im politischen Zentrum, d.h. im Umkreis des Politbüros stützen.

4.6.4 Mechanismen der Parteisteuerung in der Staatsverwaltung

In der territorialen Dimension des politischen Systems lässt sich ein Basiskonflikt beobachten. Das Prinzip des chinesischen Einheitsstaates drückt sich im Begriff des Tiao aus. Dahinter steht der Anspruch eines zentralstaatlichen Ministeriums, sämtliche Dienststellen seines Geschäftsbereichs bis weit hinunter in die Verwaltung der Provinzen zu steuern. Dagegen steht der Anspruch der Parteidienststellen in den Provinzen und Kommunen auf die politische Anleitung der staatlichen Behörden in ihrem Wirkungskreis. Das von ihnen reklamierte Prinzip des Kuai besagt, dass die staatlichen Stellen letztlich dem Parteisekretariat gehorchen müssen. Im Konflikt zwischen beiden Prinzipien kommen die Behörden unterhalb der zentralstaatlichen Ebene gut davon. Sie wählen jeweils die Variante der vertikalen oder horizontalen Unterstellung, die ihnen am besten passt

(Mertha 2005). Dem kommt die vor über zwanzig Jahren getroffene Grundsatzentscheidung entgegen, Dinge von lokaler und regionaler Bedeutung auf der betreffenden Ebene regeln zu lassen (eine kurze Skizze dieses Problems bei Saich 2004: 123).

Abbildung 2: Die Hierarchie des Parteistaates (Parteimitglieder in der Staatsverwaltung)

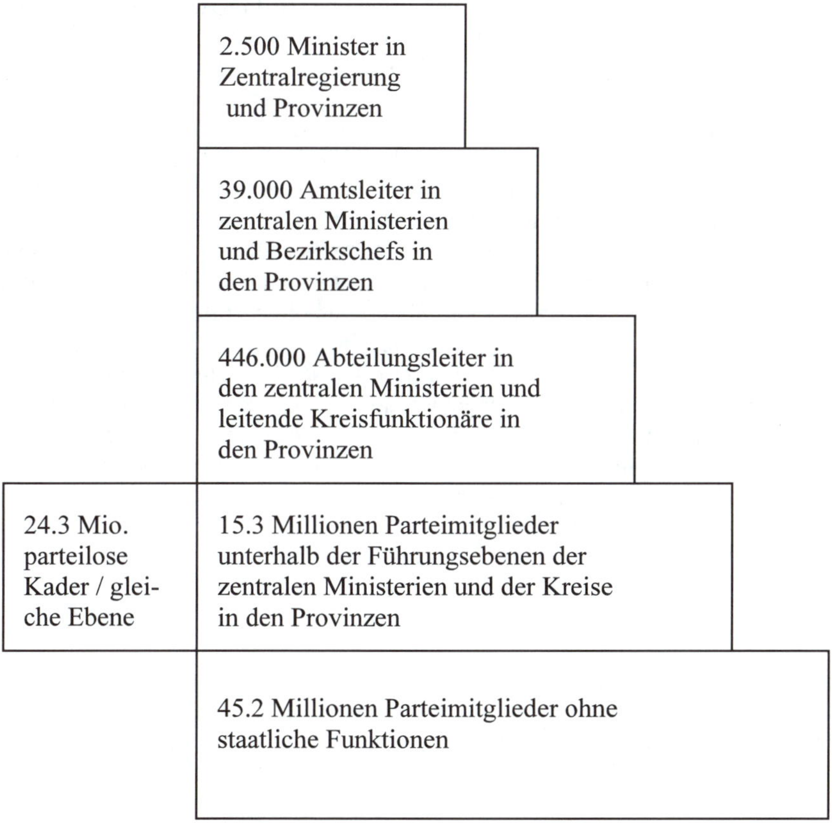

Quelle: Andrew G. Walder 2004: The Party Elite and China's Trajectory of Change, in: China: An International Journal, 2. Jg., S. 196, Abb. 3.

Im Zuge der Reformpolitik ist die Anleitung der Regierungs- und Verwaltungsbehörden durch die Partei immer weicher gestaltet worden. Gab es bis in die 1980er Jahre nach dem Vorbild des leninistischen Sowjetstaates in jeder Dienststelle einen Parteisekretär, der an Sach- und Personalentscheidungen des leitenden Beamten oder Minister direkt beteiligt wurde, so ist die Parteikontrolle im behördlichen Alltag auf eine Selbstkontrolle der Behördenführung geschrumpft.

Die Partei hat den Parteisekretär als Aufpasser aus den Regierungsbehörden abgezogen. Seine Funktion ist an die Kerngruppe der Partei übergegangen. Um dies am Beispiel eines Ministeriums zu demonstrieren: Der Minister, der Ministerstellvertreter und die höchsten Beamten unterliegen als Parteimitglieder unverändert der Parteidisziplin, in ihrer herausgehobenen Funktion als Behördenspitze bilden sie die Kerngruppe der Partei in ihrem Hause. Diese Kerngruppe soll nunmehr sicherstellen, dass der Minister und seine Beamten die Linie der Partei durchsetzen. Hinter dem Kerngruppenkonzept verbirgt sich ein faktischer Rückzug der Partei aus den Staatsbehörden. Auch wenn die führenden Beamten in einer Zusammenkunft der Kerngruppe ihren "Parteihut" tragen, bleiben sie doch in erster Linie Staatsfunktionäre, deren Erfolg sich nach dem Auftreten, dem Budget und dem Status ihrer Behörde bemisst.

Die Staatsratsreform der 1990er Jahre hat die Anzahl der politischen Beamten in der Staatsratsbürokratie auf den Ministerpräsidenten, seine Stellvertreter, die Fachminister und die Leiter der Zentralbehörden ohne Ministerrang reduziert. Selbst der Vizeminister, der höchste Beamte eines Ressorts, wird formell ausschließlich nach fachlichen Kriterien berufen. Diese Rechtslage vermittelt aber keinen Eindruck von den tatsächlichen Verhältnissen. Die Mitgliedschaft in der Kommunistischen Partei ist unverändert eine Voraussetzung für den innerbürokratischen Aufstieg. Ein Minister wird auch mit Hilfe seiner Parteiverbindungen dafür sorgen, dass nur jene Kandidaten in wichtige Beamtenpositionen gelangen, die sein absolutes Vertrauen genießen.

4.6.5 Grenzen der Parteisteuerung

Dem Bild einer klar und hierarchisch strukturierten Führung im politischen Zentrum werden die skizzierten Strukturen nicht gerecht. Die Führungsgruppen des Politbüros besitzen keine so großen Ressourcen, um damit realisierbare und verwaltungsfähige Politikvorschläge entwickeln zu können. Sie sind auf Ideen, Vorschläge und Informationen angewiesen, die ihnen von den Ministerien und Verwaltungen zugearbeitet werden. Genauso müssen sie damit leben, dass die Politbürobeschlüsse nun einmal von Verwaltungen umgemünzt werden müssen, die sich teilweise bereits auf der Ebene der Provinzen und erst recht noch weiter unten ihrer Kontrolle entziehen.

Wir treffen hier das klassische Principal agent-Dilemma an. Das Politbüro hat mit Bürokratien zu tun, die sich um ein geschlossenes Auftreten bemühen.

Deren Stellungnahmen und Empfehlungen drücken eine zeitaufwändige innerbürokratische Konsensbildung aus, mit der sich die Behördenleitung vor Querschüssen und Intrigen im eigenen Hause schützt. Zwar wissen die leitenden Ministerialen, dass sie sich den Wünschen und Weisungen des Zentrums nicht widersetzen können. Schließlich wollen sie ihren Job behalten. Also wird, um im Bilde zu bleiben, dem Prinzipal – der Parteiführung – der erwartete Gehorsam bekundet, während der Agent – die Bürokratie – alles unternimmt, um diesen äußeren Gehorsam in der Sache so hinzubiegen, dass dabei die eigenen Interessen gewahrt bleiben. Das Principal-agent-Theorem besagt hier nichts anderes als die von Pye für China als typisch beschriebene „feigned compliance" (Pye 2001: 48).

Die Führungsgruppen im Politbüro legen es nicht darauf an, die Bürokratien im nachgeordneten Xitong zu quälen oder sich auf Kraftproben mit ihnen einzulassen. Ganz im Gegenteil: Wird von der Bürokratie zuviel verlangt und werden als Folge davon die gesteckten Ziele verfehlt, dann erscheint auch die Leistung der Verantwortlichen im Politbüro in trübem Licht. Die politischen Spitzen müssen mit den vorhandenen Ressourcen arbeiten. Wenn es darauf ankommt, hat das politische Zentrum aber genügend Macht, um die Verteidiger bürokratischer Bestandsinteressen in die Schranken zu weisen. Die drastische Verkleinerung der Staatsratsbürokratie bietet dafür eine eindrucksvolle Anschauung (Heilmann 1998).

4.6.6 Mishus: Berater und Assistenten der Spitzenfunktionäre

Jeder Spitzenfunktionär in Partei und Staatsrat nimmt die Dienste eines Mishu in Anspruch. Das Aufgabenspektrum des Mishu liegt zwischen dem eines Assistenten, eines Sekretärs und eines Büroleiters. Der Generalsekretär der Partei und der Ministerpräsident beschäftigen mehrere Mishus, jeder Minister, Gouverneur und Provinzparteisekretär mindestens einen. Der Mishu und sein Chef gehen nicht nur dienstlich, sondern auch persönlich eng miteinander um. Der ideale Mishu ist das Alter ego seines Chefs. Von anderen Spitzenfunktionären wird er als Generalbevollmächtigter seines Chefs respektiert. Mishus vertreten ihre Chefs gegenüber den unteren Rängen in der politischen Hierarchie. Ferner unternehmen sie in ihrem Auftrag Reisen in die Provinz, wobei man ihnen mit dem gleichen Zuvorkommen begegnet wie ihrem Auftraggeber. Sie kümmern sich um Privates, organisieren Reiserouten und Hotels und stimmen ihre Chefs auf die Eigenheiten und Vorlieben ihrer Gesprächs- und Verhandlungspartner ein. Die Mishus sind für gewöhnlich gut gebildet, sie besitzen fachliche Expertise, die für den Chef nützlich ist. Sie begleiten ihn auf Dienst- und Auslandsreisen, zu Empfängen und bei kulturellen Ereignissen (Li/Pye 1992).

Die Mishus erfüllen delikate Missionen. Von Fall zu Fall kommunizieren die Spitzenfunktionäre durch ihre Mishus. Dies erspart es ihnen, direkt miteinander zu verhandeln und womöglich eine Meinungsverschiedenheit austragen zu müssen. Der höfliche und professionelle Kontakt zwischen den Mishus kostet niemanden Gesicht. Selbst wenn die eine Seite nachgeben muss, wird das offizielle Spitzengespräch der Chefs so vorbereitet, dass der unterlegenen Seite Formulierungen angeboten werden, mit denen das Ergebnis als eine großzügige Lösung im beiderseitigen Einvernehmen verkauft werden kann. Dieses Vorgehen erinnert an die Etikette und die machtverschleiernde Rhetorik auf diplomatischer Bühne. Die Rolle des Mishu drückt bürokratisches Regieren im Kontext der chinesischen Alltagskultur aus. Mishus gelten als begehrte Gesprächspartner für Interessenten, Verbände und gegebenenfalls ausländische Kapitalinteressen. Insofern schlagen sie eine Brücke von der politischen Bürokratie in den gesellschaftlichen Raum.

Die Erfahrung des Mishu eignet sich ideal für die Vorbereitung auf ein politisches Spitzenamt. Ehemalige Mishus haben in der Vergangenheit große Karrieren gemacht. Es gibt einige Mishus, die mit Erfolg nacheinander mehreren Spitzenkadern gedient haben (Li 2001a: 147ff.). Die große persönliche Nähe eines Mishu zu einer Führungspersönlichkeit macht das Verweilen unter einem Nachfolger im Allgemeinen aber schwierig. Eher verhält es sich so, dass ein „herrenlos gewordener“ Mishu an Freunde und Weggefährten weiter empfohlen wird, um anderswo in gleicher Funktion oder aber in einer regulären bürokratischen Funktion weiter zu machen. Die Mishus werden in der Nomenklatur der Partei geführt, d.h. ihre Einsetzung und ihr Transfer bedürfen der Zustimmung einer Parteistelle.

4.6.7 Prinzen: Die Kinder der Mächtigen

Die Kinder der Spitzenfunktionäre werden als Prinzen bezeichnet. Widmet ein Mishu seinen Ehrgeiz ganz der Aufgabe, die Karriere seines Chefs zu fördern und zu schützen – auch weil seine eigene Karriere davon abhängt –, so gilt das Interesse der Prinzen üblicherweise den Geschäften. Die Kinder der Spitzenkader genießen eine Reihe von Privilegien, darunter eine exquisite Ausbildung. Man erlaubt ihnen, sich unternehmerisch zu betätigen und reich zu werden. Den Prinzen ist das Regieren als Familienerfahrung vertraut (Li 2001a: 127ff.). Sie kennen viele aktuelle Partei- und Staatsgrößen persönlich. Mit den Freundschaften und Animositäten im Kreise der Spitzenkader sind sie gut vertraut.

Verwandte aus der Führungsriege der KPCh unterliegen nach stillschweigender Übereinkunft gewissen Einschränkungen. Kinder höchster Funktionäre dürfen dank ihrer Kontakte zwar reich werden. Einige mögen sogar als Assistenten ihrer Väter eine Rolle in den Vorzimmern der Macht ausüben.

Der Aufstieg in hohe politische Ämter ist den Prinzen durch die Parteiusancen verwehrt. Dahinter steht die Furcht vor der Bildung politischer Dynastien. Man erwartet von den Prinzen aber nicht, das politische Milieu zu meiden. Sie besuchen Partys und Empfänge, die von hohen Funktionären frequentiert werden. Viele haben auch Guanxi mit den Partei- und Staatsspitzen. Einem Minister oder ZK-Sekretär als Gast eines Prinzen vorgestellt zu werden, mag sich als günstig für die Geschäfte erweisen. Was dann weiter passiert, ist eine andere Sache. Für die Prinzen ist diese Vermittlung allemal eine lohnende Investition. So lange sie keine großen Fehler machen, werden Polizei und Staatsanwaltschaft zurückhaltend agieren, wenn die Spuren fragwürdigen Reichtums zu bekannten Namen führen. Die prominentesten Prinzen gehören zur Familie des verstorbenen Reformers Deng Xiaoping und des bis 2002 amtierenden Premierministers Li Peng. Ihnen haftet das Image des Nepotismus und der Korruption an (Süddeutsche Zeitung vom 6. 3.2003a: 2). Die chinesische Politik tut sich schwer mit den Sprösslingen der politischen Prominenz, von denen man nicht recht weiß, ob sie oder ihre Anhänger nicht doch noch einmal auf Umwegen ins politische Zentrum drängen.

In Japan hingegen nimmt niemand Anstoß daran, dass Parlamentskandidaturen nahtlos an den Sohn oder die Tochter eines langjährigen Reichstagsmitglieds übergehen. Der Grund liegt in erster Linie im demokratischen System. Mandatserben können jederzeit abgewählt werden. Die Parteien sehen in der familiären Mandatsnachfolge eher einen Vorteil, wissen die Kinder doch aus der politischen Arbeit des Vaters, was getan werden muss, um einen bestimmten Wahlkreis zu gewinnen oder bei der Stange zu halten. Verfehlen sie diese Erwartung, so erhalten sie keine offizielle Kandidatur ihrer Partei.

4.7 Modernisierung der Staatsratsstruktur

Die Institutionen der Marktsteuerung sind im Staatsrat inzwischen besser vertreten als die maroden Staatsindustrien. Die für Großprojekte bestimmten Infrastrukturministerien – Energie, Verkehr – besitzen nach wie vor große Macht. Polizei und Staatssicherheit sind von jeher gut vertreten. Bauern und Landwirtschaft haben hingegen keine kräftige Stimme.

Die politischen Entscheidungen des Politbüros basieren zu einem guten Teil auf Koalitionen. Alle dort repräsentierten Institutionen müssen ins Boot geholt werden. Der Konsens verlangt seinen Preis. Große Schritte und tiefe Schnitte wären kontraproduktiv. Sie würden unvermeidlich Verlierer schaffen und Widerstände mobilisieren (Shirk 1992: 76). Der Beitritt Chinas zur Welthandelsorganisation (2001) war lange hoch umstritten. Jiang wollte sie um jeden Preis, um die leistungsfähigen Unternehmen mit den Herausforderungen des Weltmarktes zu konfrontieren und jene Unternehmenssektoren auszusondern, die dem Wettbewerb nicht gewachsen waren (Teiwes 2001: 80). Außerdem sollte der Importschmuggel für Güter ausgetrocknet werden, deren Preise zum Schutz heimischer Industrien mit Zöllen belegt waren (Blume 2002: 63f.). Die Skeptiker – vor allem Vertreter der protegierten Bereiche Schwerindustrie, Maschinenbau, Autos, Landwirtschaft (Zeng 2001) – argumentierten mit der Billiglohnkonkurrenz benachbarter asiatischer Staaten dagegen. Vom früheren Ministerpräsidenten Li Peng, einem Hardliner, ist bekannt, dass er sich vom Abbau planwirtschaftlicher Strukturen nur deshalb überzeugen ließ, weil der Niedergang der Sowjetunion ein anschauliches Bild geboten hatte, was passieren mochte, wenn am Status quo festgehalten würde.

Der Staatsrat hat seit Beginn der Reformpolitik geradezu dramatische Veränderungen durchlaufen. Die Beschlussvorlagen für den Staatsrat müssen nicht mehr, wie früher, vom ZK-Sekretariat bestätigt werden (Saich 2004: 101). Keines der inzwischen erloschenen sozialistischen Systeme Osteuropas hatte seiner Regierung eine derart lange Leine gelassen. Eine Kommission für die Wirtschaftliche Entwicklung löste 1993 die ältere Plankommission ab. Sie wurde 1993 zum Angelpunkt der Wirtschaftsbürokratie. Ihre neuen Aufgaben waren teilweise bereits dem legendären japanischen METI (Ministry for Economy, Industry and Trade) nachempfunden, das international lange als eine glückliche Kombination von Wirtschafts-, Industrie- und Handelsbehörde galt.

Die politische Führung fasste 1998 den Beschluss, die meisten verbliebenen Staatsunternehmen zu privatisieren. Gleichzeitig wurde die Entwicklungskommission aufgelöst. An ihre Stelle trat 2003 ein neu geschaffenes Ministerium für den Binnenhandel und internationalen Handel, das die Wirtschaftspolitik im Einklang mit Chinas Mitgliedschaft in der Welthandelsorganisation reguliert und dem Modell des METI noch näher kommt (Saich 2004: 135). China hat damit ein modernes Wirtschaftsministerium, wie andere kapitalistische Wirtschaftsnationen auch. Die zweite wichtige wirtschaftspolitische Institution Chinas ist die Notenbank, die Bank of China. Sie wird nicht weniger professionell gemanaged als die Zentralbanken anderer Länder (Steinfeld 2002). Große Bedeutung hat inzwischen auch das Finanzministerium, das unter anderem die hochkomplizierten Finanzbeziehungen zwischen der Zentralregierung und den Provinzregierungen steuert (Holbig 2003a). Ein neu gebildetes Ministerium für Informationsindustrie kümmert sich um einen Schlüsselbereich aller moderner Volkswirtschaften.

Das Wirtschaftsministerium, das Finanzministerium und die Zentralbank sind in einer eigenen Staatsratsabteilung für makroökonomische Steuerung zusammengefasst. Eine weitere Abteilung für spezielle Wirtschaftszweige umfasst neben dem neuen Ministerium für Informationstechnologie auch die Ressorts für Landwirtschaft, Verkehr, Eisenbahn, Wasserwirtschaft, Handel und Rüstungsindustrie, also jene Branchen, in denen der Staat als Planer und Finanzier auftritt. Eine dritte Abteilung fasst Bildung, Wissenschaft, Soziales, Personal und Ressourcenmanagement zusammen. Eine vierte und letzte Abteilung mit 13 Ministerien und Dienststellen deckt die sicherheits- und stabilitätsrelevanten Aspekte der Staatstätigkeit ab: Innere Sicherheit, Äußere Sicherheit, Polizei, Staatssicherheit und Nationale Minderheiten.

Jede dieser Staatsratsabteilungen wird von einem Stellvertretenden Ministerpräsidenten (Vizepremier) koordiniert. Bürokratische Revierkämpfe kommen wie in jeder anderen politischen Bürokratie vor. Ein gut dokumentiertes Beispiel bieten das Ministerium für Informationsindustrie und die Staatliche Verwaltung für Rundfunk, Film und Fernsehen. Erstere fördert die Internettechnologie, um in einer technologischen Schlüsselbranche den Anschluss zu halten und das wirtschaftliche Wachstum abzusichern. Die Medienverwaltung zählt aber gleichzeitig zum Xitong Parteiangelegenheiten und Propaganda. Sie bemüht sich in erster Linie darum, das Internet als Quelle freier Information aus dem Ausland einzuschränken (Zhang 2003b).

Der Staatsrat hat die Aufgabe, Gesetzentwürfe vorzulegen und den Haushalt zu erstellen. Seine Vorlagen bedürfen dann der förmlichen Zustimmung des Nationalen Volkskongresses. Das Gesetz ist in China – wie auch in Japan – ein weicheres und ausdeutbareres Instrument als in westlichen Gesellschaften. Das Allgemeine und Abstrakte hat in Ostasien nun einmal geringere Bedeutung als Personen und Situationen. Dessen ungeachtet bieten Gesetzestexte die einzigen Anhaltspunkte, um sich Auskunft über die Grenzen des Erlaubten zu verschaffen. In diesem Sinne lässt sich auch in China nur mit Gesetzen regieren.

4.8 Politikvorbereitung und -implementierung

Wenn es wichtige Richtungsentscheidungen zu treffen gilt, holt die politische Führung Informationen und Rat aus der Staatsbürokratie und von den renommierten Universitäten und Forschungsinstituten ein. Sie wägt die Risiken für die von ihr präferierte Politik ab und trifft dann eine Entscheidung. Dieser Beschluss mag zwar wieder von einem Konsens getragen sein. In seinem Vorfeld bilden sich aber Koalitionen, die ihre Bataillone für Pro und Kontra ins Feld führen. Hier, in der Debatte um Optionen, werden subtil die Kräfte gemessen; ein

Machtakt bringt die Entscheidung (Shambaugh 2001: 103). Diese Seite des politischen Systems liegt für außenstehende Beobachter im Dunkeln. Nur beim hochdramatischen, deshalb aber wohl untypischen Fall der Entscheidung über das Niederschlagen der Studentenproteste von 1989 wurde der Vorhang nachträglich mit der Veröffentlichung vertraulicher Akten im Ausland gelüftet (Nathan/Link 2001).

Die starren Bürokratien der planwirtschaftlichen Ära hatten für den Übergang zur Reformpolitik keinen Nutzen. Deshalb ließ sich Zhao Ziyang, Dengs erster Nachfolger im Amt des Generalsekretärs, von kompetenten Wissenschaftlern und Instituten, den so genannten Think tanks, beraten (Halpern 1992: 131, Shambaugh 1988, Yizi 1995: 146). Nach der Kaltstellung des reformfreudigen Zhao traten diese Think tanks in den Schatten. Bereits in der Ära Jiang Zemin lebten sie wieder auf. Heute sind sie zahlreicher als je zuvor (Shambaugh 2001: 105, Li, H. 2002).

Die zweite, kaum weniger wichtige Quelle für Ideen sprudelt in der chinesischen Provinz. Die administrative Anwendung der zentralen Politik ist Sache der Behörden in den Regionen, Provinzen, Präfekturen, Kreisen und Ortschaften. Durch geschicktes Taktieren und vorgetäuschten Gehorsam haben die Provinzregenten ein gehöriges Maß an Autonomie gewonnen. Einige Provinzen nutzen ihre Spielräume für Schritt machende Experimente. Absichtsvoll wird gelegentlich unten her „der Wind angeblasen", d.h. Projekte werden ohne Rücksprache mit dem Zentrum angeschoben, um die Reaktion der zentralstaatlichen Politik zu testen (Xie 1993: 318f.). Das eigenverantwortliche Wirtschaften der Bauern, der erste große Schritt am Anfang der wirtschaftlichen Reformen gegen Ende der 1970er Jahre, wurde zunächst in den Provinzen Anhui und Sichuan großflächig ausprobiert. Die Erfahrung mit diesem Experiment überzeugte die politische Führung in Beijing. Es wurde zur nationalen Politik erhoben. Ähnlich verhielt es sich mit der Zulassung genossenschaftlich orientierter ländlicher Industrien in der Provinz Fujian. Auch dieses Projekt wurde auf alle ländlichen Gebiete Chinas ausgedehnt. In den letzten Jahren wurden in einzelnen Provinzen beispielsweise die Reform des Arbeits- und Insolvenzrechts, Unternehmenspartnerschaften sowie die Erhebung einer Straßen- und Brückenmaut erprobt und später, als ihr örtlicher Erfolg feststand, in die nationale Gesetzgebung übernommen (Ngok 2002: 27f.).

Pilotprojekte und Versuchsballons zählen zum Repertoire auch der zentralstaatlichen Politik. Die Einrichtung der Sonderwirtschaftszonen in den Provinzen Guangdong und Fujian in den 1980er Jahren war das bedeutendste Beispiel. Die politische Führung beobachtete sie gleichsam als Versuchslabors, in denen kleinmaßstäblich erprobt wurde, ob Joint ventures mit ausländischen Investoren funktionierten, ob die erwarteten Steuern und Gebühren erwirtschaftet wurden und ob bei den chinesischen Partnern die erhofften Lerneffekte eintraten.

Private Gesundheitsrisiken, Altersarmut und Arbeitslosigkeit gelten heute als Gefahrenherde für die soziale Stabilität. In der Rentenpolitik, bei der Projektierung einer allgemeinen Krankenversicherung und ganz allgemein im Wohlfahrtsbereich, also in Problembereichen, die erst mit dem Abbau der Staatswirtschaft und der früheren staatlichen Vollversorgung mit Sozialleistungen entstanden sind, werden Lösungswege zunächst in ausgesuchten Provinzen erprobt (Beispiele bei Saich 2004: 278ff., Zhang 2003a). Gelegentlich werden Projekte, die zunächst als musterhaft für ganz China herausgestellt wurden, nachträglich ihres Modellcharakters entkleidet, so etwa, wenn sich herausstellt, dass sie unerwünschte politische Effekte zeitigen. So widerrief die Regierung 1998 die Vorbildhaftigkeit eines Arbeitsvermittlungszentrums, das in Shanghai eingerichtet worden war. Es hatte die Aufgabe, entlassene ehemalige Mitarbeiter der Staatsbetriebe wieder in Arbeit zu bringen. Dann stellte sich aber heraus, dass sich der Zorn der Arbeitslosen über die ausbleibenden Vermittlungserfolge gegen den Staat richtete, der dieses Zentrum betrieb. Wo die Staatsbetriebe selbst für die Arbeitsvermittlung verantwortlich waren, hatte sich die Empörung auf die Unternehmensleitungen konzentriert (Johnston 2002: 167f.).

Die konkrete Anschauung ist in China ein traditionelles Lernkapital. Ist irgendwo etwas Neues gelungen, wovon die Partei- und Staatsführung meinen, es könnte für ganz China taugen, dann wird dieses Beispiel mit allen Mitteln als Vorbild propagiert. So wurde in der Mao-Ära die „Lernt-von-Dazhai"-Bewegung berühmt. Sie stellte eine landwirtschaftliche Kommune im nördlichen China als Vorbild für die kollektive Landwirtschaft heraus. Das konfuzianische Erbe, das insoweit Bestandteil der Alltagskultur geworden ist, fordert dazu auf, aus guten Beispielen das Beste zu machen, indem man sie nachahmt. Das Nachahmen ist keineswegs negativ besetzt. Es handelt es sich um ein integrales Element des Lernprozesses – Lernen durch Anschauen und Anfassen (Nakamura 1978). Der legere Umgang mit Patentschutz und Copyright, eine Dauerklage westlicher Investoren und Regierungen, hat darin seine Wurzeln.

Die Provinzen und ihre Unterverwaltungen implementieren die zentralstaatliche Politik recht uneinheitlich. Für die Verantwortlichen in Beijing hat dies unter Umständen sogar Vorteile. Für den Fall, dass etwas schief geht, bleibt ihnen das Argument, die Maßnahme sei ja so gar nicht gemeint gewesen, wie sie in den Provinzen gehandhabt worden sei. Die Provinzen und örtlichen Dienststellen nutzen ihrerseits alle Möglichkeiten, um eine unliebsame Maßnahme zu unterlaufen oder abzuwandeln, ohne wirklich dafür verantwortlich gemacht werden zu können. Zurechenbare Verantwortung verliert sich in der langen Verwaltungskette von der Provinzhauptstadt bis in die Ortschaften. China wird de facto viel weicher regiert, als vom zentralistischen Staatsaufbau erwartet werden könnte. Die Zentralregierung hat dies erkannt und ihre Lehren daraus gezogen. Die Beijinger Behörden haben Implementationskontrollen eingeführt. Angesichts der Größe des Landes bleibt es aber bei Stichproben.

4.9 Streitkräfte und Bewaffnete Volkspolizei

Die Armee hatte in Partei und Staat lange einen besonderen Status. Die Guerilla- und Feldarmeen des Antijapanischen Kampfes und des Bürgerkrieges wurden nach 1949 teils aufgelöst, teils wurden sie nach sowjetischem Vorbild zu einer konventionellen Streitmacht umgebaut, die größtenteils infanteristisch ausgebildet und mit sowjetischen Waffensystemen älterer Bauart ausgerüstet war (Joffe 1996: 304). Offiziere und Mannschaften wuchsen in verschiedenen Welten heran. Das Offizierkorps war nach sowjetischem Vorbild in vielerlei Hinsicht privilegiert. Mao missfiel dieser Wandel der Streitkräfte. Die romantische Verklärung von Yan'an betraf nicht nur das scheinbar egalitäre Zusammenleben von einfachen und führenden Kadern, nicht nur das Zusammenwachsen von Bauern und Intellektuellen, sondern auch den Mythos einer Bauernguerilla, die technisch überlegene Armeen besiegt hatte. Als Verbündeten für die Kulturrevolution hatte Mao den Verteidigungsminister Lin Biao gewonnen. Lin gab den Streitkräften mit der Abschaffung der Dienstgrade und mit wirtschaftlicher Selbstversorgung den Anstrich der alten Bauernarmee.

Die Armee begrüßte den Aufstieg Dengs und die Reformpolitik. Der Vergleich mit dem ausländischen Militär hatte den Kommandeuren die Rückständigkeit ihres Apparats vor Augen geführt. Erste Reformschritte führten Rangabzeichen und Offiziersprivilegien wieder ein. Für eine umfassende Modernisierung der Streitkräfte fehlten zunächst zwar die Mittel. Langfristig versprachen sich die Militärs von der Akquise westlicher Technologie aber Anschluss an die Schritt machenden hochtechnologischen Armeen des Westens.

An der wirtschaftlichen Modernisierung des Landes wurden die Streitkräfte direkt beteiligt. Neben den bereits vorhandenen Eigenbetrieben des Militärs, die zumeist in der Rüstungsproduktion tätig waren, gründeten die Streitkräfte weitere, gewinnorientierte Unternehmen. Ihre Erträge sollten in den Verteidigungshaushalt fließen. Armeeeinheiten und Offiziere machten mit Hotels, mit der Produktion von Billigwaren für das Ausland, mit Taxiunternehmen und mit Baufirmen glänzende Geschäfte. Dabei schwand jedoch die Grenze zwischen dem eigentlichen Zweck der Streitkräfte und dem privaten Erwerbsinteresse der Offiziere. Korruption nistete sich ein. Die politische Führung korrigierte schließlich ihren ursprünglichen Beschluss; die Streitkräfte mussten sich bis 1998 von ihren Wirtschaftsunternehmen trennen (Cheung 2001).

Der Militärkomplex ist stark differenziert (Li, N. 1999). Die Bodentruppen stellen allein vier Fünftel der gesamten Truppenstärke. China ist in sieben Militärbezirke gegliedert, deren Ausstattung auf regionale Besonderheiten ausgelegt ist (Binnenland, Grenzprovinzen, Küstenprovinzen). Ausrüstung und Mobilität der Truppen liegen weit hinter dem Standard moderner Streitkräfte zurück. Ihre Aufgaben liegen nicht nur in der Landesverteidigung, sie dienen auch als Reservetruppe für innere Unruhen, deren Bekämpfung als Primäraufgabe der Bewaffneten Volkspolizei obliegt.

Eine Sonderrolle im Streitkräfteapparat haben die Strategischen Truppen, die mit ihren nuklear bestückten Interkontinentalraketen Chinas Status als Nuklearmacht dokumentieren. Ein kleiner Teil der übrigen Streitkräfte, darunter ausgewählte Einheiten der Bodentruppen, der Marine und der Luftwaffe entspricht modernsten Standards. Diese Einheiten bilden eine militärische Welt für sich. Sie haben die bestausgebildeten Offiziere und Mannschaften, eifern den westlichen Hochleistungsarmeen nach, trainieren nach moderner Militärdoktrin und besitzen modernste Kommunikationssysteme. Es handelt sich hier um jene Teile der Streitkräfte, die ausschließlich auf realistischerweise mögliche begrenzte Konflikte ausgelegt sind, in welche die Volksrepublik verwickelt werden könnte. Die Anschauung der elektronischen Kriegsführung der USA im Zweiten Golfkrieg (1990/91) und im Balkankrieg (1999) beflügelte die Modernisierungsanstrengungen des Militärs (Shambaugh 1999/2000). Soweit es die politisch stark regulierten internationalen Rüstungsmärkte zulassen, kauft die chinesische Regierung bei den besten Waffenschmieden ein. China selbst ist mit einfachen und preiswerten Waffen zum Rüstungsproduzenten für die Dritte Welt avanciert.

Die für den Verteidigungsauftrag bestimmten Armeeteile registrieren internationale Bedrohungen besonders empfindlich. An der Gegenküste zu Taiwan werden Intensivübungen durchgeführt, mit denen die Streitkräfte ihre amphibische Angriffskapazität demonstrieren. Mittelstreckenraketen, die über Taiwan hinwegzielen, der Bau einer Hochseeflotte, ja auch der Start von Interkontinentalraketen, die China als Nummer drei in der bemannten Raumfahrt etabliert haben, zeigen, welchen weiten Weg die chinesischen Streitkräfte im Vierteljahrhundert seit dem Beginn der Reformpolitik zurückgelegt haben.

Den Streitkräften ist die Bewaffnete Volkspolizei eingegliedert (Ding 1995). Sie umfasst mindestens 1,2 Millionen Mann und damit ein Drittel der militärischen Gesamtstärke. Sie besitzt eine zentralisierte Struktur, ihre Hauptaufgabe ist die Bekämpfung innerer Unruhen. Der Ausbau dieser ursprünglichen Hilfstruppe für die örtlichen Polizeikräfte zur hochgerüsteten Streitmacht erfolgte mit Blick auf das Protestpotenzial der von der Reformpolitik benachteiligten Bevölkerungsgruppen (Paltiel 2001: 120).

Zwar ist die Armee ein Faktor der Politik. Aber sie ist keine politische, keine Staatsstreicharmee. In diesem Punkt hat China ein beachtliches Stück Modernität erreicht (Joffe 2000: 100). Die zivile Kontrolle der Armee ist Realität, kein Postulat. Das schrittweise Verschwinden hochrangiger Militärs aus dem Ständigen Ausschuss des Politbüros mag dafür als zuverlässiges Indiz gelten.

4.10 Volksvertretung

Der Nationale Volkskongress (NVK) ist das zentrale Legitimationsorgan des politischen Systems. Es handelt sich um eine Versammlung mit 3.000 Delegierten, die für wenige Tage im Jahr zusammenkommen, um im Schnellverfahren ein gewaltiges Bündel von Gesetzen zu verabschieden. Die Zusammensetzung des Nationalen Volkskongresses soll einen Spiegel der chinesischen Gesellschaft bieten. Die Aufstellung der Kandidaten und den Wahlprozess beherrscht die KPCh. Allerdings werden nicht nur Parteimitglieder in den NVK gewählt, sondern auch Vertreter der acht Juniorparteien neben der KPCh sowie Repräsentanten der Gewerkschaften und anderer Organisationen. Von allen Institutionen der Volksrepublik erinnert der NVK noch am ehesten an ein politisches System sowjetischen Zuschnitts. Er funktioniert wie eine gut geölte, durchmanipulierte Abstimmungsmaschine.

Zwar hält die KPCh den Nationalen Volkskongress nicht mehr so fest im Griff, als dass einzelne Delegierte keine kritischen Fragen stellten. Eine Reihe von Delegierten haben in den vergangenen Jahren hin und wieder sogar gegen Gesetzentwürfe votiert. Dessen ungeachtet werden die von der politischen Führung vorgelegten Entwürfe stets von der überwältigenden Mehrheit der Delegierten bestätigt. Die Delegierten selbst kommen aus dem beruflichen Alltag und haben bis auf die sehr kurze Sitzungsperiode keine Berührung mit der Politik (Hu 1993, O'Brien 1994).

Der Nationale Volkskongress wählt – abermals in der Regie der Kommunistischen Partei – aus seiner Mitte ein dauerhaft arbeitendes Gesetzgebungsorgan, den Ständigen Ausschuss des Volkskongresses. Er zählt an die 150 Mitglieder. Der Ständige Ausschuss hat das Recht, stellvertretend für das Plenum des NVK Gesetze zu beschließen. Gesetze, welche die Verfassung und die Staatsorganisation betreffen, darf allein das Plenum des NVK beschließen. Im Unterschied zum Plenum handelt es sich beim Ständigen Ausschuss um ein Funktionärsgremium (dazu die grundlegenden Arbeiten von Tanner 1999a, 1999b). Ihm gehören Kader aus den Bereichen Partei, Staat, Wirtschaftsverwaltung, Armee und Provinzen an. Wie andere gesetzgebende Versammlungen untergliedert sich der Ständige Ausschuss in Fachausschüsse, die Beschlüsse des Gremiums vorbereiten.

Unter den zentralen politischen Institutionen haben der Nationale Volkskongress und sein Ständiger Ausschuss das geringste Gewicht. Der Ständige Ausschuss hat aber bereits einen gewissen Einfluss. Ihm gehören frühere Minister, Parteigrößen, Provinzfunktionäre und Spitzenmilitärs an, die mit dem ehrenvollen Mandat im Ständigen Ausschuss weiterhin gewohnte materielle Privilegien (Dienstvilla, Fahrer etc.) genießen dürfen. Sie kennen die politischen Apparate von innen; auch die dort waltenden wichtigsten Funktionäre sind ihnen bekannt. Von daher dürften massive Kritik und Nachfragen aus den Reihen des Ständigen Ausschusses nicht ohne Wirkung bleiben. Ein Machtfaktor ist der Nationale Volkskongress trotz allem nicht (siehe auch Paler 2005).

Der Vollständigkeit halber soll an dieser Stelle kurz die Konsultativkonferenz des Chinesischen Volkes erwähnt werden. Sie wurde 1949 ins Leben gerufen, um die förmliche Initiative zur Gründung der Volksrepublik zu ergreifen. In den ersten Jahren der Volksrepublik hatte sie auch noch die Aufgabe einer Volksvertretung. Die KPCh beherrscht auch die Konsultativkonferenz. In der Frühphase der Volksrepublik hatte die Konferenz die Aufgabe, die bürgerlichen Schichten – Unternehmer, freie Berufe u.ä. – an die neue Republik zu binden. Als der NVK als Volksvertretung ins Leben gerufen wurde, verlor die Konferenz streng genommen ihren Zweck. Sie wird gelegentlich einberufen, um Initiativen der politischen Führung propagandistisch zu untermalen.

4.11 Justiz

In der Mao-Ära genossen Richter und ganz allgemein Juristen wenig Ansehen. Die Kulturrevolution unterbrach für gut zehn Jahre die Juristenausbildung. Mit Beginn der Reformpolitik wurde sie wieder aufgenommen (Lubman 1999). Von eigenständiger Rechtsauslegung halten sich die Gerichte fern. Insbesondere der Strafrichter ist ein Rechtsanwender, der den Willen staatlicher Organe gegen die Angeklagten geltend macht. Im Strafprozess ist der Staatsanwalt die tragende Figur (Guo 1999: 101ff.). Die westliche Idee unabhängiger Gerichte, die den Staat in seine Schranken weisen, hat in der chinesischen Tradition keine Grundlage. Der Rechtstaat ist heute aber als Bedingung für die marktwirtschaftlichen Reformen erkannt. Die Strafverfolgung liegt noch stark im Argen. Die Öffentliche Sicherheit (Polizei) agiert willkürlich und darf sich vor den disziplinarischen Konsequenzen selbst eklatanten Amtsmissbrauchs sicher wähnen (Tanner 2000, Strittmatter 2004e). Wo es nicht um die blanke Repression geht, ist ihre Effizienz mäßig. In Südchina floriert wie vor dem Bürgerkrieg erneut der Kinder-

und Mädchenhandel. Die seit langem wieder erstarkenden Triaden rekrutieren ihre Gangs unter anderem aus dem Heer der städtischen Arbeitsmigranten. Die Bestechung der Polizeioberen verschafft Sicherheit vor den Nachstellungen der Sicherheitsorgane (China aktuell 2000: 475, 1267).

Die Anzahl der Anwälte und Anwaltskanzleien ist im Laufe der letzten Jahre deutlich gestiegen. Allein im Zeitraum von 1989 bis 2000 hat sie sich von 43.000 auf 117.000 nahezu verdreifacht (Cai/Yang 2005: 117f.). Die wachsende Schar der Anwälte zählt zu den Spitzenverdienern. Ihr hauptsächliches, lukratives Betätigungsfeld sind Wirtschaftssachen. Das Verwaltungsrecht spielt als Schutzkodex gegen die Behördenwillkür so gut wie keine Rolle, es dient als Hilfsinstrument für die Allmacht der Behörden. Verwaltungsklagen und Strafsachen bergen nicht nur für die Beschuldigten, sondern auch für Anwälte hohe persönliche Risiken. Ihr Prozessgegner ist nicht einfach eine Behörde, sondern stets die dahinter stehende Regierung und letztlich die Partei. Die meisten Verwaltungsklagen werden deshalb nach einiger Zeit wieder zurückgezogen. Gelegentlich bietet die beklagte Behörde dem Kläger eine bescheidene Wiedergutmachung.

Das Strafrecht wird ganz unabhängig von seiner politischen Dimension als Keule benutzt, um mit exemplarischen Strafen die Kriminalität zu bekämpfen. Im Strafprozess haben es die Anwälte unmittelbar mit der Öffentlichen Sicherheit (Polizei) und der Staatssicherheit zu tun, die sich des Staatsanwalts lediglich als verlängerten Arms bedienen. In politischen Prozessen quittiert die Staatsanwaltschaft das Engagement eines Anwalts nicht selten damit, dass sie ihn selbst anklagt und inhaftieren lässt, indem sie ihm den unklar definierten Tatbestand der Beweismanipulation vorwirft (Cai/Yang 2005: 125f, 128).

In den Gerichten der unteren Instanz sind noch viele Richter ohne juristische Ausbildung tätig (einen Überblick zur chinesischen Gerichtsbarkeit bietet Peerenboom 2002: 280ff., siehe auch Wang 2002: 139ff.). Zwar kommen dort nicht mehr so viele ehemalige Militärs und Polizeioffiziere als Richter unter wie noch vor einigen Jahren. Die reguläre Ausbildung der Richter ist aber sehr kurz und oberflächlich geblieben. Die meisten Richter empfinden sich als Exekutivbeamte, die das Interesse des Staates zu wahren haben. Fällen die Gerichte Urteile, so kommt es vor, dass sie anschließend mit den Behörden verhandeln, ob und wie man dort das Urteil zu beachten gedenken. So manches Urteil wird einfach ignoriert (Saich 2004: 137). Bei alledem ist zu bedenken, dass die Verrechtlichung der gesellschaftlichen Verhältnisse von der Alltagskultur nicht gerade gefördert wird. Wo persönliche Beziehungen und Verpflichtungen so stark dominieren wie in China, muss der Versuch, das Verhalten stärker auf allgemein gefasste, schriftlich fixierte Maßgaben umzustellen, auf Schwierigkeiten stoßen (Potter 1999).

5 Die Provinzen

5.1 Nord- und Südchina

Die chinesischen Provinzen zeichnen sich durch eine seit Jahrhunderten währende Identität aus. Die Metropolen Tianjin, Chongqing und Shanghai wurden aus historischen Provinzen herausgelöst; sie erhielten als regierungsunmittelbare Städte provinzgleichen Status; die Hauptstadt hatte von jeher einen Sonderstatus gehabt. Die Identität der Provinzen wird beträchtlich von der Geografie bestimmt. Die südlichen Provinzen sind von Gebirgen und Flüssen durchzogen. Unwegsame Verhältnisse haben in den Provinzen südlich des Jangtse markante Unterschiede im Dialekt und in der Lebensweise konserviert. Dank der natürlichen Verhältnisse gelang es den Bewohnern dieser Provinzen besser als denen des Nordens, sich historischen Eroberern zu widersetzen. Der Süden erwarb sich den Ruf, von Beijing schwerer beherrschbar zu sein als die nördlichen Provinzen.

Im Süden wird bis in stattliche Höhenlagen Reisanbau betrieben, in den Ebenen des kälteren Nordens hingegen Getreide angebaut. Der Süden war dem kaiserlichen China vor mehr als tausend Jahren als erobertes Gebiet einverleibt worden. Die dort eingewanderten Han vermischten sich im Laufe der Jahrhunderte mit einer Urbevölkerung, die eng mit den südostasiatischen Völkern verwandt ist.

Klima, Ernährungsbasis und Erbgut differenzierten im Norden und Süden verschiedene Typen der Han aus (Eberhard 1965, Liu 1976: 20). Südchinesen sind im Durchschnitt kleiner und leichter als ihre Landsleute im Norden (Morgan 2000). Den Bewohnern der verschiedenen Landesteilen werden bestimmte Verhaltensweisen zugeschrieben. Die Bewohner der südlichen Provinzen gelten als eloquent, wendig, in den Küstenprovinzen auch als geschäftstüchtig, die Bewohner der Nordprovinzen demgegenüber als behäbig, stetig, ausdauernd, diszipliniert und obrigkeitstreu. Die in Beijing gern gesehenen und geförderten Regional- und Ortschroniken dokumentieren Selbstbilder, die sich mit der Außenwahrnehmung der Provinzen decken: Die Südprovinzen betonen ihren ethnischen und sprachlichen Pluralismus, die Nordprovinzen verweisen auf die Ursprünge der Han-Kultur (Liu 2002: 48).

Abbildung 3: Karte

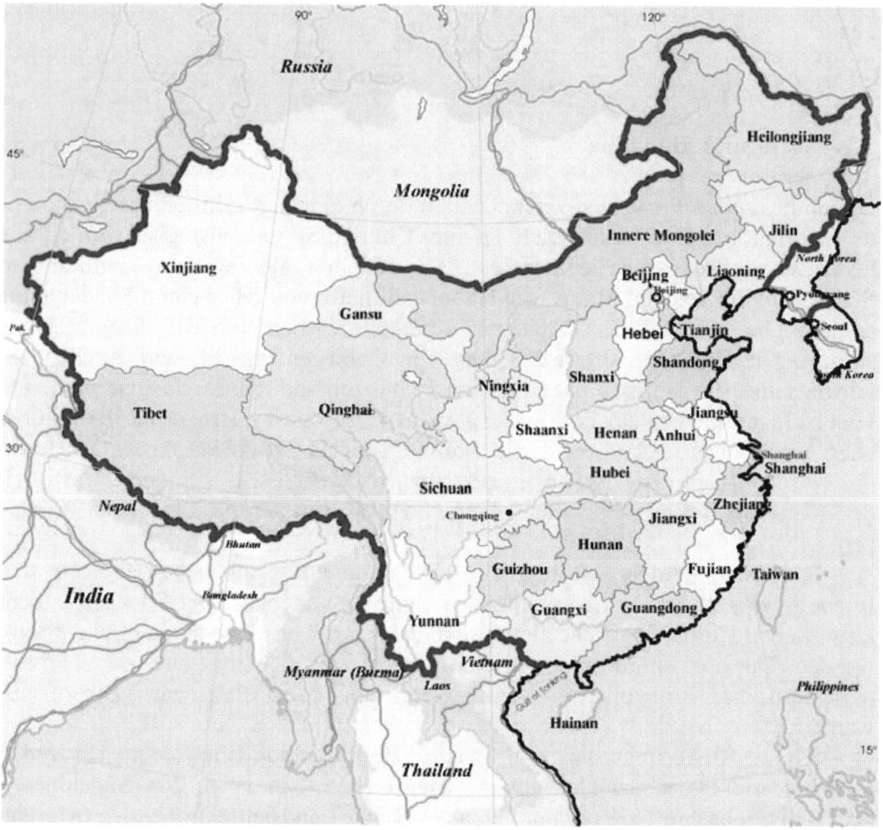

Durch die historische Ausdehnung des Han-Reiches in Richtung Norden und Westen sind weitere Unterschiede hinzugetreten. Jenseits der dicht besiedelten Nord- und Südprovinzen existiert ein recht dünn besiedeltes China. Seine karge, teils von Wüsten, teils von Hochgebirgen bestimmte Natur macht diese Provinzen zu Hinterhöfen des übrigen China. In den westlichen Binnenlandprovinzen leben die Han bereits auf Tuchfühlung mit muslimischen, tibetischen und anderen Minderheiten. Zu diesen traditionellen Unterschieden treten heute noch die Unterschiede zwischen den wirtschaftlich hoch entwickelten Küstenmetropolen und ihrem unmittelbaren Hinterland hinzu. In Entfernungen von zum Teil weniger als hundert Kilometern zeigen sich drastische Unterschiede der Lebensumstände, der Einkommen und der Infrastruktur.

5.2 Binnenlandförderung in der Mao-Ära

Die Politik der frühen Volksrepublik setzte auf die Entwicklung der im Landesinneren und im Nordosten gelegenen Provinzen (Leeming 1985: 8). Dahinter stand die Überlegung, dass die Küstenprovinzen in der Vergangenheit gegen Eroberer von See schutzlos gewesen waren. Die Invasoren hatten rasch die Küstenebenen besetzt, aber sie waren selten weiter als bis zu den Gebirgs- und Steppenbarrieren im Westen und Norden Chinas gelangt. Die Mandschurei war damals die einzige schwerindustrielle Region des Landes. Sie lag in unmittelbarer Reichweite der sowjetischen Fernoststreitkräfte und der in Japan und Korea stationierten US-amerikanischen Luft- und Seestreitkräfte. Um die Verwundbarkeit dieser Region auszugleichen, sollten in allen, auch in den entlegenen Landesteilen Industrien angesiedelt werden.

Die zum Mythos verklärte Yan'an-Erfahrung spielte hier ebenfalls eine Rolle. Der kommunistische Guerillakrieg gegen die japanischen Besatzer hatte hauptsächlich im nördlichen Landesteil stattgefunden. Nach der Kapitulation Japans hatten die kommunistischen Truppen ihre ersten Erfolge gegen die GMD ebenfalls im Norden Chinas erzielt. Die Eroberung der Gebiete südlich des Jangtse zog sich länger hin. Als die Nationalisten auch im Süden Chinas geschlagen waren, setzte die Parteiführung dort bäuerliche Kader aus dem Norden in Partei- und Staatsfunktionen ein. Diese galten als besonders vertrauenswürdig. Die KPCh verdankte ihre größten Erfolge den bäuerlichen Basisgebieten und Kadern mit bäuerlichem Hintergrund. Dazu ein Beispiel:

Nach Gründung der Volksrepublik siedelten 13.000 Kader, davon allein 4.000 bäuerliche Aktivisten aus der nordchinesischen Provinz Shandong, in die Provinz Zhejiang um, die unmittelbar an die Wirtschaftsmetropole Shanghai grenzt. Dort übernahmen sie Führungspositionen in der Verwaltung der Präfekturen, Städte und Kreise (Gao 2001: 233). Das Leben in den südchinesichen Metropolen war diesen zumeist ländlich geprägten Funktionären gänzlich fremd, zudem beherrschten sie die lokalen Dialekte nicht. Von der örtlichen Bevölkerung wurden sie als zivilisatorisch rückständige Okkupanten angesehen (Yuan, I 1995: 79ff.).

Mao Zedong und etlichen Funktionären aus der Kampfepoche der KPCh war das Milieu der von Kapitalismus und westlicher Lebensart penetrierten großen Küstenstädte suspekt. In der Mao-Ära ergoss sich der Hauptstrom der Investitionen in die ländlichen Provinzen des Landesinneren. Der Bau von Krankenhäusern und Schulen, die Verbesserung und Ausweitung der Straßen- und Schienenverbindungen sowie der Anschluss zahlreicher kleiner Städte und Dörfer an die Stromversorgung verbesserten den Lebensstandard. Bauern und Städter blieben sich bei alledem – bis zum heutigen Tage – fremd. Dabei war die Ideologie der KPCh keineswegs gegen die Städte gerichtet. Im Gegenteil: die städtische

Lebensform galt in Übereinstimmung mit der originären marxistischen Lehre als fortschrittlich.

5.3 Favorisierung der Küstenprovinzen in der Reformära

Die Förderung der Binnenlandprovinzen endete mit dem Beginn der Reformpolitik in den 1980er Jahren. Priorität genossen fortan die Küstenprovinzen. Die Provinzen Fujian, Guangdong und Hainan machten als Experimentierfelder der neuen Politik den Anfang.

Die Verlierer der Reformpolitik sind die Provinzen im Landesinneren. Ihre in der Mao-Ära geförderten Industrien waren nicht markttauglich. In der Gesamtentwicklung fallen sie immer weiter zurück. Die Partei verkündete 1999/-2000 eine Strategie zur Erschließung der Westprovinzen (einschließlich der Autonomen Regionen Tibet und Xinjiang). Dabei hatte sie in wirtschaftlicher Hinsicht den Rohstoffreichtum der Region, in politischer Hinsicht die Ruhigstellung der größten nationalen Minderheiten und in ökologischer Hinsicht Maßnahmen zur Bodenkonservierung (Bepflanzung, Bewässerung) vor Augen (Holbig 2004b). Wegen der Zielbreite des Programms wurden auch Regionen anderer Himmelsrichtung in die Förderung einbezogen. Dies galt beispielsweise für die Innere Mongolei, wo die Wüstenbildung rasant voranschreitet. Sie ist der Grund für das häufigere Auftreten von Sandstürmen im Gebiet der Hauptstadt. Auch die von geschlossenen Minderheiten bewohnten Siedlungsgebiete an der Grenze zu Korea und zu den südostasiatischen Staaten sind den Westprovinzen gleichgestellt (Goodman 2004). Für die Provinzen im Landesinneren ist keine besondere Förderung vorgesehen. Lediglich in steuerpolitischer Hinsicht räumt ihnen die Zentralregierung neuerdings gewisse Entlastungen ein.

Tabelle 8: Bruttogebietsprodukt der Provinzen, regierungsunmittelbaren Städte und Autonomen Regionen (Ende 2004)

Gebiets-einheit	*Brutto-gebiets-Produkt in 100.000 Yuan*	*Landwirt-schaft, Forstwirt-schaft, Fischerei (Prozent)*	*Industrie (Prozent)*	*– davon verarbei-tende Industrie (Prozent)*	*– davon Bauwirt-schaft (Prozent)*	*Dienstleis tungs-sektor (Prozent)*
Beijing	4.283,3	2,4	37,6	30,1	7,5	60,0
Tianjin	2.931,9	3,5	53,2	49,0	4,2	43,3
Hebei	8.768,8	15,6	52,9	46,6	6,2	31,5
Shanxi	3.042,4	8,3	59,5	51,6	8,0	32,2
Innere Mongolei	2.712,1	18,7	49,1	37,5	11,7	32,2
Liaoning	6.872,6	11,2	47,7	41,2	6,5	41,1
Jilin	2.958,2	19,0	46,6	38,6	8,0	34,4
Heilong-jiang	5.303,0	11,1	59,5	53,1	6,4	29,4
Shanghai	7,450,3	1,3	50,8	46,9	4,0	47,8
Jiangsu	15,403,2	8,5	56,6	50,1	6,5	34,9
Zhejiang	11.243,0	7,2	53,8	47,9	5,9	39,0
Anhui	4.812,4	19,4	45,1	36,1	9,0	35,5
Fujian	6.053,1	12,8	48,7	41,8	6,9	38,4
Jiangxi	3.495,9	20,3	45,6	31,8	13,9	34,0
Shandong	15.490,7	11,5	56,3	50,3	6,0	32,2
Henan	8.851,1	18,6	51,0	43,6	7,4	30,0
Hubei	6.309,9	16.2	47,5	41,1	6,3	36,4
Hunan	5.612,3	20,6	39,4	31,7	7,7	39,9
Guangdong	16.039,5	7,8	55,4	49,9	5,5	36,8
Guangxi	3.320,1	24,4	38,8	31,5	7,3	36,8
Hainan	769,4	36,9	23,4	15,5	7,9	39,6
Chongqing	2.665,4	16,1	44,3	34,8	9,5	39,5
Sichuan	6.556,0	21,3	41,0	33,0	8,0	37,7
Guizhou	1.591,9	21,0	44,9	36,1	8,8	34,1
Yunnan	2.959,5	20,4	44,4	35,6	8,8	35,2
Tibet	211,5	20,5	27,2	7,3	19,9	52,3
Shaanxi	2.883,5	13,7	49,1	36,9	12,2	37,2
Gansu	1.558,9	18,0	48,6	37,0	11,7	33,3
Qinghai	465,7	12,4	48,7	34,0	14,7	38,8
Ningxia	460,3	14,1	52,0	40,5	11,5	33,8
Xinjiang	2.200,1	20,2	45,9	33,9	12,0	33,9

Datenquelle: China Statistical Yearbook 2005, S. 59, Tab. 3-11.

5.4 Provinztypen und Regionen

In den wohlhabendsten Provinzen, insbesondere der Provinz Guangdong sowie in den regierungsunmittelbaren Städten Beijing, Shanghai und Tianjin lag das Prokopfeinkommen im Jahr 2000 zwischen 6.000 und 9.000 Yuan – ein Renminbi Yuan entspricht etwa zehn Eurocents. Die übrigen Provinzen und Regionen rangierten zwischen 4.000 und 6.000 Yuan (Zhao 2003: 173). In Shanghai konzentrierten sich 2003 etwa 30 Prozent aller Telefonanschlüsse im Lande (Harwit 2004: 1014). Betrachten wir vor diesem Hintergrund nun die politischen Profile der Provinzen (im historischen Rückblick schildert die Provinzen Goodman 1997; einen umfassenden Überblick zum geografischen, wirtschaftlichen und gesellschaftlichen Zuschnitt der einzelnen Provinzen und Regionen bieten Krieg/Kai/Müller/Schädler/Sternfeld 1998).

5.4.1 Küstennahe Provinzen

Liu unterscheidet vier Provinzgruppen. Bei den modernen Provinzen handelt es sich um die Reformprovinzen der ersten und zweiten Stunde: Jiangsu, Shanghai, Zhejiang, Fujian und Guangdong einschließlich der Megastädte Shanghai/Pudong im nördlichen und Guangzhou (Kanton) sowie Shenzhen im südlichen Abschnitt der südöstlichen Küstenregion (Liu 2001: 255ff.).

Dort stellt die private Wirtschaftstätigkeit die Bedeutung des staatlichen Unternehmenssektors inzwischen in den Schatten. Der Süden setzt gesamtchinesische Maßstäbe. Sie drücken sich etwa darin aus, dass kaufkräftige Chinesen südchinesische Produkte bevorzugen, dass die variantenreiche Kanton-Küche und einschlägige Restaurants boomen und dass der Taiwan- und Hong Kong-Pop, anfänglich nur in der beiden Gebieten benachbarten Festlandsprovinz Guangdong verbreitet, das Musikprogramm aller Sender prägt (Smith 1997: 7). Die Unterschiede zur Lebensart und zum Lebensstandard Taiwans und Hong Kongs sind ganz allgemein geringer als im übrigen China. Dieselben Provinzen zeichnen sich aber durch ein ausgeprägtes Eigenleben, darunter eine Vielzahl lokaler Dialekte und Traditionen, aus. Schon die Verständigung zwischen den Bewohnern verschiedener ländlicher Kreise kann dort schwierig geraten. Nach Schätzungen sprechen 60 Prozent der Bauern in der südöstlichen Region ausschließlich einen lokalen Dialekt, 30 Prozent sind außerstande, sich überhaupt schriftlich zu verständigen (Yuan 1995: 75ff.).

5.4.2 Nord- und nordostchinesische Provinzen

Die Nord- und die Nordostprovinzen bilden die zweite Großregion. Sie untergliedert sich in zwei Gruppen (Liu 2001: 260ff.). Betrachten wir zunächst die nördlichen Provinzen. Die bevölkerungsreichen Nordprovinzen Shanxi, Hebei und Henan gelten als Wiege der chinesischen Zivilisation. Jahrhunderte lang fingen sie die Einfälle der Nomadenvölker nach China ab, zeitweiligen Eroberern widerstanden sie mit dem Festhalten an der überlieferten Lebensweise. Im 19. Jahrhundert rückten diese Provinzen an den Rand der gesamtchinesischen Entwicklung. Ihr landwirtschaftlicher Zuschnitt ist bis heute erhalten geblieben. Allein schon die Kontinuität der bäuerlichen Lebensweise grenzt sie scharf von der Hektik der kommerzialisierten Südprovinzen ab. Ihr Lebensstandard hinkt weit hinter dem des übrigen China her. Der Rückzug der Zentralregierung und der Provinzen aus dem Bau und der Unterhaltung von Krankenhäusern, Schulen und Verkehrswegen hat die Lebensbedingungen verschlechtert. In diesen Provinzen blicken Ältere nostalgisch auf die vergangene sozialistische Wirtschaftsperiode zurück.

Die Nordostprovinzen bilden innerhalb des Komplexes der Nordprovinzen eine weitere Untergruppe. Sie umfassen mit den Provinzen Liaoning, Jilin und Heilongjiang das historische Siedlungsgebiet der Mandschus. Die Mandschus hatten China im 17. Jahrhundert erobert, sie stellten mit ihren Herrschern die letzte Dynastie des imperialen China. Es handelte sich um eine Fremdherrschaft, mit der sich viele Chinesen bis zum Zusammenbruch des kaiserlichen Systems nicht abfinden mochten. Erst im Jahr 1907 wurde überhaupt die Einwanderung von Han in das mandschurische Gebiet erlaubt. Zu diesem Zeitpunkt hatte die Mandschurei mit ihrem Reichtum an Bodenschätzen bereits die Begehrlichkeit des benachbarten Russland geweckt. Russland hatte sich in der Zeit, als die chinesische Souveränität von den europäischen Mächten „gefleddert" wurde, eigene Rechte in der Mandschurei erstritten. Die junge Sowjetunion verzichtete zwar auf diese Rechte. Die Wiederherstellung der chinesischen Souveränität über die mandschurischen Provinzen sollte aber nicht lange währen.

Japan betrieb mit Hilfe mandschurischer Stellvertreter 1931 die Sezession der drei nordöstlichen Provinzen von China. Aus ihnen wurde der Staat Mandschukuo gebildet. Tatsächlich war Mandschukuo ein Marionettenstaat, der von Japan regiert wurde. Das rohstoffarme Japan baute die bereits vorhandene schwerindustrielle Kapazität der Mandschurei massiv aus. Nach Gründung der Volksrepublik wurde sämtliche Industriekapazität verstaatlicht. Im Einklang mit der in der Sowjetunion praktizierten Stalinschen Wirtschaftsdoktrin des absoluten Vorrangs der Schwerindustrie wurden die Nordostprovinzen gern als Schaufenster der sozialistischen Produktion vorgeführt. Großbetriebe der Metallverarbeitung mit Mega-Belegschaften prägten das Bild.

Tabelle 9: Bevölkerung und Bevölkerungsdichte (nach Provinzen, Ende 2003)

Provinzen	*Einwohner in Tausend*	*Einw.Dichte Ew./qkm*
Anhui	64.100	461
Fujian	34.880	288
Gansu	26.030	57
Guangdong	79.540	447
Guizhou	38.700	220
Hainan	8.110	239
Hebei	67.690	360
Henan	96.670	579
Hubei	60.020	323
Hunan	66.630	317
Jiangsu	74.060	719
Jiangxi	42.540	252
Jilin	27.040	145
Liaoning	42.100	288
Qinghai	5.340	7
Shaanxi	36.900	179
Shandong	91.250	596
Shanxi	33.140	212
Sichuan	87.000	179
Yunnan	43.760	111
Zhcjiang	46.800	459
Regierungsunmittelbare Städte		
Beijing	14.560	856
Shanghai	17.110	2.852
Tianjin	10.110	919
Chongqing	31.300	382
Autonome Regionen		
Guangxi	48.750	206
Inn. Mongolei	23.800	20
Ningxia	5.800	88
Xinjiang	19.340	12
Tibet	2.700	2
China insges.	1.283.820	134

Quelle: Fischer Weltalmanach 2006, Frankfurt/M. 2005, S106.

Die Nordostprovinzen waren in der Mao-Ära privilegiert gewesen, die Südprovinzen hingegen sparsam mit Investitionen und Fördermitteln bedacht worden. Wurde die Reformpolitik Dengs im Süden emphatisch als Chance begrüßt, so musste der Norden fortan Nachteile befürchten. Die Partei- und Staatskader der Nordostprovinzen stimmten sich darauf ein, die Reformpolitik minimalistisch zu handhaben (Rozman 1998). Die in den letzten Jahren forciert betriebene Auflösung der unprofitablen Staatsbetriebe und die damit verbundenen Massenentlassungen bergen besonders viel sozialen Sprengstoff. Dieser entlädt sich in den letzten Jahren häufig in – auch gewaltsamen – Massenprotesten. Der schleppende Verlauf derselben Reformen, die andere Teile Chinas grundlegend verändert haben, hat auch wirtschaftsgeografische Gründe. Es fehlt an Investoren und Impulsgebern von jenseits der Grenzen.

Von Russland und Nordkorea ist nichts zu erwarten. Die benachbarte russische Fernostprovinz ist ein Armenhaus. Russen und Chinesen begegnen einander mit Ressentiment (Rozman 1997). Auslandschinesen investieren lieber im nahen, kultur- und dialektverwandten Süden; japanische, europäische und US-amerikanische Firmen legen ihr Geld ebenfalls dort an, wo das Know-how der Bevölkerung, die Mentalitäten und last but not least auch die Märkte bereits ganz auf kapitalistisches Wirtschaften eingestimmt sind. Der gemeinsame Nenner der beiden wirtschaftlich ungleichen Provinzgruppen im Norden Chinas – Agrarproduktion hier, Schwerindustrie dort – sind die strukturkonservative Disposition und die ungünstigen Voraussetzungen für das Aufholen zum Stand der Reformprovinzen.

5.4.3 Zentralprovinzen

Eine dritte Region bilden die überwiegend agrarischen Provinzen im Landesinneren: Sichuan, Hunan und Jiangxi. Vom wirtschaftlichen Wachstum und den Verdienstmöglichkeiten, die eine inzwischen kapitalistische Volkswirtschaft bietet, profitieren sie hauptsächlich hauptsächlich mit der Abwanderung billiger ländlicher Arbeitskräfte in die wachstumsstarken Boomprovinzen. Arbeitsmigranten aus Sichuan gibt es überall in China. Lohnüberweisungen von Wanderarbeitern sind für viele sichuanesische Familien ein wichtiger Einkommensfaktor geworden (Hong 1997: 217). Die Provinz avancierte 2001 mit sieben Millionen Menschen zum größten Exporteur von Wanderarbeitern in das übrige China, entsprechend 16 Prozent des Gesamtaufkommens (McNally 2004: 432). Aus heutiger Sicht war Sichuan in der Mao-Ära mit der Ansiedlung von Betrieben der Schwer- und Rüstungsindustrie falsch industrialisiert worden. Diese Betriebe haben ihre Existenzgrundlage inzwischen verloren (Liu 1996: 39f.).

Viele Menschen dieser drei Zentralprovinzen beziehen ihre Identität nicht auf die Provinz als Ganzes, sondern vielmehr auf die zahlreichen kleingekammerten Gebiete und Landstriche einer Gebirgslandschaft (Liu 2001: 263f.). Gemeinsam mit dem oben skizzierten Norden bilden sie die „erste Staffel“ der ländlich geprägten Binnenlandprovinzen.

5.4.4 Westprovinzen

Der ländliche Zuschnitt charakterisiert auch die vierte Provinzgruppe, die Liu als parochial bezeichnet: Qinghai, Gansu, Shaanxi, Guizhou, Yunnan und Guangxi. Es handelt sich um die „zweite Staffel“ der Binnenlandprovinzen. Die Kulturgrenze zwischen den Han und den Tibetern verläuft de facto durch Qinghai und Gansu mit ihren großen tibetischen Minderheiten. Yunnan, Guangxi und Guizhou beherbergen in ihren Grenzgebieten Ethnien, die auch jenseits der Staatsgrenzen in Vietnam, Thailand und Myanmar heimisch sind. Alle diese Provinzen sind arm, alle haben ihre legalen und illegalen Versionen des grenzüberschreitenden Wirtschaftsverkehrs mit den Nachbarländern entwickelt. Die fünfte und letzte Gruppe von Territorien von ähnlichem Format bilden die Autonomen Regionen Xinjiang und Tibet, also jene beiden Gebiete, in denen sich die Han-Chinesen in der Minderheit befinden (Liu 2001: 264).

5.5 Bedeutung der Provinz im chinesischen Einheitsstaat

Die Provinzen, regierungsunmittelbaren Städte und Autonomen Regionen sind Bestandteile des chinesischen Einheitsstaates. Ihr Status ist gleich. Als Autonome Regionen werden Gebietseinheiten bezeichnet, in denen Mehrheiten oder große Minderheiten leben, die keine Han-Chinesen sind. Bei den regierungsunmittelbaren Städte handelt es sich um Metropolgebiete, die stadtstaatlich organisiert sind.

Die Autonomie dieser drei Gebietstypen ist in der Praxis größer, als die Statuten erkennen lassen. Das Hauptgeschäft der Provinzbehörden ist die Anwendung der zentralstaatlichen Politik. Sie treffen eine Fülle von Einzelentscheidungen, die Firmen, Bürger, Städte und Dörfer betreffen. Dabei bleibt ihnen genügend Spielraum, den größtmöglichen Vorteil für die Provinz herauszuholen (dazu an einem Beispiel: Goodman 2000, 1999). Die Konzentration der wirtschaftlichen Regulierungsbefugnisse und der Zuständigkeiten für die Infrastruktur bei den Provinzen bietet dafür die Grundlage. Die doppelte Unterstellung der Provinzbehörden unter den zentralen Staatsrat und die Provinzregierung (siehe oben

4.3.2) tut ein Übriges, um Aufträge so zu interpretieren, dass sie stärker die Präferenz der provinziellen „Agenten" als die der Beijinger „Prinzipale" ausdrücken (Schroeder 1992: 286ff.). Für Geschäftsleute und Beziehungsmakler lohnt es sich, die Kontakte zu den Provinzregierungen zu pflegen.

Die Großräume Beijing-Tianjin und Shanghai, drei Metropolen mit dem Status einer Provinz, sind politisch und wirtschaftlich besonders gewichtige regionale Größen. Die jüngste, erst 1997 mit dem Provinzstatus versehene Stadt Chongqing stellt demgegenüber keine gewachsene Metropole dar. Sie wurde aus der historischen Stadt Chongqing und einer Reihe umliegender Landgebiete gebildet, die zuvor zur Provinz Sichuan gehört hatten. Der Grund für diesen Eingriff in die Provinzstruktur war die Stauung des Jangtse durch den gigantischen Drei-Schluchten-Staudamm. Die politische Führung verspricht sich von der Manipulation des naturgegebenen Flussverlaufs ein gewaltiges Reservoir von Wasserenergie, aber auch das Heranwachsen des zur Hafenstadt gewordenen Chongqing zu einem Wachstumsmagneten, eine Art binnenländisches Shanghai (Hong 2004). Diese Erwartung hat sich bislang allerdings nicht erfüllt.

Die Provinz Guangdong im Süden Chinas, das Reformlabor der Ära Deng, ist von jeher stark auf ihre Eigenständigkeit bedacht. Sie hat den Ruf, ihre Spielräume massiv zu nutzen. Shanghai steht als Wirtschaftszentrum und Kulturhauptstadt hingegen unter starker Beobachtung der Zentrale. Es hat den Ruf, sein Ermessen ganz im Sinne der Beijinger Ministerien auszuüben. In einer Untersuchung der Besteuerungspraxis wird berichtet, dass die Behörden der Provinz Guangdong mit weichen Methoden Steuern einziehen, indem sie die örtlichen Verhältnisse berücksichtigen und Schritte vermeiden, die sie in eine Auseinandersetzung mit den steuerpflichtigen Investoren bringen könnten. Sie erzielen damit größere Erfolge als die zu Vergleichszwecken untersuchte Metropole Tianjin. Die Tianjiner Behörden treiben unnachsichtig, sogar bei den Straßenhändlern – um die man sich in Guangdong überhaupt nicht kümmert – Steuern ein, sparen nicht mit Zwangsmaßnahmen und provozieren so den Widerstand der Steuerpflichtigen (Remick 2002, 2004: 151ff.). Die gleiche Bandbreite zeigt sich in der Nachsicht gegenüber Korruption. Nach einer Redensart würde ein in Guangdong als vorbildlich gepriesener Kader in Shanghai als Krimineller gelten, in Hainan würde er Karriere machen und in Beijing in Handschellen abgeführt (zitiert nach Sun 2004: 35f.).

Guanxi, die den gesellschaftlichen und den politisch-administrativen Raum miteinander verknüpfen, sind auf der Provinzebene dichter gewoben als in Beijing. Jedes politische System trifft ungleich mehr Einzelentscheidungen, als es allgemeine Normen formuliert. Guanxi werden in den Provinzen und Kommunalverwaltungen breiter wirksam und auch umfassender praktiziert. Angesichts der fließenden Übergänge zwischen Guanxi und Korruption sowie mit Blick auf die allgemein schwache Geltungskraft allgemeiner Normen erscheint die Politik in den Provinzen durchweg dubioser und korrupter als die Politik der Zentralregierung. Die Reform der Provinzverwaltungen ist eine sehr viel größere Herausforderung als die Verschlankung der Beijinger Ministerien. Sind dort vor allem die Eigeninteressen der Beschäftigten betroffen, so stehen die Provinzbehörden, wie in aller Welt, in Interessenallianzen mit Firmen, lokalen Behörden und Erwerbsgruppen (dazu allgemeine Beispiele: China aktuell 2000: 745f., im Bereich Bau, Verkehr, Planung: China aktuell 2001: 694, Gong 1996: 31, Entschädigungszahlungen beim Drei-Schluchten-Staudamm: Strittmatter 2003a, 2004b, beim Schmuggel: Heilmann u.a. 2000).

5.6 Politische Binnenstruktur der Provinzen

Nach der Regimevorgabe des Primats der Partei ist der Provinzsekretär der KPCh die Nummer Eins in der politischen Hierarchie der Provinzen (Wang 2002: 81f.). In der Reformperiode lässt sich aber nicht mehr eindeutig bestimmen, ob der Provinzsekretär oder der Provinzgouverneur die erste Geige spielt. Die Gouverneurskandidaten werden von der Zentrale vorgeschlagen, anschließend müssen die Kandidaten vom Volkskongress der Provinz gewählt werden. Der Gouverneur selbst nominiert die übrigen Mitglieder der Provinzregierung, die dann vom Ständigen Ausschuss des betreffenden Provinzkongresses (Volksvertretung) bestätigt werden müssen. Nach einem Diktum Dengs aus dem Jahr 1980 sollen die Parteisekretariate keine Entscheidungen mehr treffen, sondern nur mehr die politische Richtung vorgeben (Chang, Y. 1995: 75f.).

Selbst die Provinzsekretäre waren in der Vergangenheit keineswegs bloße Beijinger Marionetten. Großkampagnen wie der Große Sprung nach Vorn und die Kulturrevolution wurden von den Provinzgewaltigen recht unterschiedlich, hier mäßiger, dort radikaler durchgeführt (Liu 1976: 70). Die Arbeitsteilung zwischen der Provinzparteiführung und der Provinzregierung bildet in etwa die Verhältnisse auf zentralstaatlicher Ebene ab. Die Wirtschaftsverwaltung ist Sache der staatlichen Organe, die Richtliniengebung in Sicherheitsfragen (Polizei, Gerichte, Staatsanwaltschaft) Angelegenheit des Parteisekretariats.

Die Zentrale folgt der Devise, die Position des Provinzsekretärs und das Gouverneursamt mit auswärtigen Funktionären zu besetzen. Sie hält sich hier an eine bis in die Kaiserzeit zurückreichende Tradition: Die Provinzoberen sollen im Interesse der Zentralregierung handeln. Doch einmal bestellt, muss sich der Provinzsekretär oder Gouverneur seiner Provinz mit den dortigen Verhältnissen arrangieren (Cheung 1996: 58f.). Seit 1979 bilden die Volkskongresse der Provinzen in Analogie zum Nationalen Volkskongress Ständige Ausschüsse. Dieser

Schritt folgte auf die Übertragung zahlreicher vormals von der Zentralregierung besorgter Aufgaben, z.B. für Verkehr, ländliche Entwicklung und Staatsindustrien auf die Provinzen. Ähnlich wie beim NVK haben sich die Ständigen Ausschüsse als gelegentlich effektive Kontrollorgane erwiesen (Chang, Y. 1995: 75). Auf ihr Betreiben hin sind in der Vergangenheit einige Vizegouverneure abgelöst worden, denen Amtsmissbrauch vorgeworfen wurde (Xia 2000: 213).

5.7 Ausgewählte Provinzen und Metropolen

5.7.1 Beijing/Tianjin

Einige Provinzen sind wichtiger als andere. Dazu zählen seit der Reformperiode die Hauptstadt Beijing, ferner die Handels- und Bankenmetropole Shanghai, die Industriemetropole Tianjin und die bevölkerungsstarken und wachstumsintensiven Provinzen Shandong, Hebei und Guangdong. In Beijing mit seinen zahllosen Funktionären und Beamten, Regierungs- und Armeedienststellen, diplomatischen Vertretungen und Niederlassungen ausländischer Konzerne kreist alles um Politik. Zwar ist die Hauptstadt auch eine Industriemetropole. High-tech-Industrien, die von der dichten Hochschullandschaft der Hauptstadt profitieren, lösen alte Industriestruktur ab. Neben seiner Aufgabe als politischer Mittelpunkt des Landes ist Beijing die Bildungshauptstadt Chinas. Die Qinghua-Universität und die Universität Beijing, die erste ursprünglich polytechnisch, die zweite auf Breite angelegt, ragen aus der Hochschullandschaft Beijings und Chinas heraus. Beide bilden inzwischen einen großen Teil des politischen und Beamtennachwuchses aus. Die Verwandlung der traditionellen Städte in westlich anmutende Metropolen mit Glas-Beton-Hochbauten, Einkaufsplazas, Stadtautobahnen, ubiquitärer Reklame und einer Restaurantkultur von McDonald's bis zum Gourmettempel hat auch das Erscheinungsbild Beijings verändert.

In den 1990er Jahren gab es einen handfesten Konflikt um den künftigen Zuschnitt der Hauptstadt. Der langjährige Bürgermeister Chen Xitong argwöhnte, der neue Generalsekretär Jiang Zemin, der seine Karriere in Shanghai gemacht hatte, favorisiere die Küstenmetropole zu Lasten seiner Stadt. Der Beijinger Parteisekretär unterstützte in dieser Frage, wie es von ihm erwartet wurde, den Standpunkt der Parteiführung (Bo 2000). Chen wurde bald unter dem Vorwurf persönlicher Bereicherung des Amtes enthoben, verurteilt und inhaftiert.

Die Beijinger Stadtregierung läuft an der kurzen Leine der zentralen Parteiorgane. Als Knotenpunkt der Befehls- und Weisungsstränge im ganzen Land ist es auch in kommunalpolitischer Hinsicht ein zu sensibles Gebilde, um es aus der strengen Beobachtung der zentralen politischen Führung zu entlassen. Wegen seines Rangs als Regierungsmetropole ist Beijing stets im Politbüro vertreten. Die Spitze der Parteihierarchie ist Beijinger Lokalpolitikern bisher aber verwehrt geblieben. Die gesamtchinesischen Spitzenkader reagieren empfindlich auf das Milieu, in dem die Beijinger Lokalgrößen reifen. Diese kennen durch ihre Präsenz, durch die Gerüchtebörse und die üblichen Indiskretionen die personellen Beziehungen im Zentrum der Macht sehr genau. Gerade sein Hauptstadtstatus bringt Beijing kurioserweise um das recht große Maß an Beweglichkeit und Autonomie, das anderen Provinzen und Städten zugebilligt wird.

Beijing und Tianjin liegen räumlich gut 200 km auseinander. Beide sind – ähnlich wie Shanghai – in den vergangenen Jahrzehnten durch die Eingemeindung von Vororten und Landgemeinden größer geworden. Aus diesem Grund grenzen Beijing und Tianjin auch aneinander, obgleich sie mit ihren Kernsiedlungsräumen keine wirkliche Doppelstadt darstellen. Politisch verhalten sich beide Metropolen aber wie kommunizierende Systeme (Hook 1998). Tianjin ist die Rolle eines Industrie- und Handelsstandorts zugemessen, die Stadt hat die Funktion des Beijinger Seehafens. Wie die Hauptstadt selbst hat Tianjin eine dichte Hochschullandschaft und eine entsprechend große Studentenzahl. Protestbewegungen unter Studenten und Arbeitern, die zuerst in Beijing auftreten, finden nicht selten ohne große Verzögerung Nachahmung in Tianjin (Duckett 1998: 46 f.).

5.7.2 Shanghai

Shanghai ist der Gegenpol zu Beijing. Beherrscht in Beijing Politik die Gespräche, so sind es in Shanghai der Kommerz, die Industrie und der Unterhaltungsbetrieb (Staiger 2002). In seine alte Rolle als Wirtschaftskapitale hat Shanghai erst in den 1990er Jahren zurückgefunden (Wei 1990, Jacobs 1997). Nach Gründung der Volksrepublik war die Stadt in nahezu jeder Hinsicht abgestürzt. Sie verlor zunächst ihre Unternehmer, die sich vor der Roten Armee nach Hong Kong und Taiwan zurückzogen. Hong Kong verdankte seinen Aufstieg zum internationalen Wirtschaftsplatz im Wesentlichen der Erfahrung und Findigkeit emigrierter Shanghaier Fabrikanten. Shanghais Industrie wurde in den 1950er Jahren verstaatlicht, sonst aber nicht weiter gefördert. Seine Filmstudios – in den 1930er Jahren galt Shanghai als die ostasiatische Filmmetropole – und seine Theater- und Literaturszene stellten auf den Agitprop der Mao-Ära um. Dabei kamen vor allem kommunistische Intellektuelle zum Zuge, die den Yan'an-Sozialismus ästhetisierten und die reale Welt der Arbeiter und Bauern verachteten. Die Shanghaier Parteiorganisation stand noch über Maos Tod hinaus auf dem ultralinken Flügel der KPCh.

Die ökonomischen Reformexperimente der 1980er Jahre sparten Shanghai zunächst aus. Sie wurden im südlichen Guangdong betrieben, das seine Wachstumsimpulse vom nahen Hong Kong und auch vom benachbarten Taiwan erhielt. In Shanghai bestimmten nach wie vor die defizitären Staatsunternehmen das Bild. Als es Anfang der 1990er Jahre in die Reformpolitik einbezogen wurde, gewann es allmählich die Rolle der literarisch-künstlerischen Metropole zurück. Zudem verteidigte es mit Erfolg seinen traditionellen Rang als dichtester Standort für Forschungseinrichtungen und Hochschulen neben dem Großraum Beijing selbst. Shanghai beherbergt die bedeutende Fudan-Universität. Seine Politik gelangte unter ihrem Bürgermeister Jiang Zemin, dem späteren Generalsekretär, in pragmatische Bahnen (Cheung 1996: 69).

Im Politbüro ist Shanghai von jeher durch seinen Parteisekretär vertreten. Shanghaier Spitzenkader, die ihre Stadt erfolgreich führen, qualifizieren sich für Höheres (Bou 1996: 150f.). Die Shanghaier Parteiführung legt besonderen Wert darauf, die politischen Verhältnisse ganz im Sinne Beijings zu gestalten. Hierbei muss sie stets im Auge behalten, dass die Stadt eine kritische Masse von Studenten und Intellektuellen beherbergt (Cheung 1996: 57). Jiang Zemin als bekanntester Shanghaier Politiker wurde von Deng mit wenig Begeisterung als Nachfolger akzeptiert. In Beijing schleuste Jiang zahlreiche politische Weggefährten in Führungspositionen. Shanghai selbst wurde zum bevorzugten Ziel in- und ausländischer privater Investitionen.

Im Jahr 1990 wurde mit dem Aufbau der Entwicklungszone Pudong begonnen. Dort wuchs aus einer kleinen, bedeutungslosen Siedlung binnen weniger Jahre ein asiatisches Super-Manhattan heran, in dem die ersten Adressen international operierender Firmen Quartier bezogen haben. Das nur durch den Fluss Huangpo vom „alten" Shanghai getrennte Pudong soll nach einem Beschluss Beijings in das Shanghaier Stadtgebiet integriert werden. In Pudong entstand einer der größten und gleichzeitig modernsten Welthäfen. Die zahlreichen Hochschulen Shanghais bieten einen Pool von Know-how, das für die Ansiedlung anspruchsvoller Industrien genutzt wird. Durch die zahlreichen Filialen ausländischer Unternehmen und die Handelsbeziehungen nach Asien, Europa und Nordamerika hat Shanghai stärker als je zuvor kosmopolitischen Anstrich gewonnen. Die Stadt gilt als vorbildlich verwaltet. In der Wohnungs-, Altersrenten- und Stadtentwicklungspolitik gilt sie als Modell für das übrige China (Holbig 2001b: 1226). Als Wirtschaftsmetropole erwirtschaftet es allerdings auch die erforderlichen öffentlichen Mittel, um in der Sozialpolitik kostspielige eigene Wege zu finanzieren. Anderen Provinzen fehlen die Finanzen, um nur die nationalen Mindeststandards zu realisieren. Selbst die sonst in China eher durch Missachtung charakterisierten Beschäftigtenrechte entfalten in Shanghai eine gewisse Wirkung (Geffken 2003: 1353).

5.7.3 Guangdong

Bereits im 19. Jahrhundert war die Provinz Guangdong Chinas Tor zur Außenwelt gewesen. Der Handel mit Seide, Tee und Opium hatte zu einem regen Kontakt mit vornehmlich britischen Händlern geführt. Die christliche Missionierung Chinas nahm in dieser Provinz ihren Anfang. Wegen der unvorbereiteten Konfrontation chinesischer Lebensart mit dem Westen lösten sich die traditionellen Sozialbeziehungen dort früher und gründlicher auf als in anderen Landesteilen. Bis ins 20. Jahrhundert war die Provinz ein Schauplatz von Rebellionen. Sie war zudem die Geburtsstätte der GMD, die in den 1920er Jahren von dort aus die Eroberung ganz Chinas betrieb. Guangdong wurde mit Beginn der Reformpolitik zum Experimentierfeld für die ökonomische Zusammenarbeit mit dem Ausland bestimmt.

Die Provinz ist nicht nur nach Entfernung, sondern auch kulturell weit von Beijing entfernt. Die meisten Chinesen verstehen den Guangdong-Dialekt nicht. Im Ausland hingegen stellt er wegen der traditionell starken Zuwanderung aus dieser Provinz die am stärksten verbreitete Variante des Chinesischen dar (Schulze 2003). In Guangdong verlief die Kulturrevolution gemäßigter als anderswo. Durch Grenzgänger, durch Nachrichtenempfang aus Hong Kong und Taiwan sowie durch – familiäre – Kontakte zu Überseechinesen war Guangdong nie so hermetisch von der Außenwelt abgeschlossen gewesen wie andere Provinzen (Vogel 1989). Gemeinsam mit der Nachbarprovinz Fujian stellt es heute wieder das Gros der Auswanderer (Li, X. 1995).

In der Sonderwirtschaftszone Shenzhen, die auf Guangdonger Gebiet errichtet wurde, entstand binnen weniger Jahre aus einem Fischerdorf eine Viermillionenmetropole, die bald den Status einer fünften regierungsunmittelbaren Stadt erhalten könnte. Dörfer und Kleinstädte im Delta des Perlflusses lockten arbeitsintensive Betriebe mit billiger Arbeit. Als die Eigenressourcen der Provinz erschöpft waren, führte das ärmere Hinterland der Provinz weitere billige Arbeitskräfte heran. Die Provinz erfreute sich der Gunst Dengs, der, bereits hoch betagt, mit seinem Besuch in Shenzhen 1992 unterstrich, dass er die dortige Entwicklung für vorbildlich hielt. In vielerlei Hinsicht ist die Provinz den übrigen Provinzen bis heute voraus – nicht zuletzt darin, dass dort die Sensibilität für Vertragstreue und Rechtssicherheit in Geschäften dank des langen Umgangs mit westlichen Geschäftspartnern besser ausgeprägt ist als anderswo (Li, L.C. 2000). Kleine familienorientierte Unternehmen, die sich wendig auf wechselnde Marktbedürfnisse einstellen, beherrschen die Szene, genau wie auf Taiwan oder in Hong Kong. Investoren nutzen vor allem die geringen Arbeitskosten und beuten in frühkapitalistischer Manier ländliche Arbeiterinnen und Arbeiter aus (Geffken 2003: 1357f.). Politisch ist die Provinz vor allem damit hervorgetreten, dass ein

Provinzbewohner vorübergehend sogar zum Gouverneur aufsteigen konnte (Cheung 1998: 45). Die Menschen der Provinz haben den Ruf, auf ihre Landsleute im übrigen China herabzublicken. Ostentativ ziehen selbst erfolgreiche Guangdonger Unternehmer im Alltag und in Geschäften den lokalen Dialekt dem amtlichen Mandarin vor. Die Provinz ist Spitzenreiterin bei der Steuerhinterziehung privater Geschäftsleute (China aktuell 2001: 257f.).

Beijing lässt der Provinz die lange Leine. Es tut dies nicht gern, weiß aber, dass es diese Cash cow nicht falsch behandeln darf. Der Grund dürfte darin liegen, dass die Provinz politisch stets unauffällig geblieben ist. Sie hat keine politisch mobilisierbare Szene von Intellektuellen, Künstlern und Schriftstellern, sie hat sich mit der arbeitsintensiven Wirtschaftsstruktur arrangiert, weil die Industrie Arbeitsplätze und die Städte gute Märkte bieten. In der Planwirtschaftsära war die Provinz für die Produktion landwirtschaftlicher Erzeugnisse ausersehen, sie hatte deshalb auch keine großen Staatsbetriebe und musste in der Reformperiode keine großen Entlassungswellen verkraften.

5.7.4 Sonderverwaltungsgebiete

Blicken wir zuletzt noch auf die Sonderverwaltungsgebiete Chinas, Hong Kong und Macao. Sie sind aus den früheren Kolonialstädten Großbritanniens und Portugals hervorgegangen. Hong Kong gehört erst seit 1997 wieder zum chinesischen Staatsgebiet. Ihm wurde ein Sonderstatus mit nennenswerter Selbstverwaltung zugebilligt. Diese Konzession an gewohnte Rechte und Freiheiten sollte das kommerzielle Bürgertum Hong Kongs mit seinem Kapital und seinen weltweiten Wirtschaftsverbindungen an China binden. Allein der erwartete ökonomische Nutzen trägt den Sonderstatus Hong Kongs. Als Preis nimmt Beijing missmutig die aus der britischen Ära überlieferten politischen Freiheiten in Kauf. An Versuchen, diese Freiheiten stückweise abzubauen, fehlt es nicht. Erst 2004 hat der Staatsrat in seiner Eigenschaft als Verfassungsprüfinstanz befunden, die Übergabevereinbarungen zwischen London und Beijing böten keine Grundlage für das Beharren auf demokratischen Strukturen westlicher Lesart. Macao war schon als Kolonialbesitzung ein bedeutungsloser Wirtschaftsstandort gewesen, mit Billigung Portugals entstand dort eine Glücksspielmetropole. Macaos Sonderstatus sichert im Wesentlichen die Dividende eines der größten Spielerparadiese Ostasiens für die chinesische Staatskasse ab.

5.8 Die westliche Peripherie: Tibet und Xinjiang

Zwei große Gebiete ragen aus dem Zuschnitt der übrigen Provinzen heraus. In den Autonomen Regionen Tibet und Xinjiang bilden Han-Chinesen die Minderheit. Daneben gibt es noch weitere Autonome Regionen. Dort befinden sich die namensgebenden Ethnien durch die Zuwanderung von Han bereits in der Minderheit. Die großen und gleichwohl dünn besiedelten Autonomen Regionen Tibet und Xinjiang haben mit diesen Regionen wenig gemeinsam. Sie haben für China größte ökonomische und strategische Bedeutung, sie grenzen an Nachbarstaaten im Westen Chinas und sie beherbergen Völker, die sich in Tradition und Lebensart markant von den Han unterscheiden. Diese Unterschiede sind in hohem Maße durch den religiösen Zuschnitt Tibets und Xinjiangs bedingt.

Mit den meisten Religionen hat das Regime seinen Frieden geschlossen (Liu 1996). Der Buddhismus und die Natur- und Ahnenverehrung sind Elemente der Volkskultur. Sie werden seit Beginn der Reformära toleriert. Das Regime geht freilich hart mit Religionen um, die ihren Ursprung außerhalb der Han-Tradition haben. Das Christentum spielt keine Rolle. Es war auch vor Gründung der Volksrepublik lediglich Sache einer kleinen Minderheit. Mit der Öffnung nach Westen nahm die politische Führung von der Repression der christlichen Gemeinden Abstand. Die Missionsarbeit ist aber weiterhin strikt untersagt. Sie ist noch mit einer vergangenen Epoche belastet, als britische und amerikanische Missionare unter dem Schutz der Kanonenboote ihrer Staaten chinesische „Heiden" zu bekehren suchten.

5.8.1 Tibet

Tibet hatte bis vor einem halben Jahrhundert den Anstrich eines von buddhistischen Mönchen beherrschten theokratischen Gebildes. Im kolonialen Zeitalter war es eine Pufferzone zwischen den geostrategischen Interessen der britischen, russischen und chinesischen Politik gewesen. Man ließ das Mönchsregime gewähren, solange es gleiche Distanz zu den rivalisierenden Mächten in Asien wahrte. Die Mönchsregierung erkannte sogar gewisse Rechte Chinas in Tibet an. Als mit der Unabhängigkeit Indiens und Pakistans 1946 das Ende der Kolonialherrschaft in Asien eingeläutet wurde, hatte Tibet weiterhin einen unklaren völkerrechtlichen Status.

Schon die chinesische Republik hatte Tibet als Staatsgebiet beansprucht und in der tibetischen Hauptstadt eine Vertretung eingerichtet. Tibet selbst bestand aber auf Autonomie in allen inneren und kulturellen Angelegenheiten. Letztlich ging es darum, Tibets herkömmliche Lebensweise zu schützen. Solange Chinas

Energien durch den Krieg mit Japan und den Bürgerkrieg gebunden waren, wurde die Tibet-Frage nicht akut. Erst nachdem sich die Volksrepublik konsolidiert hatte, machte sich die neue Führung daran, die offene Territorialfrage zu klären. Das Land wurde 1959 von chinesischen Truppen besetzt. Der Dalai Lama floh außer Landes.

Der tibetische Buddhismus unterscheidet sich von anderen Spielarten dieser Religion in der Verehrung des Dalai Lama und des Panchen Lama. Beide Priestergestalten gelten als Buddha-Inkarnationen, der Dalai Lama als die höchste, der Panchen Lama als die zweithöchste. Beim Tode eines der beiden Lamas wählen Religionsgelehrte Kinder aus, aus deren Reihen in einem komplizierten Ritual der Nachfolger bestimmt wird. Der jeweils überlebende Lama muss den Nachfolger des Verstorbenen als legitim anerkennen. Der derzeitige Dalai Lama lebt seit 1959 im indischen Exil, der letzte Panchen Lama lebte bis zu seinem Tode in China. Dessen Nachfolger wurde vom Dalai Lama in Abwesenheit als legitim anerkannt. Das ausgewählte Kind wurde von den chinesischen Behörden mitsamt seinen Eltern entführt. Sie werden bis heute an unbekanntem Ort gefangen gehalten.

Der Dalai Lama betrachtet sich unverändert als das religiöse und politische Oberhaupt Tibets. Für Beijing ist er als Gesprächspartner inakzeptabel. Die Kontinuität der wichtigsten Priesterämter des Lamaismus lässt sich nach Lage der Dinge nur durch die Kooperation zwischen dem Dalai Lama und der chinesischen Regierung wahren. Weil das Schicksal des Panchen Lama ungewiss ist, droht eine existenzielle Krise des Lamaismus, sobald der inzwischen betagte gegenwärtige Dalai Lama verstirbt. Die Beijinger Politik wartet dieses Ereignis ab. Mit aller Gewalt wird versucht, die Klöster und Mönche, die den originären Lamaismus lebendig halten, auf einen staatstreuen Lamaismus umzupolen.

Beijing betreibt in Tibet eine Politik der ethnischen Verdrängung. Mit hohen Löhnen und Prämien werden Han zur Ansiedlung in Tibet geworben. Lhasa, die Hauptstadt der Region, einst Sitz des Dalai Lama, gleicht in weiten Teilen bereits einer modernen chinesischen Stadt. Die chinesischen Behörden und die Han ganz allgemein verachten die Tibeter. Viele Tibeter antworten ihrerseits mit der Ablehnung der Zugewanderten. Die Verehrung des für China unerreichbaren Dalai Lama untermauert die Resistenz gegen die Politik Beijings in der Region. Gleich hinter den östlichen Grenzen Tibets, in den Provinzen Qinghai, Gansu, Yunnan und Sichuan, leben von jeher ebenfalls viele Tibeter. In einigen Kreisen und Präfekturen dieser Provinzen stellen sie sogar die Bevölkerungsmehrheit. Dort freilich gehen die Behörden toleranter mit den Tibetern um. Die Kontroversen um Tibet beziehen sich nicht auf diese Gebiete. Diese sind zwar kulturell dem Lamaismus zuzurechnen, als legitime Bestandteile Chinas international aber gänzlich unumstritten. In der Autonomen Region selbst finden die vom Dalai

Lama und Exiltibetern vertretene Auffassung von der Illegititmität der direkten chinesischen Herrschaft und die Forderung nach wirklicher regionaler Autonomie noch große Unterstützung (Sautman 2002).

Trotz allem wird die Assimilationskraft der Han-Kultur mehr bewirken als die Repression. Junge Tibeter begegnen der Konsumgesellschaft in Soaps, Jeans und Pop made in China. Die säkulare Lebensweise, mit der sie im Alltag vertraut werden, entfremdet stärker von den lamaistischen Wurzeln als aller administrative Druck der tibetischen Regionalregierung und der Beijinger Behörden (Xu 1998, Dreyer 2003).

5.8.2 Xinjiang

Das Verhältnis des Regimes zum Islam ist gespannt. Dieser lässt sich mit der Art, wie Chinesen mit Religion umgehen, nicht vereinbaren (Peng 1996). Die Muslime stehen im Ruf, wenig staatstreu zu sein. Diese Wahrnehmung des Islam ist maßgeblich davon beeinflusst, dass die in China lebenden Muslime hauptsächlich die westlichen Grenzprovinzen bewohnen, insbesondere die Autonomen Regionen Innere Mongolei und Xinjiang. Die im heutigen China lebenden Völker muslimischen Glaubens hatten den Islam – wie die verwandten mittelasiatischen Völker – vor etwa 800 Jahren angenommen. Ihre nomadische Lebensweise mussten sie nach Gründung der Volksrepublik aufgeben. Der Islam ist freilich Bestandteil der kulturellen Identität geblieben. In der Inneren Mongolei sind die Mongolen wegen der stetigen Zuwanderung von Han schon lange in die Minderheit geraten. Die Innere Mongolei wird bereits als eine Provinz wie jede andere wahrgenommen.

Die Region Xinjiang ist die Heimat des Volkes der Uiguren. Noch bei Gründung der Volksrepublik wussten die Uiguren, zumeist Nomaden und Oasenbewohner, überhaupt nicht, dass ihr Gebiet seit 200 Jahren förmlich zu China gehörte. Erst nach der Festigung des sozialistischen Regimes wandte Beijing der Region seine Aufmerksamkeit zu. Die Entdeckung von Bodenschätzen trug einiges dazu bei. Mit der gezielten Ansiedlung von Han versucht Beijing, die Uiguren Xinjiangs in die Minderheit zu drängen. Die Region wies im Jahr 2000 bereits einen Anteil von 40,6 Prozent Han auf. Die Han konzentrieren sich in der infrastrukturell relativ gut erschlossenen nördlichen Hälfte Xinjiangs mit ihrem beträchtlichen Rohstoffreichtum. In der schlechter erschlossenen Südhälfte Xinjiangs stellen Uiguren mit 90 Prozent noch eine deutliche Bevölkerungsmehrheit (Bequelin 2004: 359). Ein wichtiges administratives Instrument zur Kontrolle der Region ist das von der Zentralregierung organisierte Baukorps für Xinjiang. Es unterhält Wehrsiedlungen von Han, die sich über die ganze Provinz verteilen.

Das Korps kombiniert wirtschaftliche und sicherheitspolitische Aufgaben (Becquelin: 2000). Den Mitgliedern des Korps sind die ertragsreichsten Landwirtschaftsflächen zugewiesen, sie sind jederzeit – wie weiland im Zarenreich die Kosaken – militärisch mobilisierbar. Ehemalige Militärs leiten das Korps (Bequelin 2004: 366ff.).

Versuchen, die Uiguren auf administrativem Wege (Sesshaftmachung, Schule, Amtssprache) an die chinesische Lebensart zu assimilieren, war wenig Erfolg beschieden. Beijing setzt heute eher auf die Segregation der Uiguren im Schul- und Siedlungsbereich (Yee 2003). Im äußersten Westen der Autonomen Region, im Grenzgebiet zu den zentralasiatischen Republiken, kommt es immer wieder zu gewaltsamen Aktionen uigurischer Nationalisten gegen die chinesische Staatsmacht. Die Zahl der vom Staat nicht kontrollierten Moscheen ist im Laufe der Zeit stark gestiegen.

5.8.3 Beijings Interessen in den Autonomen Regionen

Xinjiang und Tibet sind in der Fläche zwar groß, aber extrem dünn besiedelt. Ihre sicherheitspolitische Bedeutung liegt in der Nachbarschaft zu Indien, Russland und den zentralasiatischen Republiken. Die Tibeter sind mit den Menschen jenseits der Himalajagrenze eng verwandt. Das Gleiche gilt für die Uiguren mit Blick auf die russischen und kasachischen Grenzgebiete. In Xinjiang gibt es bedeutende Rohstoffvorkommen, desgleichen im menschenleeren Tibet. In Xinjiang befinden sich darüber hinaus die Nukleartestareale der chinesischen Streitkräfte sowie Raumfahrtanlagen und Rüstungsbetriebe.

Die von der Zentralregierung forcierte Ansiedlungspolitik verlangt einen hohen Preis. Die Han mit ihrer kulturellen und landschaftlichen Bindung an einen Lebensraum mit der weltweit höchsten Bevölkerungskonzentration fühlen sich im menschenleeren und sauerstoffarmen Hochgebirge und in den weiten Steppen und Halbwüsten Mittelasiens nicht wohl. Zur Fremdheit des Milieus gesellt sich noch die Anfeindung der einheimischen Bevölkerung. Beijing zeigt in beiden Regionen eine massive Präsenz seiner Streitkräfte und der Bewaffneten Volkspolizei. Keine chinesische Provinz wird mit solcher Härte und Willkür regiert wie diese beide Autonomen Regionen.

Die Verwestlichung der Han-Alltagskultur wird der entscheidende Punkt für die Zukunft dieser Regionen sein, nicht so sehr die Tatsache, dass es Han-Chinesen sind, durch die Tibeter und Uiguren westliche Kleidung, Unterhaltung und Wohlstandsattribute kennen gelernt haben. Damit geht es Tibetern und Uiguren nicht anders als so vielen kleinen Völkern in aller Welt von den Aborigines in Australien bis hin zu den Indianervölkern im brasilianischen Regenwald und den Eskimos in Alaska. Die Gesellschaftswelt der Gegenwart überschwemmt die Nischenmilieus.

Beijings Umgang mit beiden Problemregionen zeigt, wie sehr sich China von einem archaischen Imperium zu einem modernen Staat gewandelt hat. Das China der Qing kam noch mit einem völkerrechtlich unklaren Status Tibets zurecht, der den Dalai Lama und seine Ratgeber im Glauben beließ, es sei in inneren Angelegenheiten souverän. Mongolen und Uiguren lebten bis in in die 1950er Jahre noch vielfach in Stammesverbänden. Sie regelten ihre Angelegenheiten in eigener Regie, während die Landkarten ihre Gebiete bereits als chinesisches Hoheitsgebiet auswiesen. Erst die Errichtung einer effizienten chinesischen Staatsgewalt schuf nach 1950 die Voraussetzungen, um das Staatsgebiet tatsächlich bis in den entlegendsten Winkel zu beherrschen.

5.9 Provinzen und zentralstaatliche Politik

Mitwirkungsrechte an der zentralstaatlichen Politik sieht das politische System für die Provinzen nicht vor. Im gegenwärtigen Zentralkomitee der KPCh sind die Partei- und Staatsvertreter der Provinzen mit knapp 40 Prozent vertreten. Sie stellen die größte einzelne Gruppe (China aktuell 2003: 718). In der engeren Parteiführung sind jene Provinzen überrepräsentiert, die sich auf der Sonnenseite der Reformpolitik befinden – die küstennahen Provinzen und die Städte mit kapitalistischem Zuschnitt. Im Ständigen Ausschuss des Politbüros waren Mitte der 1990er Jahre ausschließlich Guangdong und Shanghai vertreten – die Leuchttürme der Wirtschaftspolitik. Im Zentralkomitee und im erweiterten Politbüro waren die bevölkerungsreichen Provinzen Shandong und Sichuan besser repräsentiert als andere Provinzen (Bo 1996: 153). Deng, Jiang und Hu favorisierten als Parteiführer durchweg einen Kurs, der darauf abhob, die dafür geeigneten Provinzen an den Standard entwickelter kapitalistischer Ökonomien heranzuführen (Zweig 1995: 266ff.). Den Verlierern dieses Kurses bleibt nichts anderes übrig, als in verdeckter Weise für ihre Interessen zu werben.

Jede Provinz hat in Beijing ihre eigene Vertretung, vorwiegend als Anlaufstelle und Gästehaus für Provinzkader, die dienstlich in der Hauptstadt zu tun haben. Die Gouverneure der Binnenlandprovinzen vertreten ihre Anliegen in der Art eines Lobbying direkt bei den Beijinger Zentralorganen (Barnett 1993: 599). Sie bedienen sich dabei der gleichen Mittel und Wege, mit denen auch sonst der Kontakt zum politischen Zentrum gesucht wird: Zusammenkünfte mit hohen Kadern und ihren Mishus, Gespräche auf Empfängen und im Umfeld der Partei- und Regierungskonferenzen (Zheng 2000: 221, Yang 1997: 132f.). Über den Erfolg dieser informellen Praktiken ist nichts bekannt. Die Basistatsache des autoritären Systems, das freie Wahlen nicht zulässt, überspielt alle Ansätze einer politischen Remedur für die Nachteile der ärmeren Binnenlandprovinzen, in denen die Mehrheit der Chinesen lebt (Montinola/Qing/Weingast 1985).

Blicken wir zum Vergleich auch noch auf Russland. Förmlich ist Russland ein Bundesstaat. In der Präsidentschaft Jelzins erlangten die Verwaltungsgebiete und Republiken der Russischen Föderation vorübergehend einen Status, der den Regelungsanspruch der Moskauer Zentralregierung unwirksam machte. Reiche Gebiete weigerten sich, das vorgeschriebene Steuerquantum an Moskau abzuführen (Brovkin 1996). In einigen wohlhabenden gliedstaatlichen Einheiten wie Moskau, Petersburg, Jekaterinburg und Krasnojarsk mischten sich populäre Bürgermeister und Gouverneure in die russische Politik ein. In der russischen Geschichte fehlen jegliche Ansätze für eine bundesstaatliche Tradition; der föderale Aufbau des Sowjetstaates war substanzlose Form geblieben. Mit dem Übergang von Jelzin zu Putin steuerte Russland in die einheitsstaatliche Spur zurück. Die Gouverneure und Bürgermeister der 89 Gebietsverwaltungen Russlands werden vom russischen Präsidenten vorgeschlagen und müssen vom regionalen Parlament dann noch bestätigt werden. Russland wurde ferner in sieben Großverwaltungsgebiete eingeteilt, die sich mit den Militärbezirken decken. Ein vom Präsidenten eingesetzter Beamter beaufsichtigt dort jeweils das Treiben in den Gebieten seines Bezirks (Remington 2003). Die Hauptstadtkontakte sind maßgeblich: Ohne den Mann in Moskau, der Geschäfte anbahnt und Kontakte vermittelt, läuft nichts (Dinello 1999).

6 Stadt und Land

Im Juni 2004 entschied die politische Führung Chinas nach langer Vorbereitung, dass die chinesischen Bauern von Steuern und Gebühren entlastet werden sollen. Im November 2005 wurde ferner angekündigt, in den meisten Provinzen das für Landbewohner geltende Niederlassungsverbot in den Städten aufzuheben. Beide Maßnahmen sind darauf angelegt, die Spaltung der chinesischen Gesellschaft in eine bäuerlich-ländliche und eine urbane Teilgesellschaft zu beenden.

Die Gründe für diese Spaltung und ihre politischen Konsequenzen werden im folgenden Kapitel erörtert. Zunächst gilt das Augenmerk der Situation im bäuerlichen China. Danach wird das Wanderarbeiterproblem geschildert. Beide Problemfelder hängen miteinander zusammen; beide sind Ausdrucksformen von ländlicher Armut, Chancenlosigkeit und gewollter Diskriminierung.

Kaum irgendwo sonst in der Welt hat es eine so planvolle Ungleichbehandlung der Menschen in Stadt und Land gegeben wie im China der Gegenwart. Die ländliche Armut und die Landflucht sind durch ein gemeinsames Problem miteinander verbunden: das gewaltige Bevölkerungswachstum!

6.1 Politik der Mobilitätsverhinderung: Das Hukou-System

6.1.1 Ursprünge

China gehört zu den wenigen politischen Systemen, die ihre Bürger bis in die Gegenwart rigiden Mobilitätsbeschränkungen nach Wohnort und Herkunft unterwerfen. Diese Beschränkungen sind nach Jahrzehnten tiefgreifender Veränderungen zwar durchlöchert und in weiten Teilen unwirksam geworden, demnächst sollen sie ganz beseitigt werden. Aber sie werden auf Jahrzehnte hinaus ihre Spuren in der Gesellschaft hinterlassen.

Bei Gründung der Volksrepublik platzten die Städte aus allen Nähten. Der Krieg mit Japan und der anschließende Bürgerkrieg hatten viele Bauern und Landbewohner aus den Dörfern vertrieben. Die Infrastruktur der großen Städte war mit der Verdoppelung bis Verdreifachung ihrer Bevölkerung hoffnungslos überfordert. Gerade in den Städten sollte aber – nach sowjetischer Vorlage – der Aufbau des Sozialismus in Angriff genommen werden. Zunächst galt es, die Städte überhaupt zu befähigen, eine industriepolitische Initialzündung zustande zu bringen. Die bäuerliche Flüchtlingsbevölkerung war dabei hinderlich. Mit einer Reihe von Anreizen, unter anderem mit der Zuteilung von Ackerland und administrativem Druck, gelang es, die städtische Bevölkerung bis 1955 drastisch zu reduzieren. Um die Anzahl der Stadtbewohner niedrig zu halten, traf die politische Führung weitere Maßnahmen:

Sie führte erstens ein Passsystem – Hukou – ein, das den Zuzug von Landbewohnern in die Städte lediglich als Ausnahme zuließ (Solinger 1999: 29ff.). Maßgeblich für den Landbewohnerstatus war der Wohnort der Mutter. Zweitens erhielten ausschließlich Stadtbewohner das Recht, Lebensmittel in den Läden des staatlichen Handelsmonopols zu kaufen. Gesundheitsvorsorge, Wohnraumbeschaffung und Altersversorgung sollten zunächst ausschließlich für die Stadtbewohner organisiert werden. Die entsprechenden Leistungen waren an den städtischen Arbeitsplatz gebunden. Sie mussten von den Betrieben und Verwaltungen erbracht werden. Soziale Leistungen wurden in der Danwei organisiert, der betrieblich basierten Arbeitseinheit. Soziale Errungenschaften dieser Art und diesen Ausmaßes waren in China damals geradezu revolutionär. Weil der städtische Arbeitsplatz unkündbar war, wurde er als Eiserne Reisschüssel oder Eiserner Bürostuhl bezeichnet. Der Status des Stadtbewohners kam der Garantie eines privilegierten Lebensstandards gleich.

Die Landbevölkerung war von alledem ausgeschlossen. Ihr war die Aufgabe zugedacht, die Städte zu ernähren. Dahinter stand die Überlegung, dass die Bauern traditionell und insbesondere nach der Bodenreform ja eigentlich schon alles besäßen, was sie zum Leben benötigten: ein Dach über dem Kopf und von ihnen selbst produzierte Lebensmittel, dazu eine Familie, die sich um die Alten kümmerte. Wohnen und Alterseinkommen waren in der ländlichen Tradition kein Problem gewesen.

Die fundamental unterschiedlichen Programme für das Leben in Stadt und Land basierten auf einer Mischung von politischer Anschauung und Sozialromantik. Wie oben geschildert, standen die chinesischen Kommunisten beim Aufbau ihres Sozialismus unter dem Eindruck des in nur 30 Jahren Erreichten in der Sowjetunion. Diese sowjetischen Erfahrungen präsentierten sich nicht aus der informierten und nüchternen Rückschau des Betrachters im Jahre 2006. Sie wurden im propagandistisch gefilterten Zeitkolorit als nachahmenswert wahrgenommen.

In der Sowjetunion war der Aufbau des Sozialismus – sprich: die Industrialisierung – dank der Ausbeutung landwirtschaftlicher Arbeit gelungen. Die sowjetischen Bauern waren in den 1930er Jahren zwangsweise enteignet und ihr Land in Kollektivwirtschaften überführt worden. Als Landarbeiter erzeugten sie künftig billige Lebensmittel für die wachsende, in den Städten konzentrierte Industriearbeiterschaft. Zugleich waren viele Landbewohner zum Verlassen der Dörfer veranlasst worden. Sie leisteten jetzt Industriearbeit. Maschineneinsatz (Traktoren, Erntemaschinen) steigerte die Produktivität der ländlichen Arbeit. Dieses brachiale Industrialisierungsprogramm wurde nach 1945 zur wirtschaftspolitischen Devise aller sozialistischen Länder.

Die landwirtschaftliche Produktion Chinas eignet sich mit Reisanbau, bergbäuerlichem Wirtschaften und engräumigen Anbauflächen überwiegend nicht für große und schwere Maschinen, wie sie in der Sowjetunion mit ihren großflächigen Kollektivwirtschaften für den Brotgetreideanbau zum Einsatz kamen.

In der Stalin-Ära der 1930er und 1940er Jahre war die landwirtschaftliche Bevölkerung der Sowjetunion massiv geschrumpft. In bloß einer Generation war die sowjetische Gesellschaft überwiegend städtisch geworden. Die Städte mit ihren Möglichkeiten für bescheidensten materiellen Mindestkomfort, für Bildung und beruflichen Aufstieg hatten schon in der Stalin-Ära einen so starken Sog entwickelt, dass in den 1930er Jahren ein Passsystem eingeführt wurde. Landbewohnern war es bis in die 1950er Jahre verboten, ohne behördliche Erlaubnis ihren Wohnsitz in den großen Städten zu nehmen. Für Moskau und Leningrad galt das Verbot auch weiterhin. Erst am Ende der 1980er Jahre – in der Ära Gorbatschow – wurde es abgeschafft (Matthews 1993).

Das sozialistische China führte gegen Mitte der 1950er Jahre das in der Sowjetunion praktizierte Mobilitätsverbot für die Landbevölkerung in einer sehr viel schärferen Variante – das Hukou-System – ein. Im Zeichen des Großen Sprungs nach Vorn, als jede Hand für die Stahlproduktion gebraucht wurde, wurde es wenige Jahre später außer Kraft gesetzt. Nach dem Scheitern des Großen Sprungs wurde es restauriert, und zwar effektiver als je zuvor (Cheng/Selden 1994). Als Folge blieben Stadt und Land bis in die 1990er Jahre hinein strikt separiert. Bis dahin war China die einzige Gesellschaft mit zahlreichen Merkmalen der Dritten Welt, die keine Slums kannte. Die Reformpolitik machte dem ein Ende. Heute sind Slums im Umfeld der chinesischen Metropolen ein geläufiges Phänomen.

6.1.2 Landflucht als politische Herausforderung der Reformperiode

Schon zu der Zeit, als noch die Planwirtschaft das Bild bestimmte, war ein Umsiedeln in die Stadt der Traum vieler Dorfbewohner. So karg, gemessen an westlichen Verhältnissen, die Lebensverhältnisse in den Städten auch waren, boten sie im Vergleich mit dem Dorfleben doch etliche Annehmlichkeiten, angefangen von fließendem Wasser, oft noch aus gemeinschaftlicher Leitung in Höfen und an der Straße, über geregelte Arbeitszeiten, Freizeiteinrichtungen, Kinderbetreuung und Fernsehen bis hin zu festen Straßen. Das Fehlen all dieser Dinge in den Dörfern wirkte auf viele Rote Garden, die Anfang der 1970er Jahre zwangsverschickt wurden, wie ein Schock. Von den Bauern wurden diese Städter nicht nur als Fremdlinge verachtet, sondern auch deshalb, weil sie selbst die einfachsten landwirtschaftlichen Fertigkeiten nicht beherrschten. Umgekehrt bestätigte die

Erfahrung des Landlebens die Stadtmenschen in allen Vorurteilen über die Primitivität der Landbewohner (Whyte 1995: 15f.).

Mit der Zulassung von Joint ventures und privaten Unternehmen entstand eine Schicht von Arbeitern, die keinen Anspruch auf die soziale Rundumversorgung des Stadtbewohners hatten, der in einem staatlichen Betrieb oder in einer Behörde angestellt war. Die Staatsbetriebe verloren an Attraktivität, weil die privaten Unternehmen und die Joint ventures besser zahlten. Private Investoren ließen einen Wohnungsmarkt entstehen; die Wohnraumnachfrage beflügelte die Bauwirtschaft. Private Firmen gingen dazu über, illegale Arbeiter vom Lande zu beschäftigen. Diese Arbeiter wurden unter den Mindestlöhnen bezahlt und konnten nach Belieben entlassen werden. In den oberen Einkommensgruppen entstand ein Markt für Haushaltshilfen und Kindermädchen – eine Spezies von Beschäftigten, für die das sozialistische System überhaupt keinen Platz geboten hatte. Umgekehrt wurden bestimmte Tätigkeiten für Stadtbewohner unattraktiv – weil sie schmutzig waren und wenig einbrachten: Müllsammeln, Straßenreinigung etc. Diese Umstände führten dazu, dass auf dem Lande lebende, überwiegend jüngere Menschen eine irreguläre Beschäftigung in den Boomtowns der Wachstumsregionen suchten. Die Anzahl der Wanderarbeiter lässt sich nicht genau ermitteln. Schätzungen gehen von mehr als den 2003 offiziell geschätzten 113 Millionen aus (Köckritz 2004).

Die administrativ kaum steuerbare Migration in die Städte hat das Hukou-System heute hoffnungslos durchlöchert (Chan/Li 1999). Anträge auf eine Registrierung als Stadtbewohner werden inzwischen großzügiger bewilligt. Den Landbewohnern wird das Recht der Freizügigkeit zwar immer noch vorenthalten. Aber sie nehmen es sich einfach. Ein illegaler Bauarbeiter in Shanghai verdient in einem Monat Nachtschicht soviel wie in sechs Monaten Arbeit in seinem Heimatdorf (Follath/Lorenz/Simons 2002: 146). Begleitet die Polizei Arbeiter, die keine Aufenthaltserlaubnis besitzen, über die Stadtgrenze, sind sie schon tags darauf wieder da. Teils auf Stadtgebiet, teils in den angrenzenden Vorortgemeinden entstehen Wohngebiete, die sich von den Slums in Südostasien nicht mehr groß unterscheiden. Die in der Kapazitätsplanung für Nahverkehr, Abwässer und Abfallentsorgung nicht vorgesehenen Immigranten überlasten die kommunalen Dienste. Deshalb treten viele Kommunalpolitiker für die Beibehaltung der Mobilitätsschranken ein. In den Städten haben die Illegalen keine Rechte. Dies hat unter anderem zur Folge, dass Migrantenkinder keinen Anspruch auf den Besuch öffentlicher Schulen geltend machen dürfen. Die Selbstorganisationsfähigkeit der Emigrantenfamilien ist teilweise aber schon so weit ausgereift, dass sie die Beschulung ihrer Kinder – nicht selten im Konflikt mit den staatlichen Schulverwaltungen – selbst organisieren (Kwong 2004).

Für Gebiete, die nicht als städtisch deklariert sind, gelten großzügigere Zuwanderungsbeschränkungen. Die Kreise und Gemeinden im Umfeld der Großstädte gelten als Landgebiete. Die Vor- bzw. Nachbarorte der Metropolen haben aber schon selbst eine städtische Lebensweise gewonnen. Viele Migranten sind dort ganz legal registriert und pendeln mit Bahn und Bus zu ihren – illegalen – städtischen Arbeitsplätzen. Teilweise arbeiten sie sogar in staatlichen Industriebetrieben, wo sie als Illegale keine sozialen Nebenkosten verursachen. Hauptarbeitgeber sind teils ausländische Firmen, teils chinesische Unternehmer, teils auch genossenschaftliche Betriebe, die in der Regie der ländlichen Gemeinden betrieben werden. Die strikte Zählung der Beschäftigten nach Stadt und Land verzeichnet über einen Zeitraum von 25 Jahren eine Steigerung der städtischen Beschäftigten um lediglich gut zehn Prozent (Tabelle 10). Die Arbeitermigration in die Städte wird darin ebenso wenig berücksichtigt wie die Urbanisierung und Suburbanisierung der gesamten Küstenregion.

Ein erheblicher Teil der Wanderarbeiter, nach Fallstudien etwa ein Drittel, kehrt nach geraumer Zeit in die Heimatgemeinden zurück, um sich dort auf Dauer niederzulassen. Die häufigsten Rückkehrgründe sind Arbeitsmangel, Krankheit, Arbeitsunfähigkeit und familiäre Verpflichtungen. Die politische Führung sieht es gern, wenn frühere Wanderarbeiter in ihrer Heimat wieder sesshaft werden. Sie erhofft sich davon die Modernisierung der Verhältnisse auf dem Lande. In der Tat wundern und empören sich Rückkehrer, die in den Städten selbst als Hinterwäldler verachtet worden sind, über die noch ganz vom kommerziellen Lebensrhythmus abgekoppelte Arbeitsethik in den Dörfern. Sie gebrauchen ostentativ das erlernte Mandarin oder Kantonesisch, um ihre Weltläufigkeit zu beweisen (und erweisen damit der politischen Führung einen großen Gefallen). Auf der anderen Seite beklagen sie den dörflichen Mangel an Unterhaltungsmöglichkeiten; sie gehen auch nicht so leicht wie ihre Nachbarn über die Korruption der dörflichen Kader hinweg. Der Gesamteffekt der Rückkehrer auf die dörflichen Verhältnisse wird positiv eingeschätzt (Murphy 2002: 2, 125ff., 213, 224).

6.1.3 Das Ende des Hukou-Systems

Die Zentralregierung legalisierte 1997 in ausgewählten Gebieten die Zuwanderung in kleinere Städte. Aufgrund der positiven Erfahrung mit diesem Probelauf wurde 2001 allen Bauern das Recht zugesprochen, sich in allen kleinen Städten (Landstädten, Kreisstädten) nieder zu lassen (China aktuell 2001: 850ff.). Etliche Provinzen schlossen sich in den folgenden Jahren diesen Lockerungsmaßnahmen an. Sie alle übernahmen freilich noch die in den Pilotprojekten verlangten Voraussetzungen für den Wechsel des Landbewohnerstatus: einen festen Wohnsitz und ein regelmäßiges Einkommen. Beijing und Shanghai verlangten darüber hinaus berufliche Qualifikation und Schulabschlüsse. Darin wurde deutlich, dass dort nur ein bestimmter Personenkreis erwünscht war, der Chancen auf dem örtlichen Arbeitsmarkt besaß und die kommunalen Sozialkassen nicht belastete.

Tabelle 10: Beschäftigte nach Stadt- und Landgebieten 1980-2004

	Beschäftigte insgesamt in Millionen	*Städtische Gebiete in Millionen*	*in Prozent*	*Ländliche Gebiete in Millionen*	*in Prozent*
1980	423,6	105,2	24,8	318,4	75,2
1985	498,7	128,1	25,7	370,6	74,3
1990	647,5	170,4	26,3	477,1	73,7
1995	680,6	190,4	28,0	490,2	72,0
1996	689,5	199,2	28,9	490,3	71,1
1997	698,2	207,8	29,8	490,4	70,2
1998	706,4	216,2	30,6	490,2	69,4
1999	714,0	224,1	31,4	489,8	68,6
2000	720,8	231,5	32,1	489,3	67,9
2001	730,2	239,4	32,8	490,8	67,2
2002	737,4	247,8	33,6	489,6	66,4
2003	744,3	256,4	34,4	487,9	65,6
2004	752,0	264,8	35,2	487,2	64,8

Quelle: China Statistical Yearbook 2005, S.120, 121, Tab. 5-4.

Im November 2005 kündigte die Zentralregierung an, elf Provinzen würden Landbewohnern künftig voraussetzungslos den Stadtbewohnerstatus genehmigen. Damit wäre dort das Hukou-System abgeschafft. Es handelt sich hauptsächlich um Küstenprovinzen. Darunter befindet sich auch die Provinz Guangdong, deren tatsächliche Wohnbevölkerung bereits zu einem Viertel aus Wanderarbeitern besteht. Die größten Magneten der Arbeitsmigration, Beijing und Shanghai, sind vorerst nicht für die Aufhebung des Hukou-Systems vorgesehen.

Wie Presse- und Internetkommentare zeigen, ist die Beseitigung des Passzwangs durchaus umstritten. Als Argument für die Beibehaltung wird die prospektive Überlastung der kommunalen Dienste durch Neubürger angeführt, für die Leistungen (Schulen etc.) bereitgestellt werden müssen. Von den Polizeibehörden werden Bedenken kolportiert, dass die Kriminalität steigen könnte (ein

Argument, das sich mit den Vorurteilen eingesessener Stadtbewohner gegen die als fremd empfundenen Wanderarbeitern deckt).

Als Argument für die Beseitigung des Hukou-Systems wird ins Feld geführt, dass die Wanderarbeiter nicht mehr in illegalen Beschäftigungsverhältnissen arbeiten müssen und deshalb an den in den Städten regulär bezahlten Löhnen partizipieren können. Ob dem so sein wird, ist mehr als zweifelhaft. Illegale Arbeit bleibt auch so billiger und dürfte auch künftig im Übermaß angeboten werden. Hinter dem Entschluss, die Diskriminierung der ländlichen Wanderarbeiter nun mit größeren Schritten zu beenden, steht letztlich der Vorsatz, die nicht sesshafte Arbeitsbevölkerung voll in die städtische Zivilisation zu integrieren. Die ländliche Gesellschaft, so die Einsicht, kann den Wanderarbeitern keine tragfähige Perspektive bieten. Betrachten wir nun die Situation im bäuerlichen China.

6.2 Kaderwillkür, Armut und Ausbeutung im bäuerlichen China

6.2.1 Finanzverfassung

Eine Ursache für seit vielen Jahren andauernde Unzufriedenheit der Landbevölkerung sind die Finanzbeziehungen zwischen Zentralregierung, Provinzen und kommunalen Verwaltungen. Bis in die 1980er Jahre überwiesen die Provinzen, wie schon seit Gründung der Volksrepublik, ihre Einnahmen vollständig an die Zentralregierung. Diese verteilte die Mittel anschließend nach den von ihr bestimmten Prioritäten an die Provinzen um.

In einer ersten großen Zäsur der Finanzverfassung erhielten die Provinzen 1984 das Recht, den größten Teil ihrer Einnahmen zu behalten und nach Gutdünken zu verwenden. Dieser Schritt stand im Dienste der Reformpolitik. Nutznießer waren vor allem die früh prosperierenden Küstenprovinzen, in denen die wirtschaftlichen Reformen die erwünschte Wirkung entfaltet hatten. Das Nachsehen hatten die ärmeren Provinzen, die von der Zentralregierung bisher mehr Mittel erhalten hatten, als sie selbst nach Beijing abführen mussten.

Die wachsende Kluft zwischen armen und reichen Provinzen wurde zunächst in Kauf genommen. Für die Begünstigung der reichen Provinzen wurde das Argument ins Feld geführt, durch Sickereffekte würden langfristig auch die benachbarten ärmeren Provinzen profitieren, oder anders formuliert: allen würde es besser gehen, nur müssten sich einige etwas länger gedulden. Gegenüber der wohl am besten gestellten Provinz Guangdong bestand Beijing anfänglich nicht einmal auf der Abführung der ihm zustehenden Quote (Cheung 1998: 34). Im Übrigen rechneten sämtliche Provinzregierungen ihre Einkünfte klein, um die

Pflichtüberweisungen an Beijing gering zu halten (He 1996: 323). Die Differenzbeträge wurden in undurchschaubaren Etatpositionen versteckt.

Diese Finanzreform sollte sich nicht bewähren (Li, L.C. 1998). Die Relation der Steuereinkünfte zum Sozialprodukt schrumpfte von 1978: 31 Prozent auf 1993: zwölf Prozent des Sozialprodukts. Die Überweisungen der Provinzen an die Zentrale fielen im selben Zeitraum von über 60 auf 37 Prozent (Bernstein/Lü 2003: 10, Saich 2004: 167).

Das Quotensystem wurde 1994 wieder abgeschafft. Seither werden die von der Zentrale beanspruchten Steuern nicht mehr von den Provinzen, sondern zentral erhoben. Dies geschieht in der Praxis so, dass sich von der Zentralregierung bezahlte Inspektoren in den Ortschaften und Kreisen um die Abführung des auf Beijing entfallenden Steueraufkommens kümmern. Vom Gesamteinkommen einer Steuerquelle wird der von der Zentrale beanspruchte Teil abgezogen, der Rest wird nach einem festen Schlüssel zwischen den Provinz- und Kommunalbehörden aufgeteilt (Huang 2001). Mit der Reform stieg der von der Zentralregierung vereinnahmte Teil der Abgaben abrupt an, die Verteilung der Ausgaben zwischen den Ebenen blieb im Wesentlichen unverändert (siehe Tabellen 11 und 12).

Tabelle 11: Verteilung der gesamtstaatlichen Einnahmen (in Prozent)

	Zentralregierung	*Provinzen und kommunale Verwaltungen*
1978	15,5	84,5
1980	24,5	75,5
1985	38,4	61,6
1989	30,9	69,6
1990	33,8	66,2
1991	29,8	70,2
1992	28,1	71,9
1993	22,0	78,0
1994	55,7	44,3
1995	52,2	47,8
1996	49,4	50,6
1997	48,9	51,1
1998	49,5	50,5
1999	51,1	48,9
2000	52,2	47,8
2001	52,4	47,6
2002	55,0	45,0
2003	54,6	45,4
2004	54,9	45,1

Quelle: China Statistical Yearbook 2005, S. 276, Tab. 8-10.

Die Zentrale beansprucht die Einnahmen aus dem Verkauf von Tabak und Alkohol, aus der Besteuerung von Personen und Unternehmen und aus den aus der Ölförderung erzielten Steuereinkünften. Vom Mehrwertsteueraufkommen behält die Zentralregierung drei Viertel ein. Der Rest verbleibt den Provinzen, die auch die aus der Förderung anderer Bodenschätze erwirtschafteten Steuererträge behalten dürfen.

Tabelle 12: Verteilung der gesamtstaatlichen Ausgaben (in Prozent)

	Zentralregierung	*Provinzen und kommunale Verwaltungen*
1978	47,4	52,6
1980	54,3	45,7
1985	39,7	60,3
1989	31,5	68,5
1990	32,6	67,4
1991	32,2	67,8
1992	31,3	68,7
1993	28,3	71,7
1994	30,3	69,7
1995	29,2	70,8
1996	27,1	72,9
1997	27,4	72,6
1998	28,9	71,1
1999	31,5	68,5
2000	34,7	65,3
2001	30,5	69,5
2002	30,7	69,3
2003	30,1	69,9
2004	27,7	72,3

Quelle: China Statistical Yearbook 2005, S. 276, Tab. 8-11.

Der Haupteffekt dieser zweiten Reform war eine beträchtliche Umschichtung der Steuereinnahmen von den Provinzen auf die Zentralregierung. Die Aufgabenverteilung zwischen Zentralregierung, Provinzen, Gebieten, Kreisen und Gemeinden blieb demgegenüber unverändert. Die Verlierer dieser Reform, Provinzen und Kommunalverwaltungen, vor allem Letztere, gingen dazu über, die Einnahmenausfälle mit der Erfindung neuer Gebühren auszugleichen. Die Unterfinanzierung der unteren Regierungsebenen und Kommunen entwickelte sich ungeachtet der insgesamt steigenden Staatseinnahmen (siehe Tabelle 13) zu einem drückenden Problem.

Tabelle 13: Verhältnis der gesamtstaatlichen Einnahmen zum Bruttoinlandsprodukt (in Prozent)

1978	31,2
1980	25,7
1985	22,4
1989	15,8
1990	15,8
1991	14,6
1992	13,1
1993	12,6
1994	11,2
1995	10,7
1996	10,9
1997	11,6
1998	12,6
1999	13,9
2000	15,0
2001	16,8
2002	18,0
2003	18,5
2004	19,2

Quelle: China Statistical Yearbook 2005, S. 271, Tab. 8-2.

6.2.2 Staat im bäuerlichen China

Die Zentralregierung und die Provinzen sind vom Alltag der meisten Chinesen weit entfernt. Den Menschen auf dem Lande ist der Staat in der Gestalt der Verwaltungsgemeinde (township) am nächsten. Mehrere Gemeinden bilden einen Kreis. Der Kreis hat die Aufgaben einer Führungs- und Aufsichtsinstanz für die Verwaltungsgemeinden (siehe Abbildung 3). Die Verwaltungsgemeinde umfasst mehrere – bis zu zehn und mehr – Dörfer (villages). Im Unterschied zur Verwaltungsgemeinde verkörpern die Dörfer "echte" und "historische" Siedlungen. Bei diesen Dörfern handelt es sich um bis zu mehrtausendköpfige Ansiedlungen. Im südlichen China zählen die Dörfer durchschnittlich weniger Einwohner als im Norden, die Dörfer liegen auch dichter beieinander als dort. Mehrere Dörfer bilden eine Verwaltungsgemeinde. Die Verwaltungsgemeinden wenden einen unüberschaubaren Wust von Vorschriften der Beijinger Ministerien und der Provinzbehörden an. Die darin zugewiesenen Aufträge sind schlecht aufeinander abgestimmt, nicht selten widersprechen sie einander. Was die Verwaltungsgemeindekader auch immer entscheiden, enthält deshalb ein Moment des Verstoßes gegen irgendeine Rechtsbestimmung. Die Verwaltungsgemeinden haben einen Teil ihrer Aufgaben an die Dörfer delegiert. Als Agent der Verwaltungsgemeinde amtiert der Dorfvorsteher. Der Dorfvorsteher ist kraft Amtes Mitglied des Dorfkomitees, dem auch der dörfliche Parteisekretär und weitere Personen angehören. Der Dorfvorsteher wird von der Verwaltungsgemeinde eingesetzt. Wenn die Dorfbevölkerung dies verlangt, muss der Dorfvorsteher durch Wahl bestimmt werden (zur Praxis dieser Wahl Alpermann 2001).

Abbildung 4: Aufbau der Staatsverwaltung (schematisch vereinfacht)

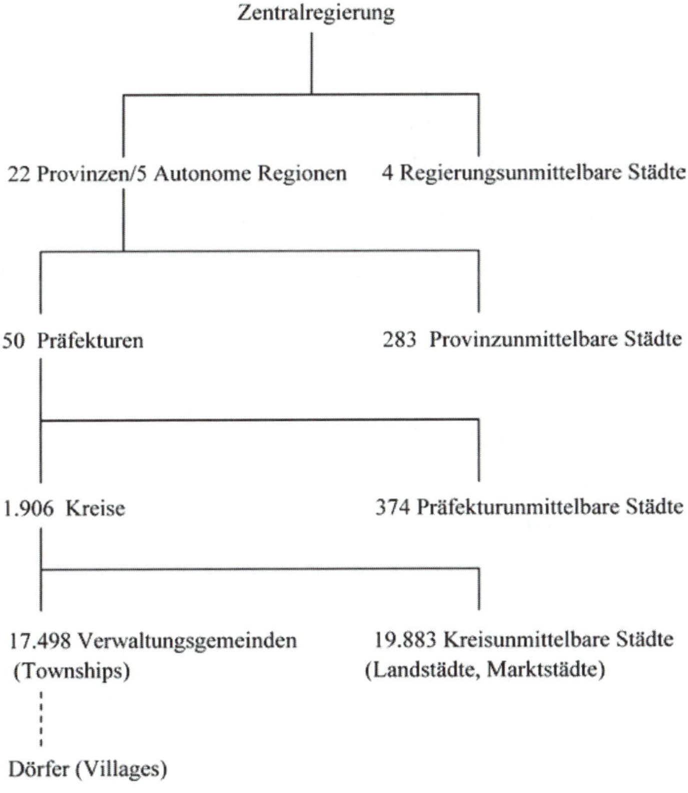

Datenquelle: China Statistical Yearbook 2005, S. 3, Tab. 1-1.

Die Verwaltungsgemeinden bilden die unterste Stufe der staatlichen Verwaltung. Nach einer verbreiteten Redensart ist die Zentralregierung ein guter Freund des Volkes, die Provinz ein Freund, die Präfektur ein guter Bekannter, der Kreis ein schlechter Bekannter, die Verwaltungsgemeinde ein schlechter Mensch, der politische Vertreter des Dorfes aber ein Feind (O'Brien/Li 1995, siehe auch Li 2004: 249). Je näher der Alltagskontakt mit Regierung und Verwaltung, desto negativer die Erfahrung (Blecher/Shue 1996). Die Willkür der Staatsvertreter ist auf der unteren Ebene besonders stark ausgeprägt.

Dörfliche Despoten müssen keine Aufsichtsbehörden fürchten, wenn sie sich darauf verlassen dürfen, dass Freunde und Verwandte in der Verwaltungsgemeinde und im Kreis ihre schützende Hand über sie halten. Viele örtliche Kader haben beschlossen, lieber als großer Fisch in einem kleinen Teich zu schwimmen, als einer von vielen kleinen Fischen im großen Teich zu sein. Die Aussicht, am ganz großen Spiel teilzuhaben, ist für die wenigsten Kader realistisch. Karrieren im kleinen Maßstab sind realitätsnäher und besser planbar. Sie verlangen nicht mehr als die Einstellung auf das lokale Milieu.

Ob in den Dörfern der Dorfvorsteher oder der Dorfparteisekretär den Ton angibt, hängt von der Statur der beteiligten Personen ab. In den Dörfern tritt die Partei heute eher schwach auf. Untersuchungen belegen, dass die dörflichen Parteivertreter inzwischen ein hohes Durchschnittsalter aufweisen und am Endpunkt einer mäßigen Karriere stehen. Die Dorfvorsteher dürften deshalb insgesamt die wichtigeren Figuren in der dörflichen Politikszene sein (Guo/Bernstein 2004). Von der Möglichkeit, den Dorfvorsteher zu wählen, ist in den vergangenen Jahren immer häufiger Gebrauch gemacht worden.

6.2.3 Steuererhebung auf dem Lande

Mit den ersten Wirtschaftsreformen nach dem Ende der Mao-Ära wurden den Bauern Pachtrechte an dem von ihnen bewirtschafteten Boden zugesprochen. Sie dürfen diese Rechte zwar auch vererben, aber Eigentümer des Bodens bleibt die betreffende Gemeinde (Kung/Liu 1997). Mit der Rückkehr zur privaten Landbewirtschaftung verloren die örtlichen Kader den Zugriff auf das bäuerliche Wirtschaften (Zhou 1996: 85ff.). Vor der Reform war die ländliche Kommune, d.h. die bäuerliche Kollektivwirtschaft, die grundlegende landwirtschaftliche Produktionseinheit gewesen. Sie bildete gleichzeitig die unterste Stufe der Staatsverwaltung. Die Reformpolitik löste die Kommune als Produktionseinheit auf, als Verwaltungseinheit blieb sie jedoch erhalten. Waren die vormaligen Kommunen aber in der Lage, mit den aus der kollektiven Produktion erwirtschafteten Überschüssen und Erlösen die lokale Infrastruktur zu finanzieren, so mussten sich die Verwaltungsgemeinden und die Dorfverwaltungen nach der Entkollektivierung neue Einkommensquellen einfallen lassen.

Nach der Finanzreform von 1994 reichten die legalen Steuererträge für die Finanzierung des Aufgabenspektrums der Landgemeinden (Schulen, Straßen- und Wegebau) vielerorts nicht mehr aus. Die Gemeindeoberen reagierten darauf mit der Erfindung neuer Steuern. Um der sich abzeichnende Überforderung der Landbevölkerung mit Steuerzahlungen vorzubeugen, verfügte die Zentralregierung, die Steuerlast der Dörfer dürfe einen Betrag von fünf Prozent des dörflichen Gesamteinkommens nicht überschreiten. Die Quote mag gering erscheinen, sie ist aber vor dem Hintergrund zu bewerten, dass die Bauern kaum Bargeld besitzen. Die wichtigste legale Steuer, die den Bauern abverlangt wird, ist die Landwirtschaftssteuer. Sie wird für die Nutzung des bewirtschafteten Bodens schematisch auf alle Mitglieder einer Bauernfamilie erhoben. Die Erlöse für Agrarprodukte und die Preise für Saatgut, Dünger und Diesel (für Kleintraktoren) klaffen weit auseinander. Die traditionell ohnehin große Differenz der städtischen zu den ländlichen Durchschnittseinkommen entspricht inzwischen einem geschätzten Verhältnis von 5:1 (Strittmatter 2004a).

Die ländlichen Kader suchten Wege, um die Deckelung der Steuerforderungen zu umgehen. Zu diesem Zweck wurde zum Einen die Steuerbemessungsgrundlage manipuliert. Zum Anderen wurden neue Gebühren eingeführt und bestehende Gebühren erhöht. Es handelte sich hier oftmals um Scheingebühren, die teilweise ganz wie reguläre Steuern von allen Dorfbewohnern verlangt werden. Beide Praktiken liefen aus die fiskalische Ausbeutung der Landbevölkerung hinaus.

Die wichtigsten Aufgaben des Dorfvorstehers, also jenes Funktionsträgers, mit dem es die Dorfbewohner alltäglich zu tun haben, sind die Pflege der örtlichen Infrastruktur (Straßen, Schulen, wo vorhanden, auch Strom- und Wasserversorgung), die Einziehung der Steuern und die Überwachung der Geburtenkontrolle. Es handelt es sich um durchweg undankbare und unpopuläre Aufgaben. Der Dorfvorsteher kümmert sich vorzugsweise um jene Aufgaben, die für seine Beurteilung durch die vorgesetzten Kader besonders zählen. An erster Stelle steht das hoch bewertete Eintreiben der Steuern und Abgaben. Vor Beschwerden und Verfolgung schützt sich der Dorfvorsteher, indem er mit den vorgesetzten Kadern in der Verwaltungsgemeinde gemeinsame Sache macht (Peng 1996, Lu 2000).

Ländliche Kader rechneten ihre Dörfer häufig reich, um mehr Abgaben verlangen zu können, ohne die Fünf-Prozent-Schranke förmlich zu verletzten. Sie erfanden Gebührenquellen auf die trivialsten Gegenstände und Tätigkeiten des Alltagslebens (so wird von einer Besengebühr berichtet). Aus einem Dorf in der Provinz Shaanxi, wo die Fülle der Abgaben das Fass der Empörung in Gestalt wütender Proteste zum Überlaufen brachte, wird berichtet, dass folgende Steuern und Gebühren verlangt wurden: eine vage beschriebene Dorfsteuer, eine Landwirtschaftssteuer, eine allgemeine Erziehungssteuer, eine Gebühr für die Reparatur des Schulgebäudes, eine Marktgebühr, eine Kopfsteuer, eine Hygienegebühr, eine Bewässerungssteuer, zwanzig Tage unbezahlte öffentliche Arbeiten und schließlich eine zweite Bewässerungssteuer, mit der die Geduld der Dörfler schließlich am Ende war (Johnson 2004: 26). Für fingierte oder zu groß berechnete Verwaltungsaufgaben verordnen Dorfchefs und Verwaltungsgemeinden Einwohnerumlagen, die in ihrer Wirkung einer zusätzlichen Steuer gleichkommen. Die herbeimanipulierten Einkünfte fließen häufig nicht oder nicht ausschließlich in öffentliche Projekte wie Schulen, Brücken oder Straßen, sondern zu einem Teil in die Taschen des korrupten Verwaltungspersonals, das auf diese Weise sein bescheidenes amtliches Salär aufbessert.

Zur Bereicherung tritt Nepotismus hinzu. Lukrativer Gelderwerb ist beim bäuerlichen Wirtschaften kaum möglich. Aus diesem Grund haben die örtlichen Verwaltungen mehr Personal eingestellt, als sie wirklich brauchen. Die Amtswalter bieten Freunden und Verwandten Lohn und Brot mit einer kommunalen Anstellung. Hier ist auch das kulturelle Moment zu bedenken: Ein Kader mit Leitungsaufgaben verspielt sein Gesicht, wenn er sich notorisch weigert, etwas für den Freundeskreis und die Verwandtschaft zu tun. Gesellschaftliche Reputation drückt sich auch auf dem Lande in Statusattributen aus. Schmucke Verwaltungsgebäude inmitten armseliger Straßen und teure Dienstlimousinen ausländischen Fabrikats verschaffen Ansehen. Für uniformierte Kader gibt es eine Zulage. Deshalb werden auch läppische Tätigkeiten im hoheitlichen Outfit ausgeübt. Etliche Kader zweigen Mittel aus den örtlichen Etats ab, um pompöse Privathäuser zu bauen und Auslandsreisen zu unternehmen (Thornton 2004: 92f.).

Die Praxis, den Dorfvorsteher in gewissen Zeitintervallen zu versetzen, fördert den Missbrauch. Eigentlich soll sie verhindern, dass die Kader allzu stark in die dörflichen Interessen eingebunden werden und ihren Nutzen als als Agenten der höheren Orts beschlossenen Politik verlieren. Tatsächlich fördert die Rotation aber verantwortungsloses Handeln. Die Nachfolger eines Dorfkaders, der die Dorfbevölkerung malträtiert und gedemütigt, der illegal seine Taschen gefüllt oder öffentliche Gelder für unsinnige Projekte verschleudert hat, müssen die Folgen jahrelanger Misswirtschaft ausbaden – ganz davon abgesehen, dass sie das Misstrauen ernten, das der Vorgänger gesät hat (O'Brien/Li 1999: 174ff.).

Die Bewertung der Kaderarbeit folgt, wie bereits erwähnt, einem Punktesystem. Bringen die Kader alle Punkte, so scheint die Sonne der Verwaltungsgemeinde und des Kreises auf sie herab. Wie die Bilanz zustande kommt, interessiert nicht weiter. Falls die Verwaltungsgemeinde und der Kreis missbräuchliche Praktiken abstellten, als Ergebnis davon aber geringere Steuereinnahmen notieren müssten, riskierten die Funktionäre schlechte Beurteilungen.

Für das Fortkommen sind Guanxi mit höheren Kadern nützlich. Sie werden unter anderem mit Geschenken und Einladungen zu üppigen Mahlzeiten gepflegt. Die Gelder werden aus der Substanz von Dörfern erwirtschaftet, in denen sich der eine oder andere Bewohner verschulden muss, um seine Steuern zu bezahlen, und wo Steuerinspektoren Prügel beziehen, wenn sie sich bei säumigen Steuerschuldnern blicken lassen.

Der Job des Dorfvorstehers ist unbeliebt und wird schlecht entlohnt. Die Bezahlung ist nach der Leistungsfähigkeit des Dorfes gestaffelt. Frisierte Statistiken täuschen über die tatsächliche steuerliche Leistungsfähigkeit der Dörfer hinweg. Bei den reichen Dörfern ist der Fälschungsdruck geringer. Vorzugsweise in den ärmeren Dörfern scheuen die dörflichen Funktionäre vor illegalen Zwangsmaßnahmen nicht zurück: Sie schlagen säumige Zahler und schicken bei Widerspruch nach der Polizei. Als Pfänder für ausstehende Zahlungen lassen die Kader Möbel, Herd und Fernseher ausräumen, nur das Dach über dem Kopf bleibt.

Die Dorfvorsteher haben geringe Aufstiegsmöglichkeiten. Für die Kader in der Verwaltungsgemeinde stehen die Chancen besser. Die Dorfvorsteher leben im Dorf und sind ungeschützt den Anfeindungen der Dorfbevölkerung ausgeliefert. Die Funktionäre der Verwaltungsgemeinde haben dagegen kaum direkten Kontakt mit dem Dorf. Den Ambitionierteren unter ihnen schwebt als nächstes Ziel der Aufstieg in die Kreisverwaltung vor. Eine Kreisstadt bietet bereits gewisse Einkaufs- und Zerstreuungsmöglichkeiten (Cai 2000). Für gewöhnlich genießen selbst schlechte und willkürliche Dorfkader den Schutz der Verwaltungsgemeinde. Auch die Funktionäre auf der nächsthöheren Ebene des Kreises decken das Treiben in den Dörfern (Li/O'Brien 1999: 136). Die dubiosen Methoden der Dorfkader fördern somit die Karriere höherer Kader, die sich selbst nicht die Hände beschmutzen (O'Brien/Li 1999: 123; zahlreiche Beispiele bei Bernstein/Lü 2000).

Seit einiger Zeit suchen die kommunalen Behörden neue Einkommensquellen, die kaum weniger drastisch in das Leben der Bauern eingreifen als die zahlreichen Abgaben. Sie reagieren damit auch auf die Tatsache, dass die steuerliche Ausbeutung der Landvölkerung dank eines Kurswechsels der Zentralregierung schwieriger geworden ist. In einigen Regionen häuft sich die Umwidmung landwirtschaftlich bewirtschafteter Parzellen in Bauland für Industrieprojekte, Hotels und Wohnanlagen. Betroffen sind vor allem Dörfer in der Nähe großer Städte, und hier wiederum besonders in den Küstenprovinzen. Private Betriebe versprechen mehr Steuereinkünfte als die bäuerliche Wirtschaft. Ihre Ansiedlung bietet zudem vielfältige Gelegenheiten, Nebenzahlungen und Gefälligkeiten zu kassieren. Rechtstechnisch gehört das bäuerlich bewirtschaftete Land zwar den Gemeinden. Für die Umwidmung der Landnutzung gibt es Vorschriften, Fristen und Kompensationsansprüche. Diese Rechte und Bestimmungen werden kaum weniger souverän missachtet als das Abgabenrecht. Als Protestquelle haben die Enteignungen und die Umnutzung bäuerlich bewirtschafteten Landes die Unzufriedenheit mit Steuer- und Abgabenforderungen inzwischen eingeholt (Schlucher 2005: 16, 19). Der Verlust des häufig ohnehin schon klein parzellierten Landes kostet die Bauern ein Teil ihrer Einkommensgrundlage – die verbleibende Wirtschaftsfläche muss zwischen den Bauernfamilien neu aufgeteilt werden. Eingriffe in die Nutzungsrechte stellen auch die Alterssicherung in Frage. Das Erbe einer geschmälerten Pachtfläche mag die Söhne erst recht dazu veranlassen, bessere Verdienstmöglichkeiten in der Stadt zu suchen.

Die landwirtschaftliche genutzte Fläche in der Volksrepublik hat sich durch anderweitigen Flächenverbrauch und Umweltschäden in fünfzig Jahren halbiert; die Bevölkerung ist in der gleichen Zeit um mehr als das Doppelte gewachsen. Auch hier sind wieder die Küstenprovinzen in besonderer Weise betroffen. Die Kernstädte bieten häufig nicht mehr genügend Platz für Industrieansiedlungen, also weichen Investoren auf die Außenbezirke oder in Dörfer mit dem Status ländlicher Gemeinden aus. Als Folge werden Verbindungsstraßen gebaut, für die Land enteignet werden muss. Wegen unzureichender Flächennutzungsplanung wird der Bau von Straßen und Gewerbesiedlungen nicht koordiniert. Dies alles spielt sich in einer Region ab, die bereits 1996 zwar lediglich 13 Prozent der Gesamtfläche Chinas ausmachte, aber 28 Prozent landwirtschaftliche Nutzfläche mit besten Produktionsbedingungen und 37 Prozent der anderweitig genutzten Wirtschaftsfläche zählte (Ho/Lin 2004: 82). Ganz ohne Kaderwillkür bedrängt somit das rasche Wirtschaftswachstum die Existenzgrundlage der dort lebenden Bauern.

6.2.4 Proteste der bäuerlichen Bevölkerung

Die Empörung der Dorfbevölkerung über Missbrauch und Repressalien trifft zuerst die dörflichen Funktionäre. Es kommt aber gar nicht so selten vor, dass die Proteste bis zur Kreisebene hoch driften. Gelegentlich wirken örtliche Ereignisse als Auslöser für großflächigen Protest. Traktordemonstrationen am Gemeindesitz, bisweilen auch Handgreiflichkeiten und Rangeleien mit der Polizei, ja sogar spontane Erhebungen, an denen sich Hunderte, ja Tausende Bauern und Landbewohner beteiligen, sind keine Seltenheit mehr. Beobachter haben Bauernaufstände dokumentiert, die mehrere Verwaltungsgemeinden, teilweise sogar einige Kreise erfasst haben. Im Mai 1997, als die Proteste an Intensität gewannen, protestierten 500.000 Bauern in 50 Kreisen zentralchinesischer Provinzen. Bevorzugte Zielscheiben einer aus Empörung geborenen Zerstörungswut sind

Partei- und Regierungsgebäude und Kaderautos (Thornton 2004: 91). Für 2004 wurden in den Landgebieten insgesamt mehr als 74.000 Proteste verschiedener Größenordnung registriert (Bork 2005a: 9). Zur Unterdrückung solcher Erhebungen werden Einheiten der millionenstarken Bewaffneten Volkspolizei mobilisiert (zahlreiche Beispiele für Erhebungen und ihre Gründe bei Bianco 2001: 244ff., Bernstein/Lü 2000, Bernstein 1999).

Wo die Willkür überhand nimmt, in Freiheitsberaubung ausartet und die materielle Existenzgrundlage gefährdet, werden Schmerzgrenzen überschritten. In einigen Dörfern verkaufen Bewohner ihr Blut und infizieren sich an verunreinigtem medizinischem Besteck mit HIV. Solche Nachrichten zwingen Politiker im Zentrum des politischen Systems zu öffentlicher Reaktion (Shue 2004: 24). Die politische Führung hat die Überforderung der Bauern mit Abgaben und die Kaderwillkür als Probleme mit sozialer Sprengkraft erkannt. Ihre Eingriffsmöglichkeiten sind allerdings gering.

Bauern mit Rechtskenntnissen sind inzwischen keine Seltenheit mehr (O'Brien/Li 1995). Einschlägige Grundkenntnisse werden im Militärdienst oder im Kontakt mit dem Stadtleben, z.B. als Saisonarbeiter, erworben. Auch Migranten, die in ihrer Heimat ein Geschäft gründen, nachdem sie in den Städten genug verdient haben, gehören zur schmalen Schicht der Landbewohner, die sich zu wehren wissen (Murphy 2000). Beobachtungen zeigen allerdings, dass Beschwerden nur dann fruchten, wenn es mit Beharrlichkeit gelingt, Funktionäre der übergeordneten Behörden zum Einschreiten zu veranlassen. Das Motiv zur Sanktionierung des Fehlverhaltens mag dann ein ganz anderes sein, obgleich es den gewünschten Effekt erzielt. Es kann die Karriere fördern, ein Exempel gegen Amtsmissbrauch zu statuieren und damit höheren Orts positiv aufzufallen. Mit der Sammlung belastenden Materials mögen hehre Motive vorgetäuscht werden, wo sich tatsächlich die günstige Gelegenheit bietet, Rivalen und unbeliebte Vorgesetzte oder Untergebene anzuschwärzen (O'Brien 1996: 44f.).

Weder Beijing noch die Provinzen haben genügend Personal oder Mittel, um die Implementierung der Abgabenpolitik zu überwachen. Beide zögern nicht, ihre große Distanz zum dörflichen Alltag auszunutzen und den Glauben an ihre Integrität zu nähren, indem sie Missbrauchsfälle exemplarisch und mit großem Medienaufwand ahnden. Frei zugängliche Informationen und ortsübergreifende Aktivistennetzwerke könnten Aufklärung über die systemische Verantwortung Beijings leisten. Sie werden von der Staatsmacht aber konsequent unterdrückt.

Die bisher drastischste offizielle Maßnahme zum Schutz der dörflichen Bevölkerung ist ein Gesetz, das die Wahl der Dorfvorsteher ermöglicht hat. Viele solcher Wahlbegehren werden hintertrieben, etliche Wahlen dürften manipuliert sein. Beobachter haben bei Stichproben festgestellt, dass die frei gewählten Dorfvorsteher tatsächlich stärker im Einklang mit den von ihnen verwalteten

Menschen handeln (Li/O'Brien 1999: 140ff., Wong 1999). Die Provinzen Guangdong, Henan und Sichuan haben ohne ausdrückliche Genehmigung der Zentralregierung sogar mit der Wahl der Verwaltungsgemeindefunktionäre experimentiert (Li, L. 2002).

Mehr als förmliche Eingaben bewirken allemal Guanxi mit Höhergestellten. Die schlichte Ablösung eines Kaders gilt bereits als Erfolg. Spektakuläre Strafprozesse und Verurteilungen ereignen sich selten. Mit wenig Enthusiasmus ließ sich die politische Führung vor einigen Jahrzehnten dazu bewegen, ein Ministerium für Bürgerangelegenheiten einzurichten. Es hat das Recht, Beschwerden gegen die Willkür örtlicher Kader nachzugehen. Sein Status in der Staatsratsbürokratie ist gering, das Ressort ist notorisch unterfinanziert. Zeitweilig nahm es für seine Arbeit sogar die Mittel amerikanischer Stiftungen in Anspruch (Shi 1999: 406f.).

Wenn Landbewohner den Mut fassen, sich über Missbrauch zu beschweren, stehen Polizei und Gerichte in der Regel auf der Seite der lokalen Behörden. Nach einer Umfrage unter örtlichen Richtern war ein Drittel der Auffassung, Bürger sollten nicht gegen die Verwaltung klagen. Kommt es zum Prozess, so verschleppen die beklagten Kader häufig Gerichtstermine und ziehen das Verfahren mit allen Mitteln in die Länge. Schließlich werden missliebige Urteile von den betroffenen Verwaltungen straflos ignoriert. Dennoch kommt es immer wieder zu Sammelklagen, an denen sich teilweise Hunderte, gelegentlich Tausende von Bauern beteiligen. Nicht selten bewirken sie ein Einlenken der beklagten Behörden, woraufhin die Klagen wieder zurückgezogen werden. Kaum weniger häufig dürften die Behörden mit massiver Einschüchterung das Gleiche bewirken (Heuser 2004: 1222). Maßgeblich ist das Interesse der Behörden, öffentliche Prozesse zu vermeiden, die unzufriedene Bauern zur Nachahmung der Kläger inspirieren könnten (Tang 2005: 36ff.).

Blicken wir zum Vergleich kurz auf Japan. Der ostasiatische Inselstaat ist zwar in toto eine urbane Gesellschaft, die Landwirtschaft ist jedoch, wie in Europa oder Nordamerika, ein politisch beschützter Raum. Die japanische Bauernschaft, überwiegend Klein- und Nebenerwerbslandwirte, genießt eine ähnlich starke staatliche Protektion, wie man sie von europäischen Landwirten kennt. Der ländliche Raum ist im hyperurbanisierten Japan kurioserweise sogar ein Schlüsselfaktor für die Jahrzehnte lange Alleinregierung der Liberaldemokratischen Partei (LDP). Der frühere Premierminister Tanaka Kakuei, der noch lange nach seinem Rückzug vom Regierungsamt hinter den Kulissen die Fäden der Regierungspolitik zog (Schlesinger 1997), organisierte ein breit gefächertes Programm infrastruktureller Ausgabenprogramme für Straßen, Brücken, Tunnels und Eisenbahnlinien. Den Nutzen hatte die ländliche Bauwirtschaft (Hartmann 1992: 111ff.). Viele Menschen, die im ländlichen Raum wohnen, arbeiten in den Metropolen, die durch ein modernes Schienennetz gut erreichbar sind. Die Stadtmigration kam dadurch irgendwann zu einem Sättigungspunkt. Die Bauunternehmer bedankten sich für die Staatsaufträge mit großzügigen Spenden an die Regierungspartei. Die bäuerliche Bevölkerung, von jeher das Rückgrat der LDP-Wählerschaft, gewann von alledem nicht nur eine bessere Lebensqualität, sie wurde auch mit speziellen Förder- und Preisstützungsprogrammen begünstigt. Schließlich steigerte Tanaka, zunächst in seiner Eigenschaft als verantwortlicher Minister, die Anzahl der – zumeist ländlichen – Poststellenleiter. Diese Aufgabe wurde Privatpersonen ohne einschlägige Vorkarriere als Auftrag des Staatsbetriebes übertragen. Die Poststellen waren gleichzeitig Filialen des bis heute größten und vermögendsten Postbanksystems der Welt. Die Filialleiter erwiesen sich erkenntlich, sie setzten sich für die Regierungspartei ein, übernahmen örtliche Ehrenämter (Sportvereine) und sammelten Spenden für die Reichstagskandidaten der Regierungspartei. Die systematische Begünstigung und Pflege der ländlichen Klientel gilt bis heute als das Erfolgsgeheimnis der nahezu ununterbrochenen Regierung Japans durch die LDP (Schreiner 2006).

Die Koordinaten der Gesamtpolitik haben sich in den 1990er Jahren insgesamt stärker auf die Interessen der Wähler in den japanischen Metropolen verschoben. Dabei lässt sich eine geradezu spiegelverkehrte Situation im Vergleich mit China beobachten.

Durch die zahlreichen Skandale, die in diesem korruptionsträchtigen Unterstützungsmilieu der LDP ihren Ursprung hatten, verlor die Regierungspartei Anfang der 1990er Jahre ihre Mehrheit. Einige jüngere Reichstagsabgeordnete, die mit der LDP unzufrieden waren, verließen ihre Partei und gründeten eine eigene (Otake 1996). Die LDP musste vorübergehend mit Koalitionsparteien regieren. In einem langen, schmerzhaften Prozess setzte sich eine Richtung in der LDP durch, welche die Zukunft der Partei in der städtischen Bevölkerung suchte. Premierminister Koizumi Junichiro betrieb neben einer Reform des Wahlsystems, die aber nicht den erhofften Effekt erzielte (Krauss/Pekkanen 2004), unter anderem die Privatisierung der japanischen Post. Damit verfolgte er ausdrücklich das Ziel, eine Basisstruktur der „alten“ LDP zu zerschlagen und der Partei eine Zukunft im Elektorat der Metropolen zu eröffnen (MacLachlan 2004). Darüber kam es zum Bruch mit den LDP-Traditionalisten, welche die Postreform im Parlament scheitern ließen. Koizumi Junichiro veranlasste daraufhin im Sommer 2005 Neuwahlen, die er überraschend gewann. Der Premierminister nutzte diesen Erfolg umgehend, sich die Postreform von der neuen Reichstagsmehrheit genehmigen zu lassen. Der entscheidende Punkt war hier die drohende Zukunftslosigkeit der Regierungspartei LDP. Bei der politischen Begünstigung der bäuerlichen Interessen ist es trotz allem geblieben (Mulgan 2005). Der maßgebliche Unterschied zum politischen Status der Bauern und zum Stadt-Land-Verhältnis in China ist hier schlicht der Faktor Demokratie.

6.2.5 Remonstrieren in der Hauptstadt

Das Übel der örtlichen Willkür wird mit sichtbaren Verursachern verbunden. Wie aus der südlichen Grenzprovinz Yunnan geschildert wird, hatte eine Verwaltungsgemeinde dort rechtswidrig das Pachtland einiger Bauernfamilien enteignet. Mit der Ausweisung zusätzlicher Gewerbeansiedlungsfläche sollte die Gemeinde zur Stadt aufgewertet werden. Als Folge hätten sich die künftigen städtischen Kader auf eine bessere Bezahlung freuen dürfen (Guo 2001a). Die betroffenen Bauern demonstrierten gegen das Anrücken von Polizei und Räumgerät. Ihre Empörung beschränkte sich auf die anordnende Verwaltungsgemeinde. In der Hauptstadt werde die richtige Bauernpolitik gemacht, hieß es in Interviews, auf jeder Stufe darunter werde sie verfälscht. Die Distanz zur Hauptstadt gilt somit als Ursache des Problems. Guo spricht in diesem Zusammenhang von einem janusgesichtigen Staat (Guo 2001a: 47ff.). Der Zentralstaat werde als gerecht, der lokale Staat als ungerecht wahrgenommen. Dass der Zentralstaat so gut davon kommt, hängt damit zusammen, dass er für die Unantastbarkeit des Landbesitzes steht und das Dach über dem Kopf schützt.

In den letzten Jahren häufen sich allerdings Proteste, die sich gerade an diesem Punkt entzünden. Das Dach über dem Kopf ist nicht mehr sakrosankt. Beschwerden über illegale Enteignungen treten als häufigste Konfliktquelle neben den Steuerprotest (Strittmatter 2003d). Der unstillbare Energiehunger der chinesischen Wirtschaft lenkt den Blick der Planer seit langem auf die Nutzung der natürlichen Wasserkraft. Die Flussläufe im gebirgigen südlichen China sollen mit gewaltigen Anlagen gestaut werden. Das größte Projekt, die Stauung des Jangtse durch den Drei-Schluchten-Damm, ist bereits abgeschlossen. Die Planung und Durchführung dieses Mega-Projekts war von heftigen Protesten gesäumt. Hunderttausende mussten ihre Dörfer und Städte verlassen, die im künftigen Staubecken gelegen waren. Die Proteste gegen das Projekt dauern an. Sie richten sich gegen ausgebliebene, veruntreute oder zu gering ausgefallene Entschädigungszahlungen und die Zuweisung ungeeigneter Kompensationsfläche (Jun 1997: 80ff.). Weitere Staudammprojekte werden in Angriff genommen. Die vorausgehenden Enteignungskampagnen gehen wie beim Drei-Schluchten-Damm mit Massenprotesten und massivem Polizeieinsatz einher (Strittmatter 2004b).

Bürger, deren Beschwerden im örtlichen Umfeld ins Leere laufen, suchen ihr Recht nicht selten in Beijing, indem sie versuchen, ihre Klagen direkt bei der Zentralregierung vorzutragen (O'Brien/Li 2004: 81ff.). Es hat sich geradezu ein Beschwerdetourismus in die Hauptstadt entwickelt. Die Beschwerdeführer erreichen im Regelfall nichts, meist finden sie nicht einmal eine Dienststelle, die bereit ist, sie anzuhören. Die Beijinger Polizeibehörden beobachten dieses Phänomen mit Unbehagen. Sie reagieren mit Abschiebung und Meldung an die Ortsbehörden. Besonders beharrliche Beschwerdeführer, die öffentliches Aufsehen zu erregen drohen, werden in Haft genommen. Um ein Exempel zu statuieren, sperrte die Beijinger Polizei im September 2004 beispielsweise Tausende Bittsteller in eine Sporthalle ein, um sie anschließend in ihre Heimatorte zurückzutransportieren (Süddeutsche Zeitung vom 19. September 2004, S. 9).

Vor diesem Hintergrund relativiert sich die These vom janusköpfigen Staat, der in seiner örtlichen Gestalt als feindselig und bedrückend, im weit entfernten

Zentrum aber als wohlmeinend wahrgenommen wird. Dem widerspricht eine andere Studie zwar nicht, aber sie ergänzt, dass es eine Art Sollbruchstelle für den Vertrauensbonus des Zentrums gibt. Sie befindet sich dort, wo der Gegensatz zwischen dem lokalen Despotismus und den guten Absichten des Zentrums mit der Wahrnehmung verbunden wird, dass es dem Zentrum offenbar an der Fähigkeit mangelt, seinen Willen bei den ländlichen Kadern durchzusetzen (Li 2004: 238). Vor allem die Erfahrung, dass man Beschwerdeführer selbst in Beijing abweise, vermittle die Einsicht, dass das Übel seine Ursache auf allen Staatsebenen habe. Insofern könne sich die Vergeblichkeit des eher traditionell verwurzelten Remonstrierens als politische Lektion erweisen, dass die Remedur für die drückenden Probleme der ländlichen Gesellschaft außerhalb der Regimestrukturen gesucht werden müsse (Li 2004: 246f.).

6.2.6 Abschaffung der ländlichen Steuern

Die zahlreichen, nicht nachlassenden bäuerlichen Proteste gegen die Überforderung mit Steuern und Gebühren werden inzwischen als Gefahr für die gesellschaftliche Stabilität wahrgenommen. Seit 2001 unternimmt die politische Führung den Versuch, diese Ursache der Unzufriedenheit zu bekämpfen. Generalsekretär Hu erhob Reformen zu Gunsten der ländlichen Bevölkerung sogar zum Programm. Bisher habe sich alles auf das industrielle Wachstum konzentrieren müssen, nun aber sei es an der Zeit, dass die Landwirtschaft entwickelt werde. Seit 2002 wurden sämtliche legalen Steuern und Gebühren, die von der bäuerlichen Bevölkerung erhoben werden durften, in einer Einheitssteuer zusammengefasst, die technisch als Landwirtschaftssteuer deklariert wurde. Einige Provinzen begannen damit, auf diese Landwirtschaftssteuer ganz zu verzichten, in anderen Provinzen wurde sie herabgesetzt. Getreide produzierende Bauern erhielten darüber hinaus Subventionen, die Getreidepreise wurden freigegeben. Im Jahr 2004 stieg nach langer Zeit wieder die Getreideproduktion (Schlucher 2005: 16).

Das Zentralkomitee der KPCh und der Staatsrat beschlossen im Jahr 2004, die neue Landwirtschaftssteuer auch dort, wo sie noch erhoben wird, ersatzlos abzuschaffen. Im November 2005 verkündete der Ministerpräsident Wen Jiabao stolz, die Steuerbefreiung werde vorzeitig sogar bis Ende 2006 verwirklicht. Gleichzeitig soll die Steuererhebung von den Verwaltungsgemeinden auf die Kreisebene heraufdelegiert werden. Die Ausgaben für Schule und Soziales, bislang Aufgabe der Verwaltungsgemeinden, sollen künftig ebenfalls vom Kreis getätigt werden. Ob diese Kompetenzverschiebung von der bei den Bauern verhassten Verwaltungsgemeinde auf die Kreisbehörden den gewünschten Effizienzgewinn bringen wird, bleibt abzuwarten. Es gibt für die neue Linie kein anderes Personal als jenes, das die bisherige Politik angewendet und sie zum eigenen Nutzen verfälscht hat.

Die Abschaffung der ländlichen Steuern ist ein innerstaatliches Umverteilungsprogramm. Jene durchweg ärmeren Provinzen, in denen die Landwirtschaftssteuer zuletzt über fünf Prozent des steuerlichen Gesamtaufkommens betrug, werden für den Ausfall dieser Steuerquelle mit Transferzahlungen der Zentralregierung entschädigt, so dass ihnen keine Einkommensverluste entstehen. Wo der Anteil der Landwirtschaftssteuer bisher unter fünf Prozent des Provinz-Steueraufkommens gelegen hat, gibt es auch keinen Anspruch auf Ausgleichszahlungen der Zentralregierung. Diese letztgenannten Provinzen müssen den Einnahmenausfall, der vor allem die ländlichen Unterverwaltungen trifft, mit eigenen Mitteln ausgleichen (dazu im Detail Lu/Wiemer 2005).

Die voraussichtlichen Auswirkungen dieser Reform lassen sich schwer abschätzen. Die in den kommenden Jahren wohl gestärkten Kreisbehörden dürften für Missbrauch allerdings kaum weniger anfällig sein als die Verwaltungsgemeinden und Dorfvorsteher, auf deren Dienste wohl auch künftig nicht verzichtet werden kann. In einer korruptionsanfälligen Bürokratie wird jede Ebene, die Geld pumpt, ob nun Steuerzahlungen von unten nach oben oder Transfers von oben nach unten, ihren Schnitt machen wollen. Bei alledem ist der Verbleib des aufgeblähten Personalbestandes der kommunalen Behörden eine offene Frage. Die Reform operiert unter der fiktiven Voraussetzung einer nicht korrumpierbaren Verwaltung. Wie weit sie aber durch die allgegenwärtigen Guanxi und Missbrauch bei den Zigtausenden ländlichen Verwaltungen unterlaufen wird, wird sich erst in einigen Jahren ermessen lassen.

Zum Vergleich: Mit dem Systemwechsel vom sozialistischen zu einem marktwirtschaftlichen System sind auch in den russischen Dörfern dramatische Veränderungen eingetreten. Dort lassen sich seit dem Ende der Planwirtschaft die Auflösung des Dorfes als sozialer Zusammenhang und ein drastischer Rückgang der landwirtschaftlichen Tätigkeit und Ernteerträge beobachten. Nur im Umkreis der großen Städte Russlands und im südrussischen Schwarzerdegebiet gibt es eine intakte bäuerliche Wirtschaft. Erstere macht in wachsendem Maße einer agroindustriellen Bewirtschaftung Platz, die von den Eigentümern großer Industrie- und Energievermögen organisiert wird. Im übrigen, von der Natur mit langen Kälteperioden benachteiligten ländlichen Russland, dessen Dörfer vielfach nicht einmal durch feste Straßen mit der Außenwelt verbunden sind, treten ein bereits genetisch gefährlich werdender Alkoholismus, häusliche Gewalt, Naturalwirtschaft und Diebstahl am Eigentum der auf die blanke Subsistenzfunktion zurückgefallenen Kollektivwirtschaften auf. Gemessen an China sind Russlands Dörfer und die Bauern eine nicht nur wirtschaftlich, sondern auch politisch zu vernachlässigende Größen (Ioffe 2005). Bei alledem ist freilich zu bedenken, dass das post-sowjetische Russland dank des Exports von Energie und Rohstoffen in der Lage ist, Lebensmittel zu importieren. Im Unterschied zu China gibt es in der Bauernschaft keine Tradition, unter Berufung auf ein Gerechtigkeitsprinzip gegen die elende Situation zu protestieren. Ein wirklich demokratisches System würde die elende Situation auf dem Lande im Parteiensystem und in den Wahlergebnissen abbilden. Hier ist in Russland freilich das gleiche Defizit wie in China zu konstatieren.

In Japan treffen wir eine grundlegend andere Situation an. Die Gründe liegen, wie oben bereits skizziert, in der Wählerbasis der größten Regierungspartei LDP im ländlichen Raum, ferner im Direktwahlsystem, schließlich in einer politischen Allianz des Bauernverbandes, des Landwirtschaftsministeriums und der Agrarpolitiker in der LDP. Die Partei nutzt die einschlägigen Ministerien, um mit Bauprojekten, insbesondere Bahn- und Straßenverbindungen, Agrarpreisgarantien, günstigen Krediten und den Sparzinsen des weit verzweigten Postsparkassensystems etwas für ihre treuesten Wähler zu tun. Ihren Einfluss macht sie über Parteigremien, ihre Reichstagsabgeordneten und nicht zuletzt durch die Eigeninteressen der beteiligten Ressorts geltend. Die so genannten Seilschaften (Zokus) der Regierungspartei wirken als Klammer zwischen den beteiligten Institutionen (Kerde 1994). Die einschlägigen Ministerien verwalten weit größere Etats, als es den Bedürfnissen eines infrastrukturell bereits hervorragend entschlossenen Landes entspräche, in dem nur noch ein kleiner Bruchteil der Menschen in der Landwirtschaft arbeitet. Wir haben es hier, wie in China, mit dem bevorzugten parteipolitischen Zugriff auf die machtrelevanten Ressorts zu tun. Im autoritären China wird die Regierungsmacht letztlich durch die Kontrolle der Polizei und des Militärs gesichert, in Japan durch parlamentarische Mehrheiten, die aktiv um ihre Bestätigung durch die Wähler werben und dabei auch eine in den Methoden nicht sonderlich wählerische Klientelpflege betreiben.

6.3 Geburtenkontrolle

Das rasante Bevölkerungswachstum Chinas erkannte bereits die politische Führung der frühen Volksrepublik als Problem. Anfang der 1950er Jahre wurde die Ein-Kind-Politik propagiert. Sie wurde aber noch nicht hart sanktioniert. Nach den Hungersnöten des 1962 endgültig abgeblasenen Großen Sprungs nach Vorn gab es noch stärkere Gründe als vorher, die Geburtenplanung im Großmaßstab durchzusetzen. Die Geburt eines zweiten Kindes wurde mit harten ökonomischen Sanktionen belegt, unter anderem mit der Zurückstellung bei der Zuweisung größerer Wohnungen und mit Einkommenseinbußen, meist einem Fünftel des Jahreseinkommens.

In den Städten wirkten schon die allgemeinen Wohn- und Lebensverhältnisse gegen die Gründung großer Familien. Im Jahre 2001 befanden sich unter den insgesamt 300 Millionen Kindern unter 14 Jahren etwa 60 Millionen Einzelkinder (Strittmatter 2001). Untersuchungen registrieren, dass städtische Paare im Regelfall zwei Kinder, einen Sohn und eine Tochter, wünschen. Dies kann dazu führen, dass bei der Geburt zweier Töchter noch mehr Kinder gewünscht werden, um den ersehnten Stammhalter zu bekommen.

Auf dem Lande hingegen, wo immer noch über zwei Drittel aller Chinesen leben, gilt eine große Nachkommenschaft unverändert als Lebensglück. Vor allem dort sorgt die offizielle Ein-Kind-Politik bis heute für großen Unmut (dazu und im Folgenden detailliert Scharping 2003). Für die bescheidenen sozialen Dienste ist das Dorf verantwortlich. Wegen der geringen wirtschaftlichen Leistungsfähigkeit des Dorfes gelten die ohnehin bescheidenen Leistungsansprüche wenig. Umso wichtiger ist wie von jeher die Familie, insbesondere ein Sohn, von dem erwartet wird, dass er im Hause bleibt und sich um seine Eltern kümmert, wenn diese alt werden. Diese Erwartung wird heute aber vielfach enttäuscht, weil sich die Kinder dem Heer der Wanderarbeiter in den Metropolen anschließen. Dies ist einer der Gründe, warum Dorfbewohner bis ins hohe Alter arbeiten (Pang/de Brauw/ Rozelle 2005).

Die Geburtenkontrollpolitik wird auf dem Lande weithin unterlaufen (Croll 1999: 960f.). Viele Dorfkader geben Fehlmeldungen über die tatsächlichen Geburten heraus, um wenigstens an dieser Front Ruhe zu haben. Weiter oben ist man es zufrieden und fragt nicht nach, weil das wirkliche Ergebnis die Bilanz der eigenen Arbeit trüben könnte. Die Ein-Kind-Politik ist verhasst. Sie bietet dem Dorfvorsteher ein Mittel, um Wohlverhalten zu belohnen. Kooperierenden Dörflern werden mehr Kinder gestattet, als erlaubt ist. Notorische Kritiker werden mit strikter Anwendung der Geburtenkontrollvorschriften bestraft.

Mit dem Übergang zur Reformpolitik am Ende der 1970er Jahre wurde die Geburtenkontrollpolitik noch einmal verschärft. Rüstungswissenschaftler, die als einzige über Großcomputer verfügten und mit Simulationsmodellen vertraut waren, hatten prognostiziert, das damalige Bevölkerungswachstum werde den Wohlfahrtsgewinn jeglicher Reformpolitik zunichte machen. Daraufhin setzte eine brachiale Durchsetzung der Ein-Kind-Politik ein. Sie traf abermals vor allem die bäuerliche Bevölkerung, und sie ging in großem Maßstab mit Zwang einher, unter anderem mit Zwangssterilisierungen, Zwangsabtreibungen und mit der Zerstörung von Hab und Gut jener Bauern, die „überzählige" Schwangerschaften und Geburten verschwiegen hatten. Nach 1984 ruderte die politische Führung ein Stück zurück, weil die Unruhe in den Dörfern zu stark wurde (Greenhalgh 2005). Seither werden Ausnahmen vom Ein-Kind-Prinzip gemacht. So dürfen ländliche Paare ein zweites Kind bekommen, wenn das erste ein Mädchen ist. Seit kurzem wird es Frauen über 35 Jahre erlaubt, ein zweites Kind zu bekommen. Dafür gibt es folgende Gründe:

Erstens bleiben immer noch viele Bauernsöhne nach der Heirat im Haus und sorgen für die Eltern; Töchter hingegen verlassen nach der Heirat das Haus. Zweitens sollen mit der Lockerung Mädchen geschützt werden. Selbst in den Städten werden Mädchengeburten noch durch Abtreibung verhindert. Um dem entgegenzuwirken, wurde 2004 die pränatale Geschlechtsbestimmung per Ultraschall verboten. Auf 100 Mädchen werden heute 117 Jungen geboren. Schon heute lässt sich absehen, dass allein auf dem Lande an die 40 bis 70 Millionen junge Bauern mangels Frauen im gleichen Alter keine Familien werden gründen können (Strittmatter 2001).

6.4 Teilrückzug des Staates: Die Retraditionalisierung der dörflichen Gesellschaft

Die Ausbeutung der Bauern durch die Kader ist die eine Seite der Politik im ländlichen Raum, die Abkoppelung ganzer Dörfer vom staatlichen Verwaltungssystem ist die andere. Viele Dörfer Zentral- und Südchinas haben ihre traditionelle Autonomie dank der Rückbesinnung auf alte Traditionen zurückgewonnen (Chang, C. 1995). Klans und buddhistische Tempelvereinigungen treten wieder als Faktoren des örtlichen Lebens hervor (Yuan 1996, Cao 2005: 32ff.). Die Grundlage des Klans ist ein gemeinsamer Urahn und Namenspatron. Dörfer, deren Bewohner denselben Namen besitzen oder die sich in lediglich zwei Namensgruppen gliedern, sind nichts Ungewöhnliches. In diesen Dörfern gelten bereits vor Jahrzehnten aus anderen Provinzen zugewanderte Familien noch als fremd. Mit der Wiederbelebung der Tradition haben die Klans Ahnenhallen errichtet. Sie nehmen auch Wohlfahrtsaufgaben wahr und kompensieren die Inaktivität und Defizite der Dorfverwaltungen (Croll 1999: 969). Bis zu 50 Prozent der ländlichen Kader haben sich in einigen Landstrichen in die restaurierte Klan-Kultur integriert oder sie huldigen den Praktiken des Volksglaubens, u.a. dem Feng shui (China aktuell 1999: 115). Klanführer lassen sich zu Dorfvorstehern wählen. Die Klans bringen nicht nur Sonnenschein in die Dörfer. Seit den 1990er Jahren ist es immer wieder zu bewaffneten Auseinandersetzungen verfeindeter Klans über Landbesitz und Begräbnisstätten gekommen. Einige konnten nur mit Hilfe der Armee beendet werden. Die Partei tritt dort, wo solche Traditionen aufleben, so gut wie überhaupt nicht mehr in Erscheinung (Zhao 1997).

So wird von Dörfern berichtet, in denen der Vorsteher die Klanchefs bat, ihm beim Geldsammeln für den Bau von Schulgebäuden oder festen Straßen behilflich zu sein. Solche Sammlungen sind anderswo ein verhasstes Ärgernis. Ihre Anordnung steht anderswo im Verdacht, die Kader zu bereichern (Tsai 2002). In diesem Fall fand die Aktion ein positives Echo, weil sie durch die Beteiligung der Klans einen Vertrauensbonus erhielt.

Die Dorfvorsteher leben leichter, wenn sie im Strom der örtlichen Traditionen schwimmen (Yan 1995, Tørgersen 2000: 138). Dieser Umstand begünstigt auch das Wiederaufleben der Feng shui-Tradition. Ein Meister des Dao wird konsultiert, der nach der Beobachtung von Wind, Wasser und Landschaft dazu rät, wie und wo am besten zu bauen ist und wie Krankheiten und Unwohlsein bekämpft werden können (Bruun 1996). Das einst flächendeckende System von Krankenstationen, Kliniken und Ärzten, das China in den 1950er und 1960er Jahren positiv von den Landgebieten der Dritten Welt unterschieden hat, ist inzwischen so stark zurückgebaut worden, dass bei der Krankenbehandlung vielfach traditionelle Heilkundige wieder zur ersten Adresse geworden sind. Auch der Buddhismus lebt wieder auf. Mönche und Priester wirken an Familienfeiern mit.

6.5 Genossenschaftliche Unternehmen (TVEs)

Von den Skylines, den High-tech-Fabriken, den Börsen und den Nobelbars der Küstenmetropolen und der Hauptstadt sind die Dorfarmut und die dörfliche Tyrannei zumeist recht weit entfernt. Im engeren Umfeld der boomenden Küstenstädte hat ein anderer Typus dörflicher Gemeinden Fuß gefasst. In den wachstumsintensiven Provinzen zwischen Shanghai, Hong Kong und Kanton sind das Landleben und die dörfliche Politik bereits vom Zuschnitt der benachbarten Metropolen geprägt. Ihre landwirtschaftliche Produktion bedient die Nachfrage der großen Städte. Sie ist marktorientiert und flexibel. In den Dörfern selbst sind industrielle Arbeitsplätze – in kommunaleigenen und privaten Betrieben – vielfach bereits wichtiger geworden als die Landwirtschaft. Die Verwaltungsgemeinden und Dörfer profitieren vom Gewinn der kommunalen Unternehmen und von der Ansiedlung privater Unternehmen. Für die Finanzierung der örtlichen Aufgaben spielen dort landwirtschaftliche Steuern keine große Rolle mehr. Auch der Umgang mit kostensensiblen Investoren hinterlässt seine Spuren. Keine Verwaltung kann es sich leisten, potenzielle Anleger zu verschrecken.

Die Reformpolitik der frühen Jahre erlaubte es den Dorfverwaltungen und Verwaltungsgemeinden, genossenschaftlich verfasste und gewinnorientierte Fabriken zu betreiben. Diese so genannten Town and Village Enterprises (TVEs) stellen Produkte für den Markt her (Heberer/Taubmann 1998: 169ff.). Es handelt sich um eine breite Palette von Kleinstbetrieben bis hin zu größeren Fabriken. Die TVEs bieten der ländlichen Bevölkerung Arbeitsmöglichkeiten und den kommunalen Betreibern eine zusätzliche Einkommensquelle. Die meisten TVEs stellen dank billiger Arbeit einfache Massenprodukte (Plastik, Textilien) her. Die profitablen TVEs konzentrieren sich in den Küstenprovinzen. Dort werden 86 Prozent der gesamtchinesischen TVE-Exportleistungen und 80 Prozent aller von den TVEs erbrachten Gewinne erwirtschaftet. Allein 40 Prozent aller Beschäftigten in TVEs konzentrieren sich in vier Provinzen: Guangdong, Jiangsu, Shandong (an Beijing angrenzend) und Zhejiang (an Shanghai angrenzend) (Ho/Lin 2004: 91).

Als Manager der TVEs fungieren die Dorf- oder Verwaltungsgemeindevorsteher (Zhou 1996: 128ff.). Diese Aufgabe nimmt einen Großteil ihrer Zeit in Anspruch (Chan/Madsen/Unger 1992). Ihre Leistung wird daran gemessen, dass sie die kommunalen Unternehmen konkurrenzfähig halten (Heberer 1998: 395; dazu an einem Fallbeispiel auch Walder 1998). Inzwischen existiert ein Markt für fähige Geschäftsführer der TVEs, die zum Teil einflussreiche Gestalten in der örtlichen Machtstruktur geworden sind (Yep 2000). Auch die Bauern der stadtnahen Dörfer erzielen zufrieden stellende Einkommen, weil sie für die städtischen Märkte produzieren. Der Lebensrhythmus und die gesellschaftlichen Usancen dieser Dörfer haben sich dem Stadtleben angepasst. Lohnarbeit hat die überlieferte Nachbarschaftshilfe abgelöst; Geldzahlungen haben den Rekurs auf Guanxi verringert (Wilson 1997, Yan 1996). Dank der besseren Einkommenssituation haben die Dörfer in den metropolennahen Regionen geringere Schwierigkeiten, ihr Steuersoll zu erfüllen und Schulen, Straßen und Sozialeinrichtungen zu finanzieren.

Die übergeordneten Verwaltungen, d.h. die Kreis- und Provinzbehörden, unternehmen immer wieder einmal den Versuch, die TVEs mit Steuerforderungen und Gebühren auszubeuten. In solchen Fällen organisieren lokale Kader und TVE-Manager gemeinsam Proteste, um das Ausbluten ihrer wichtigsten Einnahmequellen zu verhindern (Thornton 2004: 91). Dies zeigt, dass die TVEs letztlich ein – allerdings recht beharrungsfähiges – Phänomen des Übergangs von der gemischten Wirtschaft der Reformzeit zur entwickelteren Marktwirtschafts sein mögen.

Die TVEs haben den Höhepunkt ihrer Bedeutung anscheinend überschritten. Bei den TVEs handelt es sich um kommunale und damit auch politisch gesteuerte Unternehmen. Sie gehören letztlich den Gemeindemitgliedern. Aus diesem Grund werden bevorzugt Dorfbewohner beschäftigt, weniger jedoch Lohnarbeiter. Die Gemeindekader nutzen hier auch die Möglichkeit, Verwandte, Freunde und Familienmitglieder unterzubringen (Pei 2002: 295).

Private Unternehmen sind in vielen ländlichen Gebieten bereits eine wichtigere Einkommens- und Beschäftigungsquelle geworden (Wang 2005: 186f.). Weil das Land, auf dem sie ihre Betriebe errichten, der Gemeinde gehört, müssen sie freilich eine Pacht an die Gemeinde zahlen. Die TVEs hatten ihre Blütezeit, als das Produktionsangebot noch gering, die Nachfrage aber groß war. Dieser Anbietermarkt ist inzwischen einem Käufermarkt gewichen. Technologie und Produktqualität bestimmen die Wettbewerbsfähigkeit hier und dort bereits stärker als geringe Arbeitskosten. Ländliche Privatunternehmer haben hier dank ihrer Verfügung über Kapital einen Vorteil, der die unvermeidlichen Pachtkosten für Grund und Boden mehr als ausgleicht (dazu ausführlich Pei 2002: 301ff.). Die seit einigen Jahren beobachtete Verdrängung der TVEs durch teils ausländische, teils chinesische Produzenten (Unger/Chan 1999: 56ff.) hat sich verstetigt. Zwischen 1995 und 2000 verzeichneten sowohl die Anzahl als auch das Beschäftigungsvolumen der TVEs einen dramatischen Rückgang (Tian 2004: 54f.).

Der Unterschied der wohlhabenderen zu den ärmeren und peripheren Dörfern ist nicht mit dem Lineal gezogen. Selbst im Hinterland der wohl reichsten Provinz Guangdong gibt es noch bettelarme Dörfer, in denen es den Menschen nicht besser geht als den Dörflern in klassischen Armutsprovinzen.

6.6 Politik in den Städten

6.6.1 Ausgangspunkt der Veränderungen in den Städten: die Danwei

Betrachten wir noch eine weitere, jetzt allerdings für die Städte typische Institution des sozialistischen China, in der die Segregation der städtischen und der bäuerlichen Lebensweise zum Ausdruck kam – die Danwei (Li 1991: 195ff., Heberer 2003a: 73ff.). Die in der sozialistischen Ära in den Städten allgegenwärtige Danwei bezeichnete die städtische Arbeitseinheit – einen Produktionsbetrieb, ein Krankenhaus, eine Schule oder eine Verwaltung. Die Danwei war Arbeitsstätte, Wohnungsverwaltung, Poliklinik und Sozialstation in Einem. Ein Stadtbewohner, der keiner Danwei angehörte, besaß praktisch keine materielle Existenzgrundlage. Die Rundumversorgung durch die Danwei war wohl umfassend, hielt sich aber auf bescheidenem Niveau. In den Städten war Wohnraum notorisch knapp, die Wohnverhältnisse waren extrem beengt. Alt und Jung, Berufstätige und Rentner lebten gemeinsam in winzigen Wohnungen. Die Danwei war auch für die Einhaltung der Ein-Kind-Politik zuständig (Lü 1997). Die privaten Arbeitsverhältnisse, der kommerzielle Wohnungsbau und die Privatisierung vieler Staatsbetriebe haben die Danwei stark abgewertet (Chan 1993). Eine Grundsatzentscheidung der politischen Führung im Jahr 2002, die Beschäftigungsgarantie in den staatlichen Unternehmen nur noch bis 2007 aufrechtzuerhalten, dürfte der Danwei den Todesstoß versetzen (Dittmer/Lu 1996: 250).

6.6.2 Veränderungen der städtischen Gesellschaft durch die Reformpolitik

Die Städte weisen einen anderen Problemhaushalt auf als die Zigtausende Dörfer. Die Auflösung der Danwei und der Niedergang der Staatsindustrie gehen Hand in Hand. Selbst eine boomende Megastadt wie Shanghai, ein Investitionsschwerpunkt chinesischer und ausländischer Unternehmen, trägt schwer an der Last, die ihr die früheren Staatsunternehmen hinterlassen haben. Dort gibt es zumindest für die Jüngeren einen Ausgleich in Gestalt privatwirtschaftlicher Arbeitsplätze. Jüngere und gut verdienende Beschäftigte schließen bereits private Kranken- und Altersversicherungen ab. Sie entlasten damit die staatlichen und städtischen Behörden, die noch gar nicht richtig auf eine aktive Sozialpolitik eingestellt sind (Croll 1999: 696). Die Zentralregierung hat in ausgesuchten Provinzen mit Ersatzsystemen für die Danwei experimentieren lassen. Die vorhandenen staatlichen Kranken- und Rentenversicherungen werden aus Beiträgen der Arbeitgeber und der Beschäftigten finanziert. Diese Versicherungen stellen jedoch auf legale Stadtbewohner ab (China aktuell 2000: 18, Fang 1995: 103ff.).

Die bessere Organisationsfähigkeit der Stadtbevölkerung und die besonderen Risiken urbaner Proteste für das politische System haben dazu geführt, dass die Menschen in den Großstädten und in den urbanisierten Küstenprovinzen besser versorgt werden als die Landbewohner. Die Spaltung zwischen Stadt und Land setzt sich aus anderen Gründen wie in der Mao-Ära, aber mit ähnlichen Konsequenzen zum Nachteil der bäuerlichen Bevölkerung fort (Zhang 2003a: 993).

Im Guten wie im Schlechten hat die vor über 20 Jahren beschlossene Dezentralisierung des politischen Systems die Spielräume der Staats- und Parteikader in den Städten erweitert. Viele Funktionäre ziehen es vor, lieber der Chef im Ring einer überschaubaren, entwicklungsfähigen Stadt zu sein, als auf die höchst ungewisse Chance hinzuarbeiten, später einmal in die Zentraldienststellen des Staates und der Partei aufzusteigen. Allianzen mit der örtlichen Wirtschaft erlauben es zudem, mit Aufträgen und Jobs Anhänger zu belohnen und Skeptiker auszumanövrieren. Dass die Grenze zwischen Guanxi und Korruption hier besonders heikel ist, bedarf keiner näheren Erläuterung (Nevitt 1996: 38).

Wie in aller Welt, so werben auch chinesische Kommunalbehörden um Industrieansiedlungen. Uneigennützig gehen die verantwortlichen Kader dabei nicht vor. Sogar im liberalen Guangzhou, der Provinzhauptstadt Guangdongs, stöhnen Investoren über vielstufige Genehmigungsprozesse – jede Stufe trägt ihr Preisetikett. Es ist ein offenes Geheimnis, dass die kommunalen Funktionäre auf diese Weise ihr Salär aufbessern und schwarze Kassen bilden, deren Bestand in Abständen an die Mitarbeiter der Ämter ausgeschüttet wird, etwa in Gestalt von Veranstaltungen geselliger Art. Im Süden Chinas wird ungenierter zugelangt als im Norden. In den ganz großen, namentlich den regierungsunmittelbaren Städten sehen die städtischen Kader einander auf die Finger, dort wird vorsichtiger agiert.

6.6.3 Protestpotenzial in der städtischen Gesellschaft

Fallstudien zeigen, dass die Stadtregierungen große Spielräume besitzen, um ihre Probleme zu lösen. Einige Städte kümmern sich offensiv um die sozialpolitischen Probleme, die im Gefolge der Auflösung staatlicher Betriebe auftreten, insbesondere um das gebrochene Versprechen der Eisernen Reisschüssel bzw. des Eisernen Bürostuhls, das vor allem Älteren und Menschen in den mittleren Lebensjahren trifft. Dort organisieren die Kader auf kommunaler Ebene eine Umverteilung, indem sie die Krankenversicherung und gesundheitliche Betreuungsangebote fördern. Andere Stadtregierungen überlassen die Probleme sich selbst und hoffen darauf, dass erwachsene Kinder ihren Eltern unter die Arme greifen, was bis heute in erstaunlich hohem Maße der Fall ist (Whyte 1997). Einige Städte betreiben Arbeitsbeschaffung, indem sie öffentlich finanzierte Projekte anschieben, andere üben sich im Laisser-faire. Die kommunale Politik zeigt also ein sehr uneinheitliches Bild (Solinger 2001: 124).

Ähnlich verhält es sich im Umgang mit den irregulären Wanderarbeitern. Einige Städte unterlaufen die Wanderungsrestriktionen, weil billige Arbeit willkommen ist. Andere handhaben sie mit aller Rigidität, die diese recht stark aufgeweichte Policy noch hergibt. Beijing erwartet, dass die privaten städtischen Arbeitgeber Stadtbewohner beschäftigen, um ehemaligen Beschäftigten der Staatsindustrien Arbeit zu geben. Die örtlichen Behörden drücken aber vielfach die Augen zu, wenn private Unternehmen mit billigen Arbeitskräften vom Lande produzieren.

Die Behördenwillkür dürfte in den Städten insgesamt geringer sein als auf dem Lande. Vorhanden ist sie aber auch dort. Dies gilt vor allem für die großen Bauprojekte etwa in Beijing oder Shanghai, denen die traditionellen – früher das Stadtbild bestimmenden – Wohnviertel zum Opfer fallen. Diese Viertel sind den Reichen ebenso wie den Kadern ein Dorn im Auge (Dutton 1998: 192ff.). Sie werden für den Abriss vorgesehen, um Platz für moderne Wohnkomplexe zu schaffen. Die Geschädigten erhalten für die Enteignung einen sehr geringen Ausgleich, die Bulldozer verschonen jedoch die Häuser hoher Militärs und Funktionäre (Lorenz 2003: 136). Klagen über die Wegnahme von Grundstücken, Häusern und Wohnungen bilden inzwischen die Hauptquellen für städtische Proteste und Unruhen (Strittmatter 2003d).

Treibende Faktoren dieser Entwicklung sind nicht nur Investoren, die Geschäftsgebäude und Shopping Malls bauen wollen, wo noch Jahrhunderte alte Häuser und Wohnquartiere existieren. Auch die wachsende städtische Mittelschicht heizt den Grundstücksmarkt an. Das Handy ist dort bereits eine Selbstverständlichkeit, ebenso die ganze Palette elektronischer Unterhaltungsgeräte. Immer mehr Mittelschichtenfamilien leisten sich einen privaten Pkw; selbst der

Hund – im sozialistischen China als Haustier verbannt – hat in den großen chinesischen Städten als Statuszubehör wieder Einkehr gehalten. Das eigene Haus oder die Eigentumswohnung sind, wie in aller Welt, zum Eckstein der Lebensqualität geworden. Sogar „gated communities", abgeriegelte Wohnbezirke, wie man sie aus den USA, teilweise auch aus Europa schon kennt, die unerwünschte Personen aus dem gewählten Wohnmilieu aussperren, sind hier und dort eingerichtet worden. Gebaut wird in die Höhe, weil der Boden knapp ist. Weichen müssen nicht nur alte Wohnquartiere, sondern auch die Wohnblocks sowjetischen Stils, die früher einmal als Belegschaftswohnstätten in der Nachbarschaft der großen Staatsbetrieben gebaut worden waren. Grundstückspekulanten und krumme Deals zwischen Immobilienunternehmern und Kommunalbehörden stehen in voller Blüte (Tomba 2004).

Die Reichen Chinas wohnen in den Städten, wo sie auch arbeiten. Eine Suburbanisierung der Metropolregionen durch kompakte Einzelhaussiedlungen, wie man sie aus anderen Industrieländern kennt, gibt es in China im großen Maßstab noch nicht. Der Nahverkehr bietet wenig Komfort und erzwingt lange Fahrzeiten, die Verkehrsadern sind nicht auf große Autopendlerströme ausgelegt; die dichte Besiedlung lässt den Verkehrsplanern wenig Spielraum. Vor diesem Hintergrund gedeiht die unrechtmäßige Räumung der Wohnungen zumeist ärmerer Menschen in den zentral gelegenen Wohnquartieren. Investoren, die dort ihre Bauprojekte realisieren, finden in den kommunalen Funktionären wohlfeile Helfer (Johnson 2004: 92f., 102).

In diesem Zusammenhang bietet sich ein kurzer Blick auf die Falun-Gong-Bewegung an, bei der es sich um Wesentlichen um ein Phänomen handelt, das die städtischen Unter- und Mittelschichten charakterisiert. Sie fußt auf der Lehre des Sektengründers Li Hongzhi, die sich unter anderem aus den Quellen des Buddhismus und Daoismus speist (dazu ausführlich Reiter 2002: 208ff:). Li verbreitet seine Heilsbotschaft seit 1992. Ihre Attraktivität resultiert zu einem guten Teil aus dem Versprechen, gemeinsame Atem- und Bewegungsübungen schützten vor Krankheit. Mit dem Verfall der Danwei und der Staatsbetriebe sind medizinische Leistungen für Viele nicht mehr erschwinglich. Die Staatsmacht reagiert auf Falun Gong mit massivster Repression. Der Sektenführer Li emigrierte 1995 nach New York; von dort aus wirkt er weiter nach China hinein. Die Fähigkeit der Anhänger, trotz der staatlichen Überwachung friedliche Massenzusammenkünfte zu organisieren, nicht zuletzt auch die Größe der Bewegung mit geschätzten 70 Millionen Anhängern fordern die Partei heraus, obgleich die Bewegung keine politischen Ziele verfolgt. Ganz richtig erkennt die politische Führung darin aber ein Phänomen, das die Suche nach Wohlbefinden, Gemeinschaft und Geborgenheit im rauen städtischen Milieu zum Ausdruck bringt (dazu informativ Henri Bork 2005).

In Japan zeigte sich in den 1960er Jahren ein vergleichbares Phänomen. In dieser Zeit machte die japanische Gesellschaft gewaltige Veränderungen durch. Viele, gerade ärmere Japaner vermissten im städtischen Milieu die Wärme und Geborgenheit, die sie noch vom Leben auf dem Lande oder vom beschaulichen Rhythmus des Stadtlebens in früherer Zeit gewohnt gewesen waren. Die buddhistische Sekte Sokka Gakkai rekrutierte aus dieser Schicht eine breite Anhängerschaft. Später ging aus dem Umfeld der Sokka Gakkai die Gerechtigkeitspartei hervor, die im Lager der oppositionellen Parteien Japans bis heute eine bedeutende Kraft darstellt. Es ist denkbar, dass die chinesische Parteiführung bei der Bewertung der Falun-Gong-Bewegung dieses japanische Phänomen vor Augen hat.

7 Die Organisationsfähigkeit gesellschaftlicher Interessen und der politische Dissens

7.1 Unternehmerische und gewerbliche Interessen

Vier Kategorien von Unternehmen lassen sich auf dem chinesischen Markt unterscheiden. Die wichtigste umfasst ausländische und private Unternehmen. Darunter fallen zum einen a) europäische, japanische und US-amerikanische Produzenten. Sie lassen High-tech-Produkte fertigen und gehören zur Liga der Weltkonzerne. Zum anderen handelt es sich b) um kleine, mittelständische Unternehmen, unter anderem aus Taiwan, Korea und Singapur, die mit wenig qualifiziertem Personal arbeiten (Wang 2001: 40f.). Die mächtigsten Investitionsanreize sind billige Arbeit und – gemessen an Europa und Asien – ein niedriges Steuerniveau. Daneben gibt es noch c) eine Reihe chinesischer Staatsunternehmen sowie d) eine breite Palette von chinesischen Privatunternehmen, die von randständigen Selbständigen bis zu größeren Produktions- und Dienstleistungsfirmen reicht (Li, C. 2001b).

7.1.1 Kleingewerbe

Die chinesischen Privatunternehmer werden in Geti und Siying unterschieden. Die Siying sind private Unternehmer, darunter solche mit kleineren, aber auch mit großen Betrieben. Bei den Geti handelt es sich um kleine Selbständige in Handel und Gewerbe. Beispiele bieten fliegende Händler, Markthändler, Imbissbetreiber, Schneider, Schuster, Fahrradmechaniker, Schlosser – alle typischen Berufe der alltäglichen Dienstleistungen. Diese Kleingewerbetreibenden arbeiten mit geringstem Kapitaleinsatz; in der Regel arbeiten sie auch ohne Angestellte. In den Anfangsjahren der Reform wurde mancher Geti vermögend. Ihre Leistungen füllten die Lücken des planwirtschaftlichen Systems. Eine Studie berichtet von Straßenhändlern in Großstädten, die per Flugzeug oder Bahn mit einigen Koffern ins südliche China reisen, um im Direktkauf ihren Warenbestand aufzufüllen. Die Anzahl der Geti hat sich in den letzten Jahren stark erhöht. Dies geschah allerdings aus einer Notsituation heraus: Die zahlreichen Entlassenen der Staatsbetriebe versuchten, hier einen neuen Gelderwerb zu finden (Unger 1996: 806).

Die Geti wünschen den Staat und seine Behörden auf Distanz. Sie sehen sich durch Lizenzen, Standgebühren und Steuern übermäßig reglementiert und ausgebeutet. Abwehrinstinkte solcher Art charakterisieren indes Kleingewerbetreibende nicht nur in China, sondern in aller Welt. Um diese Selbständigen zu organisieren, sie zu beobachten und zu steuern, hat das Regime eine Vereinigung der Kleingewerbetreibenden ins Leben gerufen. Ihre Vertreter arbeiten unter Anleitung der kommunalen Verwaltungen. Sie haben das Recht, Mitgliedsbeiträge zu erheben und auf die Einhaltung gewerblicher Standards zu achten. Hier und dort sorgen sie auch für Krankenversicherungsschutz und andere soziale Leistungen. Die Geti meiden den Kontakt mit dieser Organisation, die unter anderem den Zweck verfolgt, die Steuerdisziplin dieser Gruppe zu überwachen.

Nicht nur in China ist diese Erwerbsgruppe schwer organisierbar. Ihre Mitglieder sind wie in aller Welt extrem konkurrenzorientiert. Die für sie zuständigen, formell nicht-staatlichen Vereinigungen verkörpern tatsächlich an die Stadtverwaltungen gebundene Organisationen, die einer Reihe von Angestellten Lohn und Brot geben. Diese Bediensteten sind zudem durch eine Uniform als solche zu erkennen. Der auch hier verbreitete Brauch, das bescheidene Salär durch Schmiergelder aufzubessern, tut ein Übriges, um das Misstrauen zu nähren (Nevitt 1996: 27ff., Unger 1996: 806, Perry 1999).

7.1.2 *Größere Unternehmen*

Seit 1988 ist es Unternehmensgründern erlaubt, mehr als acht Arbeiter oder Angestellte zu beschäftigen. In China soll es heute an die drei Millionen Vermögensmillionäre geben. Ein 30 Jahre alter Internet- und Mobilfunkunternehmer erreichte 2003 mit 990 Millionen Dollar fast schon Milliardärstatus (China aktuell 2003: 1201). Eine Anfang 2004 beschlossene Verfassungsänderung zur Garantie des Privateigentums ist vor allem auf die Bestandssicherheit inländischer Unternehmer berechnet (Süddeutsche Zeitung vom 15.3.2004: 9). Nach bescheidenen Anfängen haben sich aus der Gruppe der Privatunternehmer vor geraumer Zeit große Unternehmen herausgeschält, die bis in die High-tech-Produktion vorgestoßen sind (Pearson 1997: 333f., Kennedy 1997). Supergroße Firmen gibt es zwar, aber sie entsprechen nicht der chinesischen Tradition. Auf dem chinesischen Festland ist es, wie auf Taiwan oder in Hong Kong, üblich, Gewinne nicht in die Expansion einer Firma zu stecken (Lam/Clark 1994). Stattdessen werden damit Parallel- und Tochterfirmen aufgezogen. Ihre Leitung wird vorzugsweise Verwandten des Firmeneigners anvertraut (Wong 1996, Wank 1996: 837). In konfuzianischer Manier gilt die Verlässlichkeit unter Verwandten größer als diejenige fremder Manager. Bloße Firmengrößen lassen keine allzu weiten Schlussfolgerungen auf die dahinter stehenden Personen und Vermögen zu. Als Gruppe haben die Unternehmer ein entspanntes Verhältnis zu Staat und Politik. Erfolgreiche und vermögende Unternehmer genießen bei den Kadern hohes Ansehen. Diese Haltung paust sich bis auf die kommunale Ebene durch. Wie die ausländischen Unternehmen behaupten sich chinesische Unternehmer in einem Umfeld, in dem sie fortwährend mit Genehmigungsbehörden und Beamten zu tun haben. Dabei kommt das traditionelle Sozialkapital der Guanxi zum Tragen.

Tabelle 14: Wertschöpfungsbeitrag der Wirtschaftszweige 1990-2004 (in Prozent)

	Land- und Forstwirtschaft, Fischerei	*Bergbau, Energie, Bau, verarbeitende Industrie*	*– davon verarbeitende Industrie*	*Dienstleistungen, privat und öffentlich*
1990	41,9	41,0	*– 39,7*	17,1
1991	7,1	62,8	*– 58,0*	30,1
1992	8,4	64,5	*– 57,6*	27,2
1993	8,1	67,7	*– 61,1*	24,2
1994	6,8	70,5	*– 65,o*	22,7
1995	9,4	67,4	*– 61,3*	23,2
1996	10,0	66,4	*– 61,7*	23,6
1997	7,1	63,8	*– 62,2*	29,1
1998	7,7	62,3	*– 56,7*	30,0
1999	6,5	62,9	*– 59,9*	30,7
2000	4,8	66,0	*– 62,6*	29,2
2001	6,1	56,5	*– 50,5*	34,7
2002	5,4	59,6	*– 52,7*	35,0
2003	3,9	68,4	*– 60,1*	27,7
2004	9,2	61,8	*– 56,0*	29,0

Quelle: China Statistical Yearbook 2005, S. 57, Tab. 3-8.

Das gilt besonders für die örtliche und regionale Politik. Dort besitzen jene Kader, die sich für den Karriereweg des „großen Fisches im kleinen Teich" entschieden haben, ein genuines Interesse, sich mit privaten Unternehmern zusammen zu tun. Im günstigen Falle ergeben sich Möglichkeiten, Wachstum und Beschäftigung anzukurbeln, prestigeträchtige Projekte zu realisieren und höheren Orts mit positiven Ergebnissen aufzufallen. Die größeren Produzenten haben eine Reihe gemeinsamer Anliegen, z.B. Verkehrsplanung, Strompreise, Umweltauflagen und Arbeitsrecht. Diese Politikfelder sind in demokratischen Gesellschaften ein Tummelplatz der einschlägigen Verbände, geht es doch darum, allgemeine Rechtsbestimmungen zum Vorteil einer Klientel zu beeinflussen.

Doch allgemeine Regeln sind in China, wie mehrfach dargelegt, unterentwickelt. Auch für die größeren Unternehmen sind persönliche Bekanntschaften und Beziehungen die Schlüssel zum Erfolg.

7.1.3 Unternehmer und ihr Verhältnis zur Politik

Die kulturell bedingte, hochgradige Personalisierung der Kontakte zwischen der Geschäftswelt und der Welt der Politik gestaltet die Repräsentation kollektiver und nicht auf den Einzelfall bezogener Interessen schwierig. Bedenkt man noch die ungeheure Vielfalt der Regionalkulturen und die Verschiedenheit der Beziehungsgeflechte, so dürfte deutlich werden, dass China wohl insgesamt ein kapitalistisches System geworden sein mag, dass die Kapitalinteressen alles in allem aber noch wenig Kraft zur Verständigung auf gemeinsame politische Ziele und Strategien besitzen.

Die Politikwissenschaft arbeitet gern mit dem Bild korporatistischer Interessenvertretung, um den Stellenwert organisierter Interessen in der Politik zu charakterisieren. Die korporatistische Interessenvertretung wird dabei von der pluralistischen Interessenstruktur unterschieden. Eine pluralistische Interessenlandschaft zeichnet sich durch ihre fluide Struktur aus: Verbände, Firmen und Vereine wirken im Alleingang oder in vorübergehenden Zweckallianzen auf Politik und politische Verwaltung ein; starke und schwache Einzelkämpfer prägen das Bild. Im korporatistischen Interessensystem agieren demgegenüber starke Verbände mit dem Anspruch, ein möglichst breites Spektrum einer spezifischen gesellschaftlichen Klientel zu repräsentieren. Dank ihrer Repräsentativität werden die Verbandsspitzen von der Regierung als Gesprächs- und Verhandlungspartner akzeptiert. Lehmbruch bezeichnet diese Art von Korporatismus als „liberal", weil es sich um freie Verbände handelt, die sich in der Konkurrenz mit anderen Verbänden behaupten oder die durch eine erfolgreiche Tätigkeit das Aufkommen alternativer Verbände verhindern (Lehmbruch 1977/78). Für China kommen weder der pluralistische noch der liberal-korporatistische Modus in Frage. Beide können sich nur in demokratischen Systemen entfalten.

China verkörpert ein autoritäres System. Schmitter hat allerdings auch für autoritäre Systeme einen korporatistischen Modus ermittelt. Dieser Staatskorporatismus verordnet Zwangsverbände. Der Hauptzweck dieser Verbände besteht darin, die Interessen der von ihnen repräsentierten Gruppen mit dem Bestandsinteresse des autoritären Systems in Einklang zu bringen. Dies bedeutet, dass die korporativen Verbände durchaus die Interessen ihrer Mitglieder geltend machen dürfen, dass ihre Mitglieder aber keine Chance haben, einen anderen Verband zu gründen, und dass ferner der Staat die Grenzen des Verbandshandelns kontrolliert (Schmitter 1974). Dass die politische Führung Chinas korporatistische Verbände präferiert, steht außer Frage. Doch für einen staatskorporatischen Beteiligungsmodus genügt nicht einfach der politische Willen und auch nicht das Vorhandensein entsprechender Vereine und Organisationen. Maßgeblich ist vielmehr die Fähigkeit des Staates und der staatlich kontrollierten Organisationen, eine umfassende Repräsentation zustande zu bringen. Und genau hier liegt der Schwachpunkt für die Herausbildung effektiver staatskorporatischer Strukturen in China. Wo schon die Zentralregierung erhebliche Schwierigkeiten hat, die Implementation der von ihr gewollten Politik bis auf die unteren Verwaltungsebenen zu gewährleisten, dürfte es kaum weniger schwierig sein, die staatlicherseits gegründeten oder geduldeten Verbände in eine bestimmte Richtung zu lenken.

Einen veritablen gesamtchinesischen Unternehmerverband mit der dazu gehörenden langen Delegationskette von kleineren Städten und Provinzen bis hin zum Gesamtstaat gibt es noch nicht (Heberer 1996). Damit fehlen die grundlegenden Voraussetzungen für einen wie auch immer beschaffenen Korporatismus (Unger/Chan 1995: 38f.).

Einer flächendeckenden Repräsentation kommt der Bund für Industrie und Handel noch am nächsten (Parris 1999: 276f.). Er fungiert als Kontaktstelle zwischen der Partei und den Unternehmern im privaten Sektor der Volkswirtschaft. Er ist konföderativ aufgebaut und überwölbt als Dachorganisation die zahlreichen Handelskammern in den Provinzen, Kreisen und Städten Chinas. Der Bund zählte im Jahr 2000 1,5 Millionen Mitglieder, davon etwa zwei Drittel private Unternehmen unterschiedlicher Rechtsform (Holbig/Reichenbach 2005: 112). In den wirtschaftlich schwächer entwickelten Provinzen treten die Mitgliedskammern eher als verlängerte Arme der staatlichen Stellen auf, von denen sie förmlich beaufsichtigt werden. In den entwickelteren Provinzen hingegen wirken die Mitgliedskammern bereits als Interessenvertretungen der Mitgliedsunternehmen. Im Übrigen sind die Kammern Service-Agenturen der beteiligten Firmen: Sie beraten, informieren über Märkte und leisten Unterstützung bei der Abwicklung von Auslandsgeschäften (Holbig/Reichenbach 2005: 105ff. 119ff.).

Die größten chinesischen Privatbetriebe organisieren sich in der Vereinigung der Unternehmensleiter, einem Unternehmer- und Managerverband, der für chinesische Verhältnisse recht staatsfrei agiert (Howell 1998: 66). Dieser Verband finanziert sich seit 1997 vollständig aus Mitgliedsbeiträgen und Entgelten für Dienstleistungen. Sein Vorstand besteht zur Hälfte aus Privatunternehmern. Die Vereinigung nimmt aber auch die Leiter von Staatsbetrieben und ländlichen TVEs auf. Sie versteht sich als freie Interessenvertretung und unterhält in der Hauptstadt einen größeren Apparat, der den Kontakt zu den Regierungsbehörden pflegt (Holbig/Reichenbach 2005: 196ff.).

Die chinesischen Unternehmer sprechen nicht mit einer Stimme. Davon abgesehen sind sie keine Gesprächspartner bei der Kursbestimmung der Politik. Als Partner der Reformpolitik wird die chinesischen Geschäftswelt ernst genommen, vor allem mit ihrer Entschlossenheit, Geld zu verdienen. Sie revanchiert sich mit Loyalität zu den Regierenden (Yanking 1996: 610).

Zum Vergleich mit der anderen großen postsozialistischen Gesellschaft Russlands: Wenn es politisch opportun erscheint, wird in Russland gegen Unternehmer die Keule der Staatsanwaltschaft geschwungen. Der Oligarch Chodorkowski wurde 2003 steuerstrafrechtlich verfolgt. Inzwischen ist er verurteilt und verbüßt eine Haftstrafe. Er war mit seinem Konzern Yukos im Ölgeschäft tätig gewesen und stand im Begriff, eine Kooperation mit westlichen Ölfirmen ins Werk zu setzen. Außerdem wähnte sich Chodorkowski politisch sicher und ließ der liberalen Opposition seine Unterstützung zuteil werden, obgleich der russische Präsident Putin deutlich hatte erkennen lassen, die Oligarchen dürften gern Geld verdienen, sollten sich aber aus der Politik heraushalten. Äußerungen aus dem Kreml ließen durchblicken, es sei nicht erwünscht, dass die russischen Bodenschätze unter die Kontrolle ausländischen Kapitals gelangten. Mit Blick auf die von Russland angestrebte Rolle in der Weltpolitik erscheint dieser Vorbehalt plausibel. Ressourcen- und insbesondere energiepolitisch ist Russland ein weltwirtschaftliches Schwergewicht. Sonst hat es wenig, womit es Handel treiben könnte.

Werfen wir auch noch einen kurzen Blick nach Japan: Zwischen den wichtigsten und größten Unternehmen der verschiedenen Branchen und den fachlich für sie zuständigen Ministerien gibt es von jeher eine gewisse Personalrotation. Weil die Spitzenbeamten relativ jung aus dem Staatsdienst ausscheiden, treten sie nach ihrer Dienstzeit gern in die Unternehmen ein, mit denen sie bisher zu tun hatten. Diese Praxis des Amakudari (vom Himmel Herabsteigen) hatte Jahrzehnte lang für beide Seiten Vorteile. Die Regierung konnte ihre Industriepolitik auf sanfte Weise, d.h. durch den Einfluss früherer Beamtenkollegen in den Firmenvorständen implementieren. Die Firmen konnten sich wiederum darauf verlassen, dass ihre Interessen in der Industriepolitik berücksichtigt würden. Zugleich entstand so ein Netzwerk aktiver und ehemaliger Beamter, die behördliche und nachbehördliche Karrieren steuerten. Es hat immer wieder Versuche gegeben, diese Netzwerke auszutrocknen, sie haben aber zu nichts geführt. Diese Praxis ist heute dadurch bedroht, dass die großen japanischen Unternehmen international vernetzt sind, dass sie ausländische Kapitaleigner ins Boot geholt haben und dass sie Fusionen mit ausländischen Konzernen eingehen. Die Grundeinstellung, dass Regierung und Unternehmen kooperieren und ein Vertrauensverhältnis pflegen sollten, hat sich gehalten (Nakano 1998, Schaede 1995).

Das in der Wirtschaftspolitik westlicher Gesellschaften, ja ganz allgemein im politischen Denken groß gehandelte Thema von Kapital und Staat hat in China keine Bedeutung. Politik und Gesellschaft werden ganzheitlich, nicht dichotomisch gedacht. Wie die Vorstellungswelt von Yin und Yang, das immerwährende Wechselspiel der Elemente, so gehören die Sphären des Wirtschaftlichen und des Politischen bei aller Unterschiedlichkeit zusammen. Ein ansehnlicher Teil der heutigen chinesischen Privatunternehmer sind in der Wirtschaftsbürokratie und in den Staatsunternehmen groß geworden (Dickson/ Chao 2001: 8, Parris 1999: 280, Saich 2000: 133, 139). Viele reich gewordene Unternehmer, ein geschätztes Viertel, haben die Mitgliedschaft der KPCh erworben (China aktuell 2003: 1201).

Die chinesischen Unternehmer sehen den Staat positiv. Die porösen Grenzen des Staates tragen dazu bei (Dickson 2003: 84.). Die Vertreter des Staates schauen weg, sie benachteiligen den Konkurrenten oder sie biegen Beschwerden der Beschäftigten und der Verbraucher ab, indem sie sich auf das Beziehungsspiel mit den Unternehmern in ihrem Umfeld einlassen (Wank 1995: 177ff.). So stellen Geschäftsleute Räume und Personal für private Feiern der Kader zur Verfügung, sie bewirten Beamte in opulenten Restaurants, sie machen Geschenke zum Frühlingsfest und sie überreichen die für diesen Zweck üblichen roten Umschläge mit Bargeld, die als Beitrag zu den Erziehungsausgaben für die Kaderkinder deklariert werden (Wang 2001: 114f., Pearson 1997: 107ff., Wank 1999: 104). Art und Umgang der Forderung und Gegenforderung sind sozial erlernt, sie werden Kindern und Heranwachsenden bereits im Alltag vermittelt. Hier haben die chinesischen Geschäftsleute einen schwer einholbaren Vorteil vor den Managern in China operierender ausländischer Firmen. Das gilt, wie eine Umfrage bei taiwanesischen Geschäftsleuten zeigt, unterschiedslos für Inlands- und Auslandschinesen (Wu 2001). Die Kunst, Guanxi herzustellen und sie bei der richtigen Gelegenheit zu aktivieren, beherrschen Chinesen am besten. Japaner finden sich besser hinein als Europäer und US-Amerikaner.

7.1.4 Ausländische Unternehmen im fremden politischen Milieu

Die Reformpolitik hat China nicht einfach nur für die Weltwirtschaft geöffnet. Seine Wachstumsstrategie setzt massiv auf den Import von Auslandskapital. Das ausländische Kapital engagiert sich in China, weil es dort gut verdient, nicht, um das Regime zu stützen. Wichtige Ansiedlungs-, Erweiterungs- und Rückzugsentscheidungen, die den chinesischen Markt betreffen, fallen nicht in China selbst, sondern in Tokio, Seoul, Frankfurt, Paris, New York und anderswo.

Die in China tätigen ausländischen Unternehmen sind dem Zugriff der Regierung weitgehend entzogen. Chinesische Unternehmer sind aufgerufen, ihrem Beispiel zu folgen. Mit dem Knüppel des Straf- und Steuerrechts ist in China noch kein international bedeutsames Geschäft zerschlagen worden.

Das bürokratische Umfeld der Geschäfte fördert den Eindruck von der durchdringenden Korruption in China. Wir stoßen hier abermals auf das unüberwindliche Problem, die Grenzen zwischen den allgegenwärtigen Guanxi und der Korruption zu definieren (Hao 1999). Sollten sich die notwendigen örtlichen Kontakte einmal als sperrig erweisen, so ist dies für weltweit operierende Konzerne kein Problem. Hier genügt ein Signal des Beijinger Firmenrepräsentanten, um in den Ministerien und ihren nachgeordneten Behörden die Türen zu öffnen. Bei Großinvestoren und weltbekannten Firmen steht das Standortprestige Chinas auf dem Spiel. Die Intervention im Zentrum kann das Beziehungsmanagement auf den nachgeordneten Ebenen aber nicht vollständig ersetzen. So weit die tatsächliche Implementierung gesamtchinesischer Gesetze reicht, vom Nichtstun bis zu eigenwilliger Handhabung, so weit müssen internationale Unternehmen ihre Beziehungsnetze weben. In der Provinz A funktioniert dieses, in der Provinz B jenes. In der Provinz C hat gerade ein wichtiger Beamte seinen Stuhl geräumt, dort gilt es zu sondieren, ob die gewohnte Herangehensweise auch beim Nachfolger das Erwünschte bewirkt (Wang 2001: 71ff., 87ff., 96ff.).

Die meisten ausländischen Investoren, ob mittelständisch oder bereits von achtbarer Größe, haben keine andere Wahl, als sich darauf einzulassen, wie und zu welchem Preis man Genehmigungen bekommt und wie man willkürlich anmutenden Auflagen und Abgaben aus dem Wege geht. Sie bedienen sich chinesischer Mittler, die mit Unterstützung der Firmenkasse Kontakte knüpfen und Wege finden, wo das ungeübte Auge bloß Hindernisse erblickt. Der Vermittler arbeitet zwar mit dem Kapital seiner Kontakte, er vertritt aber das Anliegen der Firma (Yeung 2001, Wu 1996). Für den Kundigen sind der Einsatz und die Ergebnisse bei aller vordergründigen Behördenwillkür kalkulierbar. Verträge zählen wenig. Wenn die Dinge gut laufen, braucht es keinen Vertrag. Wenn sie schlecht laufen, kann auch kein Vertrag etwas daran ändern (Wang 2001: 70ff.). Studien über ausländische Unternehmen in China zeigen, dass dic Beziehungen zu den Behörden sehr unterschiedlich gehandhabt werden. Beamte und Behörden in Guangdong gelten als sehr trickreich, wenn es darum geht, Investoren den roten Teppich auszurollen. Sie pflastern den Weg zum Ziel aber mit zahlreichen, im Einzelnen nicht sonderlich schmerzenden Mautstellen. Als pflegeleicht gelten Beijing, Tianjin und Shanghai, die der direkten Aufsicht durch die Zentralregierung unterliegen (Jian/Ashley 2000: 33, 58, Wang 2001: 129).

Beijing, Guangdong, Shanghai, Shenzhen und Tianjin gelten für Investoren inzwischen auch deshalb als interessant, weil an ihren Universitäten hochqualifizierte Ingenieure und Wissenschaftler ausgebildet werden. Sie werden gleich nach dem Studium von ortsansässigen High-Tech-Firmen angeworben. Chinesische Mitarbeiter bekleiden inzwischen Spitzenpositionen, die vor wenigen Jahren noch mit ausländischen Managern und Wissenschaftlern besetzt waren. Mit weiteren Vorleistungen, etwa informationstechnologischer Art, werben diese Standorte um neue Investoren (Leng 2005: 67ff.).

7.1.5 Ende der Moral economy: Staatsunternehmen

Die chinesischen Staatsunternehmen müssen bis Ende 2007 ihre Garantie des Arbeitsplatzes für die Beschäftigten aufgeben. Der Danwei wird damit endgültig der Todesstoß versetzt (Perry 1997: 51). Die Staatsunternehmen sind die letzten Hinterlassenschaften der chinesischen „moral economy". In der Moral economy werden Arbeit und Einkommen als ein von der Politik einzulösender Anspruch verstanden, nicht als Größen, die vom Marktgeschehen abhängen (Scott 1976, Posusney 1993). Arbeitsplatz, Wohnen und soziale Versorgung bilden in den Staatsunternehmen, wie oben geschildert, eine Einheit. Noch 1995 bewirtschafteten Staatsunternehmen ein Drittel aller Krankenhausbetten. Eines der größten Stahlunternehmen, die Eisen- und Stahlwerke von Wuhan, beschäftigte zur gleichen Zeit etwa 120.000 Menschen, davon aber 70.000 in den nicht-produktiven Sozialberufen um die Danwei herum (Tung 1996).

In der staatswirtschaftlichen Ära hatte sich in den Staatsunternehmen die Praxis eingebürgert, die Beschäftigten früh in den Ruhestand zu schicken und ihre Kinder im selben Betrieb einzustellen (Whyte 1999: 177, Chan 1997). Viele unrentable Staatsbetriebe wurden auch in der Reformperiode noch subventioniert. Erst 1997 rang sich die KPCh dazu durch, alle Staatsunternehmen aufzulösen, die keine Aussicht mehr bieten, sich am Markt zu halten (siehe Tabelle 15). Die lange Übergangsperiode von zehn Jahren machte politisch guten Sinn. Sie verzögerte die unvermeidlichen Massenentlassungen im sozialistischen Sektor. Damit erkaufte die politische Führung Zeit. Mit dem Beitritt Chinas zur WTO (2001) wurde die Privatisierung der Staatsunternehmen massiv beschleunigt.

Schon lange vor diesem Beschluss hatten die Manager der Staatsunternehmen größere Verfügungsrechte über die Betriebe erhalten. Sie durften mit anderen Firmen Verträge schließen, Betriebsteile ausgliedern, diese zur Privatisierung freigeben und Fremdleistungen bei privaten Firmen einkaufen. Für findige Manager wurden die Staatsbetriebe zum Testfeld für gewinnorientiertes Management. Der größte und wichtigste Motor der kapitalistischen Modernisierung waren zwar die ausländischen Direktinvestitionen. An der Spitze vieler Staatsbetriebe wuchsen aber Manager heran, die sich später aus der Staatswirtschaft verabschiedeten und eigene Unternehmen gründeten.

Tabelle 15: Beschäftigte in Stadtgebieten nach Eigentumsform des Unternehmens (in Millionen)

	Staatsbetriebe	*Kollektivbetriebe*	*Kooperativen*	*Im Besitz der Beschäftigten*	*Kapitalgesellsch. m. beschränkt. Haftung*	*Aktiengesellschaften*	*Familienbetriebe*	*Eigentümer in Taiwan, Hong Kong*	*Ausländische Eigentümer*	*Selbständige*
1990	103,5	35,5					0,5	0,04	0,6	6,1
1995	112,6	31,5		0,5		3,1	4,9	2,7	2,7	15,6
1996	112,4	30,2		0,5		3,6	6,2	2,6	2,7	17,1
1997	110,4	28,8		0,4		4,7	7,5	3,0	3,0	19,2
1998	90,6	19,6	1,4	0,5	4,8	4,1	9,7	2,9	2,9	22,6
1999	85,7	17,1	1,4	0,5	6,0	4,2	10,5	3,1	3,1	24,1
2000	81,0	15,0	1,5	0,4	6,9	4,6	12,7	3,1	3,3	21,3
2001	76,4	12,9	1,5	0,4	8,4	4,8	15,3	3,3	3,4	21,3
2002	71,6	11,2	1,6	0,4	10,8	5,4	19,9	3,7	3,9	22,7
2003	68,8	10,0	1,7	0,4	12,6	5,9	25,4	4,1	4,5	23,7
2004	67,1	9,0	1,9	0,4	14,4	6,2	29,9	4,7	5,6	25,2

Quelle: China Statistical Yearbook 2005, S. 120f., Tab. 5-4.

Mit Operationen weit jenseits der Legalität gründete das Management zahlreicher Staatsunternehmen private Firmen, die anschließend mit den Ersteren vorteilhafte Verträge schlossen. Diese Privatfirmen verkauften ihre Produkte dann über dem marktüblichen Preis an das Staatsunternehmen und erwarben von diesem Rohstoffe, mit denen sie – wie bei den staatlichen Betrieben üblich – unter dem Marktpreis beliefert worden waren. Auf diese Weise profitierten die betreffenden privaten Unternehmen von der subventionierten Rohstoffversorgung in der staatlich organisierten Produktion. Die Staatsunternehmen bluteten wegen dieser Manipulationen noch schneller aus, als vom Markt ohnehin erzwungen (Ding 2000, Dittmer/Lu 1996: 251f.). In der Sache geschah hier das Gleiche, allerdings gemächlicher, was bei der Umstellung der sowjetischen Planwirtschaft auf den Markt geschehen war: eine Privatisierung durch Kader. Die chinesische Führung wusste freilich zu verhindern, dass eine Oligarchenschicht – wie in Russland – entstand, die das private Wirtschaftsvermögen in wenigen Händen konzentrierte. Seit Anfang 2005 ist es verboten, Staatsunternehmen an ihre Manager zu veräußern.

Blicken wir zum Vergleich abermals nach Russland: Schon kurz nach den Marktreformen (1993) schälte sich ein Kartell von Oligarchen heraus, das die russische Wirtschaft kontrollierte. Die Firmenimperien der Oligarchen rankten sich um die Medien, um Konsumgüter und vor allem um den Export von Energie (Öl, Gas) und Rohstoffen (Nickel, Chrom). In der Präsidentschaft Jelzins hatten diese Oligarchen noch große Macht. Sie finanzierten die Regierungsparteien und die Wahlkämpfe des Präsidenten, den sie auch mit ihren Zeitungen und Sendern unterstützten. Darüber hinaus gewannen sie erheblichen Einfluss in den Gebieten und Republiken, die exportrelevante Rohstoffe fördern. Jelzins Nachfolger Putin suchte den Konflikt mit einigen Oligarchen. Ihm ging es aber nicht so sehr um ihre ökonomische Macht, sondern um ihre Medienmacht und die Kritik einiger Oligarchen am Präsidenten. Mit Vorwürfen der Steuerhinterziehung und mit Strafprozessen wurden bekannte Oligarchen aus dem Verkehr gezogen. Einige andere wählten das Exil, wieder andere blieben im Lande und enthielten sich jeder Einmischung in die Politik. In diesen Grenzen allerdings stellen die Oligarchen nach wie vor eine bedeutende ökonomische wie politische Größe dar, mit der sich auch der Präsident arrangiert, wo sie dem Machterhalt nicht gefährlich werden kann (Hanson/Teague 2005, Thompson 2002).

Seitdem die Regierung schlüssig das Ziel ansteuert, die Staatsunternehmen auf wenige wettbewerbsfähige Industriekonglomerate – nach südkoreanischem Vorbild – abzuschmelzen, hat sich der Verfall der Staatsunternehmen insgesamt beschleunigt (Gallagher 2002: 345, Fewsmith 2001a: 203). Seit 2003 werden 196 Staatsunternehmen von einer Staatlichen Vermögenskommission verwaltet. Diese soll daraus längerfristig 30 bis 40 profitable Unternehmen bilden (Saich 2004: 261). Die Reform der verbleibenden Staatsunternehmen geht mit großen sozialen Härten einher. Um das Ausmaß der Entlassungen zu bemänteln, wird den nicht mehr benötigten Beschäftigten angeboten, dem Unternehmen ohne Bezahlung noch eine Zeitlang anzugehören, um die mit der Betriebsmitgliedschaft verbundenen sozialen Nebenleistungen zu beziehen. Nach Ablauf einer Frist bewahrt auch die Übergangsregelung nicht mehr vor den vollen Konsequenzen der Erwerbslosigkeit; Ende 2002 suchten etwa zehn Millionen Entlassene eine neue Arbeit (Hung/Chiu 2003: 205, 208). Andere von Entlassung bedrohte Staatsbeschäftigte ziehen es vor, sich eine nach Betriebszugehörigkeit gestaffelte Abfindung auszahlen zu lassen. Alle diese Zwischenlösungen bieten nicht mehr als den berühmten Tropfen auf dem heißen Stein (Holbig 2001a: 158f.).

Durch das Plündern des Betriebsvermögens haben viele Unternehmen die Fähigkeit verloren, den gesetzlichen Anspruch ihrer Beschäftigten auf Rente, medizinische Versorgung und kostenfreies Wohnen einzulösen (dazu, auch im Folgenden: Chen 2000). Wird einem heruntergewirtschafteten Staatsbetrieb der Strom abgestellt, weil die Zahlungen an den Energieversorger ausbleiben, dann sind auch die Werkswohnungen vom Netz abgeschaltet. Abfindungen, mit denen Staatsbetriebe locken, um das Arbeitsverhältnis zu beenden, werden nicht ausgezahlt. Aus Alters- und Qualifikationsgründen gibt es für die Masse der Beschäftigten keine Anschlussbeschäftigung im privaten Wirtschaftssektor (Lin 2001). Die Betroffenen beobachten gleichzeitig, dass erfolgreiche Geschäftsleute ihren immensen Reichtum zur Schau stellen, während die Proteste gegen den Entzug des Existenzminimums im Sande verlaufen (Weller/Li 2000, Robinson/Goodman 1996). Für Stadtbewohner gibt es öffentliche Hilfen nur dann, wenn es sich um Waisen, Alte und Behinderte handelt. Ein Großteil der heutigen Beschäftigten hat ohnehin nie einer Danwei angehört, weil sie nichts anderes als ein privates Beschäftigungsverhältnis kennen (Wong 1999). Bereits für Mitte der 1990er Jahre wurde geschätzt, dass 70 Prozent der städtischen Bevölkerung keinerlei Anspruch auf öffentliche Sozialleistungen hatten (Croll 1994: 686).

Menschen, die aus der Moral economy ausgestoßen werden, bergen ein großes Protestpotential. Die Schließung jeder Moral economy, nicht nur der chinesischen, geht mit gewaltigen sozialen Turbulenzen einher. Man denke an die enttäuschten Reaktionen polnischer Industriearbeiter, die von 1980 bis 1988 das erste sozialistische System Osteuropas in die Knie gezwungen hatten. Sie wurden nach dem Systemwechsel zu Millionen entlassen, weil ihre Betriebe an den Marktbedürfnissen vorbei produzierten. Die Beschäftigten der herkömmlichen Staatsbetriebe Chinas wissen sehr wohl, was sie zu verlieren haben, wenn ihr Unternehmen an einen privaten Investor verkauft wird, unter anderem der Verlust sozialer Nebenleistungen, Sanktionen für Verspätungen und schlechte Arbeit sowie das Damoklesschwert der Kündigung – dies alles bei Beschäftigten, denen

Jahrzehnte lang gepredigt wurde, die Fabriken gehörten ihnen, weil sie dort Werte schufen (Chen 2003).

Das Tempo und das Ausmaß der Schließung von Staatsbetrieben haben in China die kritische Grenze vielfach erreicht und überschritten. Die kollektive Ausweglosigkeit sucht sich Ventile im Massenprotest (Weston 2004). Die Medien berichten nicht darüber, um Nachahmung zu verhindern. Beobachter stellten bei einschlägigen Demonstrationen selbst in den Reihen der Polizei offene Sympathie fest (Weston 2002: 728f.).

Blicken wir zum Vergleich auf Japan: Staatsindustrien gibt es dort nicht. Aber es gibt beschützte Wirtschaftsbereiche, insbesondere in der Baubranche, die über Jahrzehnte hinweg mit überteuerten und überdehnten öffentlichen Aufträgen praktisch subventioniert wurde. Diese Aufträge kamen zum Einen der ländlichen Klientel der Regierungspartei LDP zugute, zum Anderen floss ein Teil des Auftragsvolumens in Gestalt von Spenden an die Regierungspartei zurück. Der Beschäftigungseffekt der Bauindustrie, die untereinander Preisabsprachen trifft und dabei mit den Behörden kooperiert, ist beträchtlich (Woodall 1993). Die großen, international operierenden japanischen Unternehmen empfanden diese Praxis schon immer als ärgerlich, weil sie Kapital band und Ressourcen verschleuderte. Seit den großen Umbrüchen in der japanischen Politik gegen Mitte der 1990er Jahre gab es in der LDP lauter werdende Stimmen, die Sonderrolle der Bauwirtschaft zu beenden, um den Staatshaushalt zu entlasten und die private Nachfrage zu stimulieren. Die Bauwirtschaft erwies sich jedoch in ihrer jahrelangen Symbiose mit dem Bauministerium und der Bau-Seilschaft in der Regierungspartei als außerordentlich widerstandsfähig gegen die beabsichtigten Reformen (Pempel 1999: 920f.). Ohne die demokratischen Mechanismen, insbesondere das elektorale Kalkül der regierenden Partei wäre die Bewahrung dieser delikaten Form einer „moral economy" in Japan kaum vorstellbar.

7.2 Rolle der Gewerkschaften in einer disparaten Unternehmenslandschaft

Die offiziellen Gewerkschaften folgen dem überkommenen Bild Lenins von den Gewerkschaften als Schulen des Kommunismus, d.h. als Helfer und Helfershelfer der Partei und des Staates (Überblick bei Gutowski 1999). Keine Gewerkschaft dieses Typs hat in einem ehemals sozialistischen Land den Systemwechsel zur Marktwirtschaft unbeschadet überstanden. Selbst in den sozialistischen Nachfolgestaaten Ostmitteleuropas, die inzwischen der Europäischen Union angehören, sind keine starken demokratischen Gewerkschaften nachgewachsen (Kubicek 1999). Der Hauptgrund ist hier wie dort eine hohe Arbeitslosigkeit, die bereits jeden privilegiert, der überhaupt einen Arbeitsplatz hat. Wie in China ging der Systemwandel dort mit dem Wegbrechen arbeitsplatzbezogener Sozialleistungen einher.

Die gewerkschaftlichen Strukturen sind nur in den Staatsunternehmen Chinas noch intakt. Aber gerade diese Unternehmen sind dabei, bis auf Wenige zu verschwinden, und diese Wenigen sollen nicht anders geführt werden als private Unternehmen. Die Entsorgung der Eisernen Reisschüssel zeigt bloß, dass die letzten Überbleibsel der Moral economy im kapitalistisch gewordenen China als systemwidrig abgeschrieben worden sind. Einem geringen Teil der Beschäftigten in Chinas Boomregionen geht es blendend. Der Rest ist voll davon in Anspruch genommen, seinen Lebensunterhalt zu verdienen, sei es, um überhaupt durchzukommen, eventuell mit einem zweiten oder sogar dritten Job, sei es, um eine größere Wohnung, Unterhaltungsgeräte oder gar ein Auto zu finanzieren.

Die offiziellen Gewerkschaften bieten den örtlichen Beschäftigten zwar Rechtsberatung an, wenn Löhne vorenthalten, Arbeitszeiten missachtet oder Kündigungsregeln nicht eingehalten werden. Von jeglicher Gegenmachtbildung zu unternehmerischer Willkür, von Arbeitskämpfen und von freien Kollektivvereinbarungen halten sie sich aber fern (Chen 2004). Missstände und Arbeitgeberwillkür rufen zwar immer wieder Aktivisten auf den Plan, die örtlich begrenzte autonome Gewerkschaften ins Leben rufen. Dauerhafte Strukturen sind daraus nicht entstanden. Partei und Staatssicherheit reagieren auf solche Ereignisse mit härtester Verfolgung und Repression (z.B. Wright, T. 2004, Weston 2002: 728ff., China aktuell 2000: 133, 1383).

Tabelle 16: Handelspartner Chinas 2003 (in Prozent)

	Importe	*Exporte*
Japan	18,0	13,6
Taiwan	12,0	2,1
Südkorea	10,4	4,6
Hong Kong	2,7	17,4
USA	8,2	21,1
Deutschland	5,9	5,9
ASEAN insges.	11,5	7,1
EU insges.	12,9	16,5

Quelle: Fischer Weltalmanach 2005, Frankfurt/M., S.97

Die im ausländischen Besitz befindlichen Unternehmen lehnten die Präsenz der Gewerkschaften in ihren Betrieben ab, so lange dies möglich war. Das chinesische Arbeitsrecht zwingt sie seit einigen Jahren, Gewerkschaften in den Betrieben zu dulden. Mit Duldung der verantwortlichen Funktionäre wird die Schutzfunktion der Gewerkschaften jedoch unterlaufen (Wang, F. 1998). Schließlich sind die günstigen Arbeits- und Produktionskosten für viele ausländische Investoren der Hauptgrund, um in China zu produzieren.

Für die chinesischen Beschäftigten ist die Arbeit in den ausländischen Betrieben unterschiedlich attraktiv. Fangen wir auf der untersten Ebene an, bei den zumeist kleineren, arbeitsintensiven Unternehmen. Sie befinden sich typischerweise im Besitz chinesischer Staatsbürger oder von Chinesen aus Hong Kong oder Taiwan. Die Arbeitszeiten sind lang, die Stücklöhne gering, die Arbeitsschutzbestimmungen werden nicht eingehalten, die Unterbringung in firmeneigenen Wohnheimen kommt einer Kasernierung gleich (Whyte 1999: 180ff., Ngai 2005: 104ff.). Dennoch finden sich genügend ländliche Arbeitskräfte, darunter auch jüngere Frauen, die um jeden Preis aus der Enge der dörflichen Verhältnisse herausstreben. Viele dieser Arbeiterinnen und Arbeiter unterstützen mit ihren Ersparnissen Familie und Geschwister. Die Arbeitsverhältnisse gleichen denen im frühkapitalistischen Europa (Lee, C. 1998). Mangels Alternative werden sie hingenommen. Ersatz für ausscheidende Beschäftigte zu finden ist kein Problem. Die Behörden sehen darüber hinweg, dass dies dem Recht Hohn spricht (Chan 2001: 150, Zhang 2000). Mit dem Rückhalt der Politik schreiten sie höchstens dann ein, wenn es zu katastrophalen Arbeitsunfällen kommt, weil es an den einfachsten Sicherheitsvorkehrungen gefehlt hat. Taiwanesische Geschäftsleute nutzen vor allem die Provinzen Guangdong und Fujian im Süden der Volksrepublik als verlängerte Werkbänke. Sie produzieren zu Bedingungen, die auf Taiwan selbst schon lange nicht mehr toleriert würden.

Für Schlagzeilen sorgen immer wieder die zahlreichen, im ärmeren Landesinneren gelegenen, privat geführten Kohlegruben. Ihr Betrieb lohnt sich trotz technischer Unzulänglichkeiten. Der wachsende Energiehunger der chinesischen Wirtschaft fragt Energieträger jeglicher Art nach. Der Bergbau beschäftigt lediglich vier Prozent der chinesischen Industriearbeiter, kommt aber für 45 Prozent der industriellen Arbeitsunfälle auf; vier Fünftel der weltweit tödlichen Unfälle im Bergbau entfallen auf die Volksrepublik (Wright, Tim 2004). Trotzdem finden sich genügend Menschen, die dort arbeiten wollen. Dass unter diesen Bedingungen keine Gewerkschaften reifen können, liegt auf der Hand.

Zum Vergleich: Die japanische Regierung hat sich noch bis vor gut 15 Jahren mit Händen und Füßen dagegen gewehrt, ausländische Investoren ins Land zu lassen. Die global operierenden japanischen Unternehmen waren aber dringend auf ausländische Kapitalzufuhr angewiesen. Angesichts der drohenden Insolvenz so manchen Vorzeigeunternehmens musste die Regierung ihre Ausschließungspolitik schließlich aufgegeben. Nach wie vor gibt es aber eine sehr intensive informelle Kommunikation zwischen den japanischen Unternehmen und den wirtschaftlich bedeutsamen Ministerien. Darüber hinaus belohnt die Regierung auf diskrete Weise die Zusammenarbeit. Der japanische Staat hat ein bescheidenes Altersrentensystem installiert. Auch wenn das Modell der Lebenszeitbeschäftigung in japanischen Weltkonzernen ausläuft, so verliert dort niemand erworbene Ansprüche, wie etwa die Beschäftigten in den chinesischen Staatsunternehmen mit dem Verlust der Danwei. Die demokratischen Gewerkschaften Japans sind nicht sonderlich stark. Sie suchen auch nicht den Konflikt, sondern präferieren die Harmonie im Betrieb vor der Konfrontation mit dem Management. Insofern drücken sie sehr deutlich die Einbindung in eine konfuzianisch geprägte Kultur aus (McNamara 1996). Aber sie besitzen genügend Kraft, um als Verhandlungspartner aufzutreten und betriebliche Konflikte im Einklang mit den Interessen der Beschäftigten zu schlichten. Der diskrete liberale Korporatismus, das nicht üppige, aber verlässliche Wohlfahrtsminimum und die freien Gewerkschaften – dies alles ist ein Ausdruck von Demokratie. Nicht von ungefähr ist Japan wie bereits vor hundert Jahren wieder ein beliebter Studienort und Exilhafen für Chinesen.

Die größeren japanischen, europäischen und US-amerikanischen Unternehmen bieten ihren chinesischen Beschäftigten üblicherweise Löhne und Arbeitsbedingungen, die weit über dem Landesüblichen liegen (Chan 2001: 10f.). Zur Jahrtausendwende erreichten die Durchschnittslöhne in den ausländischen Unternehmen das Doppelte des Durchschnittswerts in den chinesischen Privatunternehmen und TVEs (Zhao 2003: 172). Ausländische Firmen haben ihre heimische Unternehmenskultur, wie sie es auch in anderen Ländern tun, nach China verpflanzt (Whyte 1999: 182). Wenn sie ein Mehrfaches der üblichen Löhne zahlen und ihren Beschäftigten Sozialleistungen bis hin zu Betriebskrankenkassen gewähren, dann mindert dies die Lohnkosten- und Steuerdifferenz zu den Stammländern nicht in nennenswertem Ausmaß. Die Firmen binden auf diese Weise qualifizierte Mitarbeiter. Sie sträuben sich auch nicht mehr kategorisch gegen die Präsenz der Gewerkschaften in ihren Betrieben. Ohnehin verstehen sich die offiziellen Gewerkschaften nicht als klassische Lohnbeschaffer, sondern eher als Schlichter, falls es zu Spannungen und Streitigkeiten zwischen Management und Beschäftigten kommen sollte (Zhang, Yunqiu 1997: 142f.). Die chinesischen Beschäftigten in international operierenden Unternehmen gelten als hoch privilegiert, und sie wecken bei den „Normalbeschäftigten" Neid. Die politische Führung betrachtet dies alles mit Wohlgefallen. Ausländische Renommierunternehmen werden als Leuchttürme und Vorbilder für die Entwicklung chinesischer Firmen geschätzt.

Als Vorzeigeunternehmen galt zeitweise die Unternehmensgruppe Stone mit Sitz in Beijing. Sie zeichnete sich durch die vorbildliche Bezahlung ihrer Mitarbeiter sowie betriebliche Renten- und Krankenversicherungspläne und Sozialbetreuung aus. Es liegt auf der Hand, warum die politische Führung in- und ausländische Firmen mit den skizzierten Eigenschaften besonders schätzt. In die innerbetrieblichen Sozialleistungen, die eigentlich individuelle Lohnbestandteile sind, wird eine moderne, wettbewerbskompatible Danwei hineininterpretiert (Francis 1996). Angesichts der massiven Verluste an sozialer Sicherheit ist jede privat organisierte Vorsorgealternative willkommen. Die zahlreichen Joint ventures und die arbeitsintensiven Sweatshops chinesischer Eigentümer, die ihren Gewinn unter anderem durch minimale Löhne erzielen, sind außerstande, derlei zu leisten.

7.3 Protestpotenzial der chinesischen Arbeitsgesellschaft

Nichts alarmiert die politische Führung stärker als soziale Proteste in den großen Städten. Das Potenzial für solche Proteste bricht sich immer häufiger Bahn. Doch gemessen an der Dimension der Beschäftigungs- und Versorgungsprobleme könnte die Situation durchaus turbulenter sein. Eine Untersuchung über entlassene oder von Entlassung bedrohte Arbeiter in der Industriemetropole Tianjin zeigt bei den Betroffenen ein grundlegendes Verständnis für diese Begleiterscheinung der Marktwirtschaft. Die Empörung richtet sich vornehmlich gegen die Manager der betroffenen Betriebe. Auch wird dem Staat nicht die Hauptverantwortung zugeschoben. Vielmehr untermauert der Staat seinen Vertrauensbonus, indem er einige Verantwortliche für betrügerische Konkurse und Ähnliches exemplarisch und breit publiziert zur Rechenschaft zieht. Die besagte Untersuchung zitiert die generelle Verbesserung der Lebensverhältnisse als Grund für diese erstaunliche Systemzufriedenheit. Sie verweist auch darauf, dass der ungefährdete Arbeitsplatz von Bekannten, Freunden und Angehörigen die Gesamtsituation legitimiert (Blecher 2002). Nun gehört Tianjin zu den chinesischen Boomstädten. Die dort gewonnenen Erkenntnisse mögen nicht auf Regionen übertragbar sein, in denen die Dinge schlechter laufen. Dennoch drängt sich hier die Erinnerung an die bäuerlichen Proteste auf, die sich nicht an den systemischen Adressaten richten, an das Regime als solches, sondern an die lokalen Verantwortlichen in visueller Reichweite.

Ein Teil des Empörungspotenzials entlassener Belegschaften wird durch Beschäftigung im privaten Niedriglohnsektor, durch illegale Beschäftigung und durch Teilzeitjobs abgefangen. Freilich konkurrieren ehemalige Staatsbeschäftigte gerade in diesen Bereichen mit den zahlreichen Wander- und Saisonarbeitern aus den ländlichen Regionen. Insgesamt bieten Niedriglohnbeschäftigung und Kleingewerbe in den aus heutiger Sicht fehlindustrialisierten Provinzen Zentral- und Nordostchinas keinen nennenswerten Ausgleich für die Schließung der Staatsbetriebe. Arbeiterproteste treten dort markanter und breiter zutage (Solinger 2004).

Die Arbeitsmigration in die Städte fußt auf dem ländlichen Arbeitsüberschuss. Sie vollzieht sich hier und dort bereits in organisierter Form. Arbeitsagenten, die dabei ihren Schnitt machen, vermitteln die arbeitsfähigen – zumeist männlichen – Bewohner ganzer Dörfer an städtische Arbeitgeber (Solinger 1999: 177). Die Arbeitsvermittlung wirkt disziplinierend. Die Arbeitsmigranten arbeiten und wohnen zusammen. Der soziale Zusammenhalt im Dorf wird mitgenommen. Man bleibt unter sich. Das „Dorf in der Stadt“ hat den Vorteil, dass die Verständigung im Arbeitsprozess, so z.B. auf Baustellen, trotz der unterschiedlichen Dialekte funktioniert. Darüber hinaus werden die Gruppen durch verwandtschaftliche Bindungen stabilisiert (Solinger 1995). Dieselben Faktoren, die den heimatbedingten Zusammenhalt am Arbeitsplatz konservieren, spalten freilich die Gesamtheit der Wanderarbeiter. Im südlichen und im zentralen China liegt schon zwischen einzelnen Dörfern eine große soziale Distanz, es sei nur an die unterschiedlichen familiären Netze (Klans) erinnert.

Die Verständigung zwischen Arbeitern, die nicht aus derselben Dialektzone kommen, kann sich schwierig gestalten. Herkunfts- und Dialektunterschiede werden für die innerbetrieblichen Kontrolle ausgenutzt. So schildert eine Beobachterin, dass die Arbeiterinnen eines Montagebetriebs in Guangdong gezielt aus einer bestimmten Gegend, das Aufsichtspersonal aber aus einer anderen Gegend rekrutiert worden sei (Pun 1999). Wo immer es geht, werden lieber Arbeitskräfte vom Lande als Stadtbewohner beschäftigt (Solinger 2004). Früher blickten städtische Arbeiter und Angestellte auf die vom Lande kommenden Kolleginnen und Kollegen herab. Heute neiden ihnen unterbeschäftigte, unterbezahlte und entlassene Beschäftigte aus den einst privilegierten Staatsbetrieben ihre Jobs. Wanderarbeiter stellen keine großen Ansprüche; Auffälligkeit birgt das Risiko, die Aufenthaltserlaubnis zu verlieren. Nicht ohne Grund glauben 70 Prozent der Arbeitsmigranten, dass sie zu schlecht bezahlt werden. Nimmt die Ausbeutung der Saisonarbeiter überhand, so provoziert sie Proteste. In Kanton steckten Arbeiter das Büro ihres Chefs in Brand, in der Hauptstadt blockierten Saisonarbeiter die Straßen eines Villenviertels (Strittmatter 2003c). Dies mag an Illustration genügen: Unter den Industriebeschäftigten treten so große Lohnspreizungen, sprachliche, kulturelle und sonstige Unterschiede auf, dass es selbst freien Gewerkschaften schwer fallen dürfte, die Beschäftigten allein auf der Basis ihrer ökonomischen Situation zu organisieren. Schon im Shanghai der Vorkriegszeit hatten solche Unterschiede die Gewerkschaftsbildung behindert (Perry 1993).

7.4 Studenten und Intellektuelle

Im Sommer 1989 kam es auf dem Beijinger Platz des Himmlischen Friedens, dem traditionellen Kundgebungsplatz vor dem Sitz der Partei- und Staatsführung, zu Studentendemonstrationen. Beobachter interpretierten dieses Ereignis zunächst als Kritik an der Vernachlässigung von Wissenschaft und Bildung in der seit einigen Jahren betriebenen Reformpolitik. Die chinesischen Intellektuellen, so eine weitere Beobachtermeinung, seien nicht auf Opposition zu den herrschenden Verhältnissen eingestellt, wie so viele Schriftsteller, Künstler, Sozial- und Geisteswissenschaftler im Westen. Vielmehr wünschten sie von den Mächtigen angehört zu werden und wollten ihren Rat beherzigt wissen (Kelliher 1993: 384). Deshalb suchten sie eher die Nähe, nicht die Distanz zu den Regierenden. In der Reformphase der 1980er Jahre hatten zahlreiche Experten den Reformbetreibern in der Partei- und Staatsführung Rat und Wissen angeboten. Sie arbeiteten in Think tanks und Projektgruppen mit und gaben ihre Kenntnis der westlichen Wirtschafts- und Sozialwissenschaften weiter (Gu 1998). In einer vorübergehenden Reaktion auf westliche Wissenschaft und Ideen, die für den studentischen Protest verantwortlich gemacht wurden, stellten Partei und Staat diese Experten kalt; Institute und Think tanks wurden aufgelöst. Wenige Jahre später waren sie in größerer Zahl als zuvor wieder aktiv. Einschlägiges Wissen ist schon lange nicht mehr exklusiv, es gehört zum Ausbildungsstandard. Wissenschaftlich qualifizierte Kader – selbst an der Parteihochschule gehören Politik-, Organisations- und Wirtschaftswissenschaft zum Curriculum – arbeiten in Ministerien, Parteisekretariaten und staatlichen Institutionen.

Das konfuzianische Postulat, Kopfarbeit sei allemal wertvoller als körperliche Arbeit, hat im gegenwärtigen China fröhliche Urständ gefeiert. Es manifestiert sich in der betonten sozialen Distanz der Hochschulabsolventen zu den Arbeitern und stärker noch zu den Bauern (Kelliher 1993: 384, 392, Thompson 2001: 77). Hochschulabsolventen wollen am liebsten einen Job in den Politik- und Wirtschaftsmetropolen Beijing und Shanghai. Die Stellengesuche überschreiten das Angebot bei weitem. Dabei herrscht landesweit ein Mangel an qualifizierten Fachkräften. Viele Hochschulabsolventen empfinden die Arbeit in ländlicher Umgebung bzw. außerhalb des als modern geltenden, westlich getönten Ambiente der Boom-Provinzen als Gesichtsverlust (China aktuell 2003: 14f.).

Wenn sich politisch engagierte Studenten und politische Dissidenten auf das Wohlergehen des Volkes berufen, so eine Beobachterin, dann handelt es sich beim Volk um eine moralische Größe (Shue 2004: 38). Das Volk bezieht sich nicht etwa auf den ungeduldig hupenden Taxifahrer, die Bedienung in der Suppenküche, Bauarbeiter mit erkennbar ländlicher Herkunft und fremdem Akzent oder auf das angeberische Söhnchen eines erfolgreichen Unternehmers in der schicken Karosse eines europäischen Herstellers. Das Volk ist der Inbegriff der guten Ordnung, in der alles seinen hierarchisch bestimmbaren Platz hat. Die wenigsten chinesischen Intellektuellen finden Gefallen am politischen Konflikt, an der Opposition und am Mehrparteiensystem. Volk und Demokratie kreisen im chinesischen Verständnis um die Abwesenheit von Willkür bzw. um die Rechtschaffenheit der Mächtigen. In einer Gesellschaft, die Harmonie, das Gesichterspiel und Guanxi schätzt, sind Konflikt und Widerspruch nicht die besten Ratgeber. Gemessen am Demokratiebild westlicher Gesellschaften nehmen sich solche Vorstellungen einer gerechten politischen Ordnung bescheiden aus. Ihre reale Bedeutung ist allerdings beträchtlich. Dazu sei nur an die Verhältnisse erinnert, die verarmte Bauern und von Entlassung bedrohte Arbeiter zum Protest veranlassen.

Das Ideal des gelehrten Beamten und Politikers, der untadelig für die gute Ordnung lebt, ist unter den heutigen Studierenden und Akademikern verblasst. Es passte zur Moral economy der Kaiserzeit, in der sich für jeden Gebildeten ein auskömmlicher Platz in der Sozialordnung fand. Zum Turbokapitalismus, der das Alltagsleben in den entwickelten Regionen des Landes bestimmt, passt es nicht mehr. In der frühen Reformperiode der 1980er Jahre waren Wissenschaftler zeitweise so schlecht bezahlt, dass ihr Lebensstandard hinter denjenigen erfolgreicher Selbständiger weit zurückfiel. Heute ist es wieder nicht nur attraktiv, sondern auch lukrativ, eine wissenschaftliche Laufbahn einzuschlagen. Die Partei hat den Wert der naturwissenschaftlichen und technologischen Ausbildung erkannt (Li, C./White 2000: 21ff.). Die besseren Hochschulen sind entsprechend gut ausgestattet. Selbst den Sozialwissenschaften lässt die Partei die lange Leine, solange sie Themen aussparen, die politisch schlecht gelitten sind. In der wissenschaftlichen Laufbahn sind die politischen hinter die fachlichen Kriterien zurückgetreten (Cao 1999; Cong/Suttmeier 2001).

Studenten und studierte Berufsanfänger engagieren sich nicht mehr groß für Politik. Nach einer Umfrage halten über die Hälfte der Studenten nichts von einem Mehrparteiensystem. Sie erwägen den Beitritt zur KPCh, weil es für die Karriere nützlich ist (Walder 2004: 200). Gleichzeitig würde die überwältigende Mehrheit die USA wählen, wenn ihnen die Möglichkeit geboten würde, im Ausland zu studieren. Die meisten würden am liebsten für eine ausländische Firma oder ein Joint venture arbeiten (Luo 2004: 783ff., 796). Sie studieren für wirtschaftlichen Erfolg, Reichwerden, Firmengründung oder Anstellung bei angesehenen Firmen mit guten Aufstiegsmöglichkeiten (Jian/Ashley 2000: 88f.). Kurz: Sie unterscheiden sich insofern kaum von ihren Altersgenossen im Westen. Wirtschaftswissenschaftliche Studienfächer erfreuen sich größter Beliebtheit, auch die von jeher begehrten ingenieurwissenschaftlichen Studiengänge werden gern gewählt.

Allein in den Wirtschaftswissenschaften verdoppelte sich von 1990 auf 1998 die Anzahl der College- und Universitätsabsolventen auf 133.000, die Zahl der ingenieurwissenschaftlichen Absolventen stieg im selben Zeitraum um die Hälfte auf über 300.000 (Mackerras 2001: 275f.). Bildung ist kostspielig geworden, weil sie als Eintrittskarte für eine gut bezahlte berufliche Karriere gilt (Rosen 2004a). Schon im Studium wird – wie im Westen – gejobbt. Politik erscheint als Sache der Elterngeneration (Chan, C. 1999). Dissidenten und kritische Geister wählen über kurz oder lang das Exil. Die im Westen übersetzten Schriftsteller debütieren oft bereits als US-amerikanische Staatsbürger. Für Allianzen mit Bauern und städtischen Arbeitern taugen Hochschüler und Hochschulabsolventen, Wissenschaftler und Literaten nach allem Anschein denkbar schlecht (Yanking 1996: 608f.).

7.5 Medien

Die chinesischen Medien stehen unter Zensur. Sie sind inzwischen weitgehend privatwirtschaftlich organisiert. Sogar die Parteiblätter finanzieren sich mit Werbeeinnahmen. Das Gleiche gilt für das weit verzweigte Staatsfernsehen. Inzwischen gibt es eine Reihe privater TV-Sender, die mit den weltüblichen Filmen und Serien – auch aus ausländischer Produktion – Werbung transportieren (Keane 2002). Die Redaktionen beachten in den Nachrichten- und Magazinsendungen allerdings die Grenzen des Erlaubten (Zhao, Suisheng 1998: 56ff.). Nach wie vor gibt es eine spezielle Berichterstattung für Spitzenfunktionäre, die als vertraulich oder geheim charakterisierte Nachrichten und Analysen enthält. Sie wird von der amtlichen Nachrichtenagentur und der zentralen Parteizeitung betrieben (de Burgh 2003: 108f., siehe auch Hsiao/Creek 1995: 81f.).

Der terrestrische Fernsehempfang ist – auch auf dem Lande – vom Satellitenempfang abgelöst worden. Neben dem Rundfunk stellt das Fernsehen die wichtigste Informationsquelle für die Landbevölkerung dar. Die zahlreichen örtlichen und überörtlichen Zeitungen, die es zu Beginn der Reformära in den 1980er Jahren noch gegeben hat, gibt es nicht mehr, weil die staatlichen Zuschüsse eingestellt wurden. Ohne diese Zuschüsse wären die Abonnements für die ländlichen Durchschnittsverdiener unbezahlbar geworden. Nur in den großen Städten gibt es auflagenstarke Zeitungen. Die Kaufkraft liegt dort um ein Vielfaches höher als auf dem Lande. Der Anzeigenmarkt beschränkt sich aus denselben Gründen auf die Küstenmetropolen.

Die Zeitungen und die lokalen und regionalen Privatsender arbeiten ganz nach kommerziellen Gesichtspunkten. Dessen ungeachtet gibt es stets einige Journalisten, die dem Ideal der unabhängigen Berichterstattung frönen und damit bei hohen Beamten oder mächtigen Geschäftsleuten anecken (Strittmatter 2003b, 2003f). Bei ihren Kollegen sind sie nicht gut gelitten. Der bezahlte Journalismus steht hoch im Kurs. In Wirtschafts- und Verbraucherberichten wird ein Produkt niedergemacht, und der Hersteller des Konkurrenzprodukts belohnt die Redaktion mit finanziellen Zuwendungen (Lynch 1999: 64). Oder TV-Redaktionen laden Firmen zu Konferenzen ein. Für die Teilnahme wird um einen Geldbetrag gebeten. Wer nicht teilnimmt und nicht zahlt, muss damit rechnen, dass seine Produkte in einer der nächsten Sendungen verrissen werden (Zhao 1998: 77).

Der staatliche zentrale TV-Sender leistet sich das beliebte Magazin "Brennpunkt (Focus)", das regelmäßig Missstände aufs Korn nimmt. Das Magazin berichtet über die Vertuschung von Lebensmittelskandalen, behördlich gedeckten Naturfrevel, vorgetäuschte Erfolge bei Besuchen hoher Kader und ähnliches mehr. Angeblich schätzt die politische Führung diese Sendungen und Enthüllungsberichte ähnlicher Art. Die beklagten Missstände sind vorhanden, teilweise sogar verallgemeinerbar – mit der Berichterstattung können sie aber einzelnen Personen zugerechnet werden. Dies eröffnet der Partei und den Aufsicht führenden Dienststellen die Möglichkeit, das Übel mit exemplarischen Aktionen, Entlassungen oder individuellen Strafen abzustellen, ohne dabei die Wurzeln des Problems in Angriff nehmen zu müssen (Li 2002).

Das nationale TV-Network operiert in so großer Distanz zu den örtlichen und regionalen Machtverhältnissen, dass es auf verletzte Empfindlichkeiten keine Rücksicht nehmen muss. Vor Hinweisen auf berichtenswerte Skandale kann sich die Focus-Redaktion kaum retten. Selbst die Fernsehstationen der entfernteren Provinz ziehen Petenten an, die den Redakteuren berichten oder Dokumente übergeben möchten (de Burgh 2003: 175f.). Das Ganze mutet wie eine dem TV-Zeitalter gemäße Form des klassischen Remonstrierens an. Man weiß, dass die Botschaft höheren Orts vernommen wird. Man sieht das konkrete Ärgernis, das allemal greifbarer ist als die anonymen Fallgruppen, die dahinter stehen. Und schließlich darf man davon ausgehen, dass schon die Tatsache des Publikmachens für die unmittelbar Verantwortlichen ernste Konsequenzen haben wird. Die Verquickung von Geschäft, Verwaltung und Politik erschwert investigative Recherchen und Anprangerungen im örtlichen Umfeld. Gerade dort aber konzentrieren sich die Missstände.

Handy, Fax und Internet unterlaufen die Grenzen der regimekritischen Information. TV und Rundfunk sind Volksmedien, wie die Boulevardblätter (Latham 2000: 645f., Oksenberg 2001: 34). Das Internet wird aber hauptsächlich von Studierenden, Geschäftsleuten und ganz allgemein von der gebildeteren städtischen Mittelschicht genutzt. Dort schlummert noch am ehesten das Potenzial für politischen Dissens, dort können sich Falun Gong-Anhänger, die Initiatoren freier Gewerkschaften, Muslime und Tibeter austauschen. Die Repression gegen die unliebsame Nutzung des Netzes zeigt nur, wie hilflos das Regime in diesem Punkt geworden ist (Yang 2003). Es geht ihm nicht besser als anderen autoritären Regimen, in denen die traditionelle Zensur nicht mehr so greift wie noch vor der Verbreitung der neuen Medien. Doch das Internet ist bloß ein Kommunikationsmittel. Seine Verfügbarkeit allein besagt noch nichts über die

Bildung regimekritischer Gruppen. Insofern wird es im Westen vermutlich überschätzt. Das Regime selbst bedient sich des Internet zur Effektivierung seiner Verwaltung (Shie 2004).

8 Resümee

Der Blick auf das politische System Chinas enthüllt auf nahezu allen Ebenen das Nebeneinander und die Vermischung ungleicher Strukturen. Mit den herkömmlichen politikwissenschaftlichen Begrifflichkeiten kommt man nicht weit. Das Hybride ist ein Generalmerkmal der chinesischen Politik: Hier ein Turbo-Kapitalismus, Bau-, Lebens- und Unterhaltungsformen sowie Wirtschaftspraktiken, die Chinas Wachstumszonen längst an das Erscheinungsbild der Wirtschaftsmetropolen Asiens und der übrigen Welt herangerückt haben – dort, nicht allzu weit entfernt, landwirtschaftliche Armutsgebiete, die von einer aufgeblähten, parasitären Bürokratie in einer Weise ausgebeutet werden, wie man sie aus den rückständigsten Staaten Afrikas und Asiens kennt. Hier industrielle Megagebiete mit frappierender Arbeitslosigkeit, darunter bereits Industriebrachen, wie in Bitterfeld, Oberschlesien oder im Ural, dort ein Kapitalismus, der Arbeiter- und Beschäftigtenrechte ignoriert und mit der Ausbeutung billiger und illegaler Arbeit eindrucksvolle Gewinne erwirtschaftet. Hier offene Arme für das ausländische Kapital, dort der Versuch, die politischen Ideen des Auslandes von China fernzuhalten.

Für die arme bäuerliche Bevölkerung bedeutet es einen zweifelhaften Segen, dass sie sich in einer Geldwirtschaft behaupten muss. Sie ernährt eine korrupte, weitgehend inkompetente Funktionärsklasse, von der sie keine Gegenleistung empfängt. Die Verzweiflung sucht sich immer häufiger ein Ventil in der Rebellion. In den Wachstumsprovinzen gilt die Devise, um jeden Preis das Wachstum in Schwung zu halten. Nur so fließen Steuern, nur so lässt sich Arbeitslosigkeit verhindern. Für eine nennenswerte Umverteilung reichen die dort erwirtschafteten Steuern allerdings nicht aus. Steuern zur Steigerung der Umverteilungskapazität gelten als heikle Remedur. China steht in einer Steuerkonkurrenz mit Indien und den asiatischen Nachbarn. Die Dinge bleiben am besten so, wie sie sind. Die Parallelwelten der Boomtowns und der vernachlässigten Dörfer inmitten des Landes sind durch die Heerscharen der Wanderarbeiter miteinander verschränkt. Diese Klammer zwischen Stadt und Land birgt sozialen und politischen Sprengstoff. Die Bauern und die ländlichen Familien leben in einer doppelten Rentenwirtschaft. Die örtlichen Funktionäre pressen Renten aus den Dörfern heraus, und die Arbeitsmigranten halten ihre Familien mit Arbeit über Wasser, die das Dorf und in die Region selbst nicht bieten können. Verlangsamte sich der Strom privater Transferzahlungen, etwa in Folge nachlassenden Wachstums, käme er gar zum Stillstand, so dürfte sich der steigende Druck in noch breiteren Protesten entladen.

Die Spannungen zwischen der Ersten und der Dritten Welt, die sich inmitten der chinesischen Gesellschaft reiben, ließen sich wohl mindern. Dazu müsste aber eine bauernfreundliche Politik gemacht werden, die versuchte, den Migrationsdruck zu mindern. Als Rezeptur bietet es sich an, die Agrarpreise zu stützen und die fiskalische Ausbeutung der Bauern zu beenden. Die jüngsten Richtungsentscheidungen der Partei deuten in diese Richtung. Die Entlastung der bäuerlichen Bevölkerung kann allerdings die Lebenshaltung in den Städten verteuern. In den industriellen Notstandsgebieten wären die zahlreichen Arbeitslosen davon betroffen. Wie auch immer: Wo ein Problem in Angriff genommen wird, entsteht umgehend ein neues Problem oder ein älteres Problem spitzt sich weiter zu.

Die geschilderten Probleme haben ihre Ursachen zum nicht geringen Teil in der Politik. Das Regime der KPCh ist autoritär. Selbst in einem schwachen demokratischen System ließe sich keine Politik durchhalten, die gewollt oder ungewollt gegen die bäuerlich-ländliche Bevölkerungsmehrheit gerichtet wäre. Die Politik der KPCh kommt in materieller Hinsicht vielleicht 20 Prozent der Bevölkerung zugute. Und selbst bei diesem Fünftel gibt es eine Reihe von Fehlverteilungsproblemen, wie die mangelnde soziale Absicherung und die Missachtung der Mindestlöhne und der Arbeitszeiten zeigen. Die Guanxi mögen wichtig und nützlich sein, um Verspannungen in einer Endloskette von Einzelsituationen zu lindern. Für die skizzierten ökonomischen und sozialen Großprobleme bieten sie keine Lösung. Die Repressionskraft des Regimes kann die Symptome der Krise bekämpfen. Das Regime schöpft aus der historischen Duldungsfähigkeit eines Volkes, dem heimische Herrscher und fremde Eroberer in den letzten hundert Jahren hart zugesetzt haben. Dieser Aktivposten dürfte sich verbrauchen. Seit mehr als 15 Jahren mehren sich die Anzeichen, dass dann, gestützt durch eine andere historische Erinnerung, die Zuflucht in der Rebellion gesucht werden könnte.

Die Rhetorik von der Herrschaft der Arbeiter und Bauern überzeugt in China niemanden mehr. Die Regenten im Zentrum des undurchschaubaren politischen Apparats sind heute besser ausgebildet, urteilsfähiger und auch problemsensibler als ihre Vorgänger in der Mao-Ära. Sie lassen sich beraten, sie suchen den Konsens untereinander, sie studieren Vorbilder und mögliche Lösungsansätze im Ausland. Sie verzichten darauf, Dinge bis auf die kleinste Ebene hinab selbst steuern zu wollen. Das hat den Nachteil, hier und dort dem Misstand freien Lauf zu lassen. Anderswo hat es den Vorteil, ein Handeln im Einklang mit lokalen und regionalen Traditionen zu erleichtern. Darin klingt die Nachsicht imperialer Herrscher an, die um die großen Unterschiede in ihrem Reich wissen und die Grenzen des Machbaren kennen. Die Praxis der Guanxi mildert den Griff des

Staates. Von ihr profitieren im Regelfall aber nur jene, die eine heute empfangene Leistung später einmal mit einer Gegenleistung vergelten können, also hauptsächlich die Wohlhabenden und Mächtigen.

Der Blickwinkel der meisten Chinesen, ebenso ihre Betroffenheit von der Politik endet oft weit vor den Grenzen ihrer Provinz. Sollte es jemals zu einer Liberalisierung oder gar Demokratisierung kommen, würden am stärksten wohl die Provinzen davon profitieren. Diese Überlegung ist spekulativ. Die KPCh dürfte das Ruder absehbar nicht aus der Hand geben.

Die Geschichte zeigt, dass die chinesische Zivilisation so stark ist, dass sie auch längere Perioden des Verfalls der Zentralmacht überstanden hat. Derlei ist heute kein sonderlich wahrscheinliches Szenario. Gebildete Chinesen, aber auch Menschen ohne die Weihen des Studiums und höherer Schulbildung und allemal die Regierenden kennen die Geschichte Chinas, letztere haben sie bei großen Entscheidungen stets im Kopf. Vielleicht liegt hier ein Grund jenseits des blanken Machtgenusses, warum die KPCh am autoritären Regime festhält.

Die neuen Reichen profitieren von diesem Regime, auch die heterogene Funktionärsklasse weiß die Vorteile der politischen Konkurrenzlosigkeit und des Kritiktabus zu schätzen. Doch die Deutung des Regimes ausschließlich in den Kategorien des apparativen Machterhalts greift zu kurz. In neuerer Zeit hat es allein die KPCh geschafft, das Land zu regieren, es zusammenzuhalten, ja selbst das von ihr selbst angerichtete Chaos der Kulturrevolution zu korrigieren. Dabei hat sie so ziemlich alles über Bord geworfen, was mit dem Programm einer Kommunistischen Partei verbunden gewesen ist. Die politische Führung ist mental in die chinesische Geschichte eingemauert: Die Urangst vor dem Chaos, das aus dem Machtverzicht im Rahmen einer Demokratisierung resultieren könnte, darf als Beweggrund der chinesischen Politik nicht gering geschätzt werden.

9 Literatur

Alpermann, Björn 2001: Der Staat im Dorf. Dörfliche Selbstverwaltung in China, Hamburg.

Avenarius, Thomas 2003: Die Zähmung der Oligarchen, in: Süddeutsche Zeitung vom 20.11.2003, S. 11.

Barnett, A. Doak 1993: China's Far West, Boulder.

Bauer, Wolfram (Hrsg.) 1980: China und die Fremden. 3000 Jahre Auseinandersetzung in Krieg und Frieden, München.

Bequelin, Nicolas 2004: Staged Development in Xinjiang, in: The China Quarterly, Nr. 178, S.358-378.

Becquelin, Nicolas 2000: Xinjiang in the Nineties, in: The China Journal, 44. Jg., S. 65-92.

Bernstein, Thomas P. 1999: Farmer Discontent and Regime Response, in: Merle Goldman und Roderick MacFarquhar (Hrsg.), The Paradox of China's Post Mao Reforms, Cambridge und London, S. 197-219.

Bernstein, Thomas P., und Xiaobo Lü 2003: Taxation without Representation in Contemporary Rural China, Cambridge und New York.

Bernstein, Thomas P., und Xiaobo Lü 2000: Taxation without Representation: Peasants, the Central and the Local State in Reform China, in: The China Quarterly, Nr. 163, S. 742-763.

Beyme, Klaus von 1977: Ökonomie und Politik im Sozialismus. Ein Vergleich der Entwicklung in den sozialistischen Ländern, München.

Bi, Jianhai 2002: The Role of the Military in the PRC Taiwan Policymaking: A Case Study of the Taiwan Strait Crisis of 1995-1996, in: The Journal of Contemporary China, 11. Jg., Nr. 32, S. 539-572.

Bianco, Lucien 2001: Peasants without the Party: Grass Roots Movements in Twentieth-Century China, Armonk und London.

Blecher, Mark J. 2002: Hegemony and Workers' Politics in China, in: The China Quarterly, Nr. 170, S.283-303.

Blecher, Marc, und Vivienne Shue 1996: Tethered Deer: Government and Economy in a Chinese County, Stanford

Blume, Thomas 2002: Chinas Beitritt zur Welthandelsorganisation aus Sicht der Neuen Politischen Ökonomie, Hamburg.

Bo, Zhiyue 2004: The 16th Central Committee of the Chinese Communist Party: Formal Institutions and Factional Groups, in: The Journal of Contemporary China, 13. Jg., Nr. 39, S. 223-256.

Bo, Zhiyue 2000: Economic Development and Corruption: Beijing beyond "Beijing", in: The Journal of Contemporary China, 9. Jg., Nr. 25, S. 467-487.

Bo, Zhiyue 1996: Economic Performance and Political Mobility: Provincial Leaders, in: The Journal of Contemporary China, 5. Jg., Nr. 12, S. 135-154.

Bork, Henrik 2005a: China bestätigt tödliche Schüsse auf Demonstranten, in: Süddeutsche Zeitung vom 12. Dezember 2005, S. 8.

Bork, Henrik 2005b: Ein Guru bedroht das System. Die Sekte Falun Gong hat China in die größte Krise seit dem Studentenprotest vor zehn Jahren gestürzt, in: Volker Ulrich und Eva Berié (Hrsg.), Der Fischer-Weltalmanach aktuell: Weltmacht China, Frankfurt/M., S. 114-117.

Brady, Anne-Marie 2000: "Treat Insiders and Outsiders Differently": The Use and Control of Foreigners in the PRC, in: The China Quarterly, Nr. 164, S.943-964.

Brovkin, Vladimir 1996: The Emperor's New Clothes: Continuity of Soviet Political Culture in Contemporary Russia, in: Problem of Post-Communism, March/April, S. 21-28.

Brown, Archie 2000: Der Gorbatschow-Faktor, Frankfurt/M. und Leipzig.

Bruun, Ole 1996: The Fengshui Resurgence in China: Conflicting Cosmologies between State and the Peasantry, in: The China Journal, Nr. 36, S. 47-66.

Burgh, Hugo de 2003: The Chinese Journalist: Mediating Information in the World's Most Populous Country, London und New York.

Burns, John P. (Hrsg.) 1989a: The Chinese Communist Party's Nomenklatura System: A Documentary Study of Party Control of Leadership Selection, 1979- 1984, Armonk und London.

Burns, John P. 1989b: Chinese Civil Service Reform: The 13th Party Congress, in: The China Quarterly, Nr. 120, S. 739-770

Cai, Yongshun 2000: Between State and Peasant: Local Cadres and Statistical Reporting in China, in: The China Quarterly, Nr. 163, S. 783-805.

Cai, Younghun, und Songcai Yang 2005: State Power and Unbalanced Development in China, in: The Journal of Contemporary China, 14. Jg., Nr. 42, S. 117-134.

Cao, Cang 1999: Red or Expert: Membership in the Chinese Academy of Sciences, in: Problems of Post-Communism, July/August, S. 42-55.

Cao, Jinqing 2005: China along the Yellow River: Reflections on Rural Society, London und New York.

Cavey, Paul 1997: Building a Power Base: Jian Zemin and the Post-Deng Succession, in: Issues & Studies, 33. Jg., S. 1-34.

Chan, Anita 2001: China's Workers under Assault: The Exploitation of Labor in a Globalizing Economy, Armonk und London.

Chan, Anita 1997: Chinese Danwei Reforms: Convergence with the Japanese Model? in: Xiaobo Lü und Elizabeth J. Perrry (Hrsg.), Danwei: The Changing Chinese Workplace in Historical and Comparative Perspective, Armonk und London, S. 91-113.

Chan, Anita 1993: Revolution or Corporatism? Workers and Trade Unions in Post-Mao China, in: The Australian Journal of Chinese Affairs, Nr. 29, S. 31-61.

Chan, Anita, Richard Madsen und Jonathan Unger 1992: Chen Village and Mao and Deng, 2. Aufl., Los Angeles und Oxford.

Chan, Kam Wing, und Zhang Li 1999: The Hukou System and Rural-Urban Migration in China: Processes and Changes, in: The China Quarterly, Nr. 160, S. 818-855.

Chan, Che-Po 2001: The 1998 State Council Organizational Streamlining: Personnel Reduction and Change of Government Function, in: The Journal of Contemporary China, 10. Jg., Nr. 29, S. 553-572.
Chan, Che-Po 1999: The Political Pragmatism of Chinese University Students: 10 Years after the 1989 Movement, in: The Journal of Contemporary China, 8. Jg., Nr.22., S. 381-403.
Chang, Chen-Chang 1995: The Resurgence of Clan Power in Mainland China, in: Issues & Studies, 31. Jg., Nr. 5, S. 64-75.
Chang, David W. 1984: Zhou Enlai and Deng Xiaoping in the Chinese Leadership Succession Crisis, Lanham, New York und London.
Chang, Parris H. 2001: Changing of the Guard, in: The China Journal, Nr. 45, S. 37-44.
Chang, Ya-chun 1995: Provincial Level Government in Mainland China: Organizational Structure and Central Control, in: Issues & Studies, 31. Jg., Nr. 4, S. 62-77.
Chen, Feng 1998: Rebuilding the Party's Normative Authority: China's Socialist Spiritual Civilization Campaign, in: Problems of Post-Communism, 45. Jg., November/December, S. 33-41.
Chen, Feng 2004: Legal Mobilization by Trade Unions: The Case of Shanghai, in: The China Journal, Nr. 52, S.27-45.
Chen, Feng 2003: Industrial Restructuring and Workers' Resistance in China, in: Modern China, 29. Jg., S. 237-262.
Chen, Feng 2000: Subsistence, Crises, Managerial Corruption and Labour Protests in China, in: The China Journal, Nr. 44, S. 41-64.
Chen, Jie 1995: The Impact of Reform on the Party and Ideology in China, in: The Journal of Contemporary China, 4. Jg., Nr. 9, S. 22-34.
Chen, Min 1992: Socialism and Confucianism: Problems of Chinese Management, in: The Journal of Contemporary China, 1. Jg., Nr 1, S. 86-98.
Chen, Weixing 1997: Peasant Challenge in Post-Communist China, in: The Journal of Contemporary China, 6. Jg., Nr. 14, S. 101-115.
Cheng, Tiejun, und Mark Selden 1994: The Origins and Social Consequences of China's Hukou System, in: The China Journal, Nr. 139, S. 664-669.
Cheung, Peter T. Y. 1998: Changing Relations between the Central Government and Guangdong, in: Y. M. Young und David K. Y. Chu (Hrsg.), Guangdong: Survey of a Province Undergoing Rapid Change, 2. Aufl., Hong Kong, S. 23-61.
Cheung, Peter T. Y. 1996: The Political Context of Shanghai's Political Development, in: Y. M. Cheung und Sung Yun-wing (Hrsg.), Shanghai: Transformation and Modernization under China's Open Policy, Hong Kong, S. 49-92.
Cheung, Tai Ming 2001: China's Entrepreneurial Army, Oxford und New York.
Ch'i, His-sheng 1976: Warlord Politics in China 1916-1928, Stanford.
China aktuell 2003: S. 7.
China aktuell 2003: S. 14f.
China aktuell 2003: S. 717.
China aktuell 2003: S. 718.
China aktuell 2003: S. 691.
China aktuell 2003: S. 1201.
China aktuell 2002: S. 1380.

China aktuell 2002: S. 1378f.
China aktuell 2001: S. 257f.
China aktuell 2001: S. 850f.
Chopan, Alex 2002: A Table for Two: Jiang Zemin and the PLA, in: The Journal of Contemporary China, 11. Jg., S. 281-296.
Chou, Bill K.P. 2004: Civil Service Reform in China, 1993-2001, in: China.: An International Journal, 2. Jg., S. 210-234.
Chu, Godwin C. 2001: The Changing Concept of Zhong (Loyalty): Emerging New Chinese Political Culture, in: Shiping Hua (Hrsg.), Chinese Political Culture, 1989-2000, Armonk und London, S. 42-69.
Cong, Cao, und Richard P. Suttmeier 2001: China's New Scientific Elite: Distinguished Young Scientists, the Research Environment and Hopes for Chinese Science, in: The China Quarterly, Nr. 168, S. 960-984.
Croll, Elizabeth 1999: Social Welfare Reform: Trends and Tensions, in: The China Quarterly, Nr. 159, S. 684-699.
Curtis, Gerald L. 1999: The Logic of Japanese Politics: Leaders, Institutions, and the Limits of Change, New York.

Dahl, Robert A. 1989: Democracy and Its Critics, New Haven und London.
Dahl, Robert A. 1971: Polyarchy: Participation and Opposition, New Haven und London.
Derichs, Claudia, und Thomas Heberer (Hrsg.) 2003: Einführung in die politischen Systeme Ostasiens, Opladen.
Dickson, Bruce J. 2004: Dilemmas of Party Adaptation: The CCP's Strategies for Survival, in: Peter Hays Gries und Stanley Rosen (Hrsg.), State and Society in 21st Century China, New York und London, S. 141-158.
Dickson, Bruce J. 2003: Red Capitalists in China: The Party, Private Entrepreneurs, and Prospects for Political Change, Cambridge und New York.
Dickson, Bruce J. 2000/2001: Cooptation and Corporatism in China: The Logic of Party Adaptation, in: Political Science Quarterly, 115. Jg., S. 517-540.
Dickson, Bruce J., und Chien-Min Chao 2001: Introduction, in: Chien-Min Chao und Bruce J. Dickson (Hrsg.), Remaking the Chinese State: Strategies, Society, and Security, London und New York, S. 1-16.
Dickson, Bruce J., und Maria Rost Rublee 2000: Membership Has Its Privileges: The Socioeconomic Characteristics of Communist Party Members in Urban China, in: Comparative Political Studies, 33. Jg., S. 87-11.
Dinello, Natalia 1999: The Russian F-Connection: Finance, Firms, Friends, Families and Favorites, in: Problems of Post-Communism, 46. Jg., January/February, S. 24-33.
Ding, Arthur S. 1995: Jiang Zemin Inspects Army Police Corps, in: Issues & Studies, Nr. 11, S. 130-131.
Ding, X. L. 2000: The Illegal Asset Stripping of Chinese State Firms, in: The China Journal, Nr. 43, S. 1-28.
Dittmer, Lowell 2000a: Informal Politics among the Chinese Communist Party Elite, in : Lowell Dittmer, Haruhiro Fukui und Peter N. S. Lee (Hrsg.), Informal Politics in East Asia, Cambridge, S. 106-140.

Dittmer, Lowell 2000b: Sizing Up China's New Leadership, in: Hung-Mao Tien und Yun-han Chu (Hrsg.), China under Jiang Zemin, Boulder und London, S. 33-54.
Dittmer, Lowell, und Xiaobo Lu 1996: Personal Politics in the Chinese Danwei under Reform, in: The Asian Survey, 36. Jg., S. 246-267.
Dittmer, Lowell, und Yu-shan Wu 1995: The Modernization of Factionalism in Chinese Politics, in: World Politics, 47. Jg. S. 467-494.
Djilas, Milovan 1976: Die neue Klasse. Eine Analyse des kommunistischen Systems, Stuttgart.
Dreyer, June Teufel 2003: Economic Development in Tibet under the People's Republic of China, in: The Journal of Contemporary China, 12. Jg. Nr. 36, S. 411-430.
Dreyer, June Teufel 2000: China's Political Systems: Modernization and Tradition, 3. Aufl., Houndmills und London
Duckett, Jane 1998: Government and Politics, in: Brian Hook (Hrsg.), Beijing and Tianjin: Towards a Millennial Megalopolis, Hong Kong, Oxford und New York, S. 31-55.
Dutton, Michael (Hrsg.) 1998: Streetlife China, Cambridge und New York

Eberhard, Wolfram 1965: Chinese Regional Stereotypes, in: The Asian Survey, 5. Jg., S. 596-608.
Esherick, Joseph W., 2002: Collapse of the Old Order, Germination of the New: Chinese Society during the Civil War, 1945-1949, in: Werner Draguhn und David S. G. Goodman (Hrsg.), China's Communist Revolutions, London und New York, S. 23-49.
Ewing, Richard Daniel 2003: Hu Jintao: The Making of a Chinese Secretary General, in: The China Quarterly, Nr. 173, S. 17-34.

Fairbank, John K. 1986: The Great Chinese Revolution, 1800-1985, London.
Fairbank, John K. (Hrsg.) 1957: Chinese Thought and Institutions, Chicago.
Fang, Shang 1995: Reform of Mainland China's Urban Old-Age Pension System, in: Issues & Studies, 31. Jg., Nr. 11, S. 98-107.
Fewsmith, Joseph 2003: The Sixteenth National Party Congress: The Succession that Didn't Happen, in: The China Quarterly, Nr. 173, S. 1-16.
Fewsmith, Joseph 2001a: China since Tiananmen: The Politics of Transition, Cambridge.
Fewsmith, Joseph 2001b: The New Shape of Elite Politics, in: The China Journal, Nr. 45, S. 83-94.
Fewsmith, Joseph 2000: Formal Structures, Informal Politics, and Political Change in China, in: Lowell Dittmer, Haruhiro Fukui und Peter N. S. Lee (Hrsg.), Informal Politics in East Asia, Cambridge, S. 141-146.
Fewsmith, Joseph 1999: Elite Politics, in: Merle Goldman and Roderick MacFarquhar (Hrsg.), The Paradox of China's Post-Mao Reforms, Cambridge und London, S. 52-74.
Fewsmith, Joseph 1994: Dilemmas of Reform in China: Political Conflict and Economic Debate, Armonk und London
Follath, Erich, Andreas Lorenz und Stefan Simons 2002: Der Kopf des Drachens, in: Der Spiegel vom 9.12.2002, S. 134-152.

Francis, Corinna Barbara 1996: Reproduction of Danwei Institutions in the Context of China's Market Economy: The Case of Haidian District's High-Tech Sector, in: The China Quarterly, Nr. 147, S. 839-859

Fu, Zhengyan 1993: Autocratic Tradition and Chinese Politics, Cambridge, New York und Melbourne.

Fukui, Haruhiro 2000: Introduction: On the Significance of Informal Politics, in: Lowell Dittmer, Haruhiro Fukui und Peter N. S. Lee (Hrsg.), Informal Politics in East Asia, Cambridge, S. 1-19.

Gallagher, Mary E. 2002: "Reform and Openness": Why China's Economic Reforms Have Delayed Democracy, in: World Politics, 54. Jg., S. 338-372.

Gäng, Peter 1996: Was ist Buddhismus?, Frankfurt/M. und New York.

Gao, James Z. 2001: From Rural Revolution to Urban Revolutionization: A Case Study of Luzhongnan, in: The Journal of Contemporary China, 10. Jg., Nr. 27, S. 233-252.

Geertz, Clifford 1987: Dichte Beschreibung. Beiträge zum Verstehen kultureller Systeme, Frankfurt/M.

Geffken, Rolf 2003: Arbeitsrecht in China: Soft-Law oder Steuerung?, in: China aktuell, November, S. 1353-1364.

Gilley, Bruce 1998: Tiger on the Brink: Jiang Zemin and China's New Elite, Berkeley, Los Angeles und London.

Gittings, John 2005: The Changing Face of China: From Mao to Market, Oxford und New York.

Gong, Ting 1996: Jumping into the Sea: Entrepreneurs in China, in: Problems of Post-Communist, July/August, S. 26-34.

Goodman, David S. G. 2004: The Campaign to "Open Up the West": National-Provincial-Level and Local Perspectives, in: The China Quarterly, Nr. 178, S.317-334

Goodman, David S. G. 2000: The Localism of Local Leadership Cadres in Reform Shanxi, in: The Journal of Contemporary China, 9. Jg., Nr. 24, S. 159-183.

Goodman, David S. G. 1999: The New Middle Class, in: Merle Goldman und Roderick MacFarquhar (Hrsg.), The Paradox of China's Post-Mao Reforms, Cambridge und London, S. 241-261.

Goodman, David S. G. (Hrsg.) 1997: China's Provinces in Reform: Class, Community and Political Culture, London und New York.

Gottwald, Jörn C., Eberhard Sandschneider und Junhua Zhang 2003: Parteien, in: Brunhild Staiger, Stefan Friedrich und Hans-Wilm Schütte (Hrsg.), Das große China-Lexikon, Darmstadt, S. 555-557.

Greenhalgh, Susan 2005: Missile Science, Population Science: The Origins of China's One-Child Policy, in: The China Quarterly, Nr. 182, S. 235-276.

Gries, Peter Hays, und Stanley Rosen (Hrsg.) 2004: State and Society in 21st Century China, New York und London.

Gu, Edward X. 1998: "Non-Establishment" Intellectuals, Public Space, and the Creation of Non-Governmental Organization in China: The Chen Ziming-Wang Juntao Sage, in: The China Quarterly, Nr. 39, S. 39-60.

Guo, Sujian 1999: Post-Mao China: The Rule of Law?, in: Issues & Studies, 35. Jg. S. 80-118.

Guo, Xiaolin 2001a: Land Expropriation and Rural Conflicts in China, in: The China Quarterly, Nr. 166, S. 422-439.

Guo, Xuezhi 2001b: Dimensions of Guanxi in Chinese Elite Politics, in: The China Journal, Nr. 46, S. 69-94.

Guo, Zenglin, und Thomas P. Bernstein 2004: The Impact of Elections on the Village Structure of Power: The Relations between the Village Committees and the Party Branches, in: The Journal of Contemporary China, 13. Jg., Nr. 39, S. 257-275.

Gutowski, Achim 1999: Interessengruppen und wirtschaftspolitische Reformen in der VR China, Bremen.

Halpern, Nina P. 1992: Information Flow and Policy Coordination in the Chinese Bureaucracy, in: Kenneth Lieberthal und David M. Lampton (Hrsg.), Information Flow and Policy Coordination in the Chinese Bureaucracy, Berkeley, Los Angeles und Oxford, S. 125-150.

Hamrin, Carol Lee 1992: The Party Leadership System, in: Kenneth Lieberthal und David M. Lampton (Hrsg.), Bureaucracy, Politics, and Decision-Making in Post-Mao China, Berkeley, Los Angeles und Oxford, S. 95-124.

Hamrin, Carol Lee, und Suisheng Zhao (Hrsg.) 1995: Decision-Making in Deng's China, Armonk und London.

Hartmann, Jürgen 1995: Vergleichende Politikwissenschaft. Ein Lehrbuch, Frankfurt/M. und New York.

Hartmann, Jürgen 1992: Politik in Japan. Das Innenleben einer Wirtschaftsweltmacht, Frankfurt/M. und New York.

Hartmann, Jürgen 1983: Politik und Gesellschaft in Osteuropa, Frankfurt/M. und New York.

Hanson, Philip, und Elizabeth Teague 2005: Big Business and the State in Russia, in: Europe-Asia Studies, 57. Jg., S. 657-680.

Hao, Yufan 1999: From Rule of Man to Rule of Law: An Unintended Consequence of Corruption in China in the 1990s, in: The Journal of Contemporary China, 8. Jg., Nr. 22, S. 405-423.

Harwit, Eric 2004: Spreading Telecommunications to Developing Areas in China: Telephones, the Internet and the Digital Divide, in: The China Quarterly, Nr. 180, S.1010-1030.

He, Bagang 1996: Legitimation and Democratization in Transitional China, in: Journal of Communist Studies and Transition Politics, 12. Jg., S. 315-342.

Heberer, Thomas 2003a: Das politische System der VR China im Prozess des Wandels, in: Claudia Derichs und Thomas Heberer (Hrsg.), Einführung in die politischen Systeme Ostasiens, Opladen, S.19-122.

Heberer, Thomas 2003b: Korruption, in: Brunhild Staiger, Stefan Friedrich und Hans-Wilm Schütte (Hrsg.), Das große China-Lexikon, Wiesbaden, S. 401f.

Heberer, Thomas 2001: Unternehmer als strategische Gruppen. Zur sozialen und politischen Funktion von Unternehmern in China und Vietnam, Hamburg.

Heberer, Thomas 1998: Zwischen Krise und Chance: Neue soziale Herausforderungen des ländlichen China, in: Carsten Hermann-Pillath und Michael Lackner (Hrsg.),

Länderbericht China. Politik, Wirtschaft und Gesellschaft im chinesischen Kulturraum, Bonn, S. 379-406.

Heberer, Thomas 1996: Die Rolle von Interessenvereinigungen in autoritären Systemen: Das Beispiel der Volksrepublik China, in: Politische Vierteljahresschrift, 37. Jg., S. 277-297.

Heberer, Thomas 1989: Korruption in China. Analyse eines politischen, ökonomischen und sozialen Problems, Opladen.

Heberer, Thomas, und Wolfgang Taubmann 1998: Chinas ländliche Gesellschaft im Umbruch. Urbanisierung und sozio-ökonomischer Wandel auf dem Lande, Opladen und Wiesbaden.

Heilmann, Sebastian 2004: Das politische System der Volksrepublik China, 2. Aufl., Wiesbaden.

Heilmann, Sebastian 1998: Die neue chinesische Regierung: Abschied vom sozialistischen Leviathan?, in: China aktuell, S. 277-287.

Heilmann, Sebastian, und Sarah Kirchberger 2000: Chinas politische Führungsschicht im Wandel. Personalstatistiken der ZK-Personalabteilung erstmals zugänglich, in: China aktuell, S. 499-507.

Heuser, Robert 2004: Der Weg des „chinesischen Rechtsstaats": In neuen Schuhen auf alten Pfaden?, in: China aktuell, S. 1221-1224.

Ho, Samuel P.S., und George C.S. Lin 2004: Converting Land to Nonagricultural Use in China's Coastal Provinces, in: Modern China, 30. Jg., S. 81-112.

Hoensch, Jörg K. 1977: Sowjetische Osteuropapolitik 1945-1947, Kronberg, Ts.

Holbig, Heike 2004a: Auf dem Weg zur konstitutionellen Einparteienherrschaft? Die Verfassungsänderungen vom März 2004, in: China aktuell, S. 259-268.

Holbig, Heike 2004b: The Emergence of the Campaign to Open Up the West: Ideological Formation, Central Decision-Making and the Role of the Provinces, in: The China Quarterly, Nr. 178, S.335-357.

Holbig, Heike 2003a: Gelingt die politische Steuerung der wirtschaftlichen Dynamik in China, in: China aktuell, S. 43-51.

Holbig, Heike 2003b: Die Politik entdeckt die benachteiligten Gruppen. Die 5. Plenartagung des IX. Nationalen Volkskongresses, in: China aktuell, S. 266-274.

Holbig, Heike 2001a: Lokalverwaltung in der VR China. Zum Wandel parteistaatlicher Kontrollstrukturen seit 1979, in: China aktuell, Februar, S. 153-168.

Holbig, Heike 2001b: Das „andere" China – Shanghais politische Sonderrolle, in: China aktuell, S. 1215-1238.

Holbig, Heike, und Thomas Reichenbach 2005: Verbandliche Interessenvermittlung in der VR China. Der Bund für Industrie und Handel zwischen staatlichem Kontrollanspruch und privatwirtschaftlicher Selbstbehauptung, Hamburg.

Hong, Lijian 2004: Chongqing: Opportunities and Risks, in: The China Quarterly, Nr. 178, S.448-466.

Hong, Lijian 1997: Sichuan: Disadvantage and Mismanagement in the Heavenly Kingdom, in: David S. G. Goodman (Hrsg.), China's Provinces in Reform, London und New York, S. 199-236.

Hook, Brian (Hrsg.) 1998: Beijing and Tianjin: Towards a Millennial Megalopolis, Hong Kong, Oxford und New York.

Howell, Jude 1998: An Unholy Trinity? Civil Society, Economic Liberalization and Democratization in Post-Mao China, in: Government and Opposition, 33. Jg., S. 556-580.

Hsiao, Ching-chang, und Timothy Creek 1995: Open and Closed Media: External and Internal Newspapers in the Propaganda System, in: Carol Lee Hamrin und Suisheng Zhao (Hrsg.), Decision-Making in Deng's China: Perspectives from Insiders, Armonk und London, S. 76-87.

Hu, Shaohua 1997: Confucianism and Western Democracy, in: The Journal of Contemporary China, 6. Jg., Nr. 15, S. 347-363.

Hu, Shikai 1993: Representation without Democratization: The "Signature Incident" and China's National People's Congress, in: The Journal of Contemporary China, 2. Jg., S. 3-23.

Hua, Shiping (Hrsg.) 2001: Chinese Political Culture, 1989-2000, Armonk und London.

Huang, Roy 1986: 1587. Ein Jahr wie jedes andere. Der Niedergang der Ming, Frankfurt/M.

Huang, Yasheng 2001: Political Institutions and Fiscal Reforms in China, in: Problems of Post-Communism, 48. Jg., January/February, S. 16-26.

Huang, Yasheng 1995: Administrative Monitoring in China, in: The China Quarterly, Nr. 143, S.828-843.

Hung, Eva P.W., und Stephen W.K. Chiu 2003: The Lost Generation: Life Course Dynamics and Xiagang in China, in: Modern China, 29. Jg., 204-236.

Hwang, Kwang-Kuo 1987: Face and Favor: The Chinese Power Game, in: American Journal of Sociology, 92. Jg., S. 944-974.

Ioffe, Grigory 2005: The Downsizing of Russian Agriculture, in: Europe-Asia-Studies, 57. Jg., S. 179-208.

Jacobs, Bruce 1997: Shanghai: An Alternative Centre? in: David S. G. Goodman (Hrsg.), China's Provinces in Reform: Class, Community, and Political Culture, London und New York, S. 163-198.

Jian, Yarong, und David Ashley 2000: Mao's Children in the New China: Voices from the Red Guard Generation, London und New York.

Joffe, Ellis 2000: The People's Liberation Army and Politics: After the Fifteenth Party Congress, in: Hung-Mao Tien und Yun-han Chu (Hrsg.), China under Jiang Zemin, Boulder und London, S. 115-136.

Joffe, Ellis 1996: Party-Army Relations in China: Retrospect and Prospect, in: The China Quarterly, June, S. 299-314.

Joffe, Ellis 1994: Regionalism in China: The Role of the PLA, in: The Pacific Review, 7. Jg., S. 17-28.

Johnson, Ian 2004: Wild Grass: Three Stories of Change in Modern China, New York.

Johnston, M. Francis 2002: Elites and Agencies: Forging Labor Policy at China's Central Level, in: Modern China, 28. Jg., S. 147-176.

Jun, Jing 1997: Rural Resettlement: Past Lessons for the Three Gorges Project, in: The China Journal, Nr. 38, S. 65-94.

Kampen, Thomas 2003: Kommunistische Partei Chinas, in: Brunhild Staiger, Stefan Friedrich und Hans-Wilm Schütte (Hrsg.): Das große China-Lexikon, Darmstadt, S.381-385.

Keane, Michael 2002: As a Hundred Television Formats Bloom, a Thousand Television Stations Contend, in: Journal of Contemporary China, 11. Jg., Nr. 30, S. 5-16.

Kelliher, Daniel 1993: Keeping Democracy Safe from the Masses: Intellectuals and Elitism in the Chinese Protest Movement, in: Comparative Politics, 25. Jg., S. 379-396.

Kennedy, Scott 1997: The Stone Group: State Client or Market Pathbreaker?, in: The China Quarterly, Nr. 152, S. 746-777.

Kerde, Ortrud 1994: Macht durch Expertise – die Zoku-Abgeordneten in der LDP, in: Asiatische Studien, 48. Jg., S. 541-554.

Kevenhörster, Paul 2003: Politik, in: Paul Kevenhörster, Werner Pascha und Karen A. Shire, Japan. Wirtschaft-Gesellschaft-Politik, Opladen.

King, Ambrose Y. C. 1991: Kuan-shi and Network Building: A Sociological Interpretation, in: Daedalus, 120. Jg., S. 63-84.

King, Ambrose Y. C. 1985: The Individual and the Group in Confucianism: A Relational Perspective, in: Donald J. Munro (Hrsg.), Individualism and Holism: Studies in Confucian and Taoist Values, Ann Arbor, S. 57-68.

Kiser, Edgar, und Xiaxi Tong 1992: Determinants of the Amount and Type in State Fiscal Bureaucracies: An Analysis of Late Imperial China, in: Comparative Political Studies, 25. Jg., S. 300-331.

Köckritz, Angela 2004: Sklaven des Booms, in: Süddeutsche Zeitung vom 18.12.2004, S. 28.

Krauss, Ellis S., und Robert Pekkanen 2004: Explaining Party Adaptation to Electoral Reform: The Discreet Charm of the LDP?, in: Journal of Japanese Studies, 30. Jg., S. 1-34.

Krieg, Renate, Liu Jen-Kai, Gunda Müller, Monika Schädler und Eva Sternfeld 1998: Provinzporträts der VR China: Geographie, Wirtschaft, Gesellschaft, Hamburg.

Kubicek, Paul 1999: Organized Labor in Postcommunist States: Will the Western Sun Set on It, Too?, in: Comparative Politics, 32. Jg., S. 83-102.

Kuhn, Robert Lawrence 2004: The Man Who Changed China: The Life and Legacy of Jiang Zemin, New York.

Kung, James Kai-sing, and Shouying Liu 1997: Farmers' Preferences Regarding Ownership and Land Tenure in Post-Mao China: Unexpected Evidence from Eight Counties, in: The China Journal, Nr. 38, S. 33-64.

Kwong, Julia 2004: Educating Migrant Children: Negotiations between the State and Civil Society, in: The China Quarterly, Nr. 180, 1073-1088.

Lam, Danny, und Cal Clark 1994: Beyond the Developmental State: The Cultural Roots of "Guerilla Capitalism" in Taiwan, in: Governance, 7. Jg., S. 412-430.

Lampton, David M. 1992: A Plum for a Peach: Bargaining, Interest, and Bureaucratic Politics in China, in: Kenneth Lieberthal und David M. Lampton (Hrsg.), Bureaucracy, Politics, and Decision-Making in Post-Mao China, Berkeley, Los Angeles und Oxford, S. 33-58.

Latham, Kevin 2000: Nothing but the Truth: News Media, Power, and Hegemony in South China, in: The China Quarterly, Nr. 163, S. 633-654.

Ledeneva, Alena V. 1998: Russia's Economy of Favours: Blat, Networking, and Informal Exchange, Cambridge.

Lee, Ching Kwan 1998: Gender and the South China Miracle: The World of Factory Women, Berkeley, Los Angeles und London.

Lee, Hong Yung 1991: From Revolutionary Cadres to Party Technocrats in Socialist China, Berkeley, Los Angeles und Oxford.

Lehmbruch, Gerhard 1977/78: Liberal Corporatism and Party Government, in: Comparative Political Studies, 10. Jg., S. 91-126.

Leeming, Frank 1985: Rural China Today, London und New York.

Leng, Tse-Kang 2005: State and Busines in the Era of Globalization: The Case of Cross-Strait Linkages in the Computer Industry, in: The China Journal, Nr. 53, S. 64-77.

Li, Cheng 2001a: China's Leaders: The New Generation, Lanham, Boulder, New York und Oxford.

Li, Cheng 2001b: Diversification of Chinese Entrepreneurs and Cultural Pluralism in the Reform Era, in: Shiping Hua (Hrsg.), Chinese Political Culture, 1989-2000, Armonk und London, S. 219-243.

Li, Cheng 2000: Jiang Zemin's Successors: The Rise of the Fourth Generation of Leaders in the PRC, in: The China Quarterly, Nr. 161, S. 1-40.

Li, Cheng, und Lynn White 2000: Elite Transformation and Modern Change in Mainland China and Taiwan: Empirical Data and the Theory of Technocracy, in: The China Quarterly, Nr. 121, S. 1-35.

Li, Hanlin 1991: Die Grundstruktur der chinesischen Gesellschaft, Opladen.

Li, He 2002: The Role of Think tanks in Chinese Foreign Policy, in: Problems of Post-Communism, 49. Jg., March/April, S. 33-43.

Li, Lianjiang 2004: Political Trust in Rural China, in: Modern China, 30. Jg., S. 228-258.

Li, Lianjiang 2002: The Politics of Introducing Direct Township Elections in China, in: The China Quarterly, Nr. 171, S.704-723.

Li, Liangjiang, und Kevin O'Brien 1999: The Struggle over Village Elections, in: Merle Goldman und Roderick MacFarquhar (Hrsg.), The Paradox of China's Post-Mao Reforms, Cambridge und London, S. 129-144.

Li, Linda Chelan 2000: The "Rule of Law" Policy in Guangdong: Continuity or Departure? Meaning, Significance and Processes, in: The China Quarterly, Nr. 161, S. 199-220.

Li, Linda Chelan 1998: Centre and Provinces: China, 1978-1993, Oxford.

Li, Nan 1999: Organizational Changes of the PLA, 1985-1997, in: The China Quarterly, Nr. 158, S. 314-349.

Li, Wei, und Lucian W. Pye 1992: The Ubiquitous Role of the Mishu in Chinese Politics, in: The China Quarterly, Nr. 132, S. 913-936.

Li, Xiaoping 2002: "Focus" (Jiaodian Fangtan) and the Changes in the Chinese Television Industry, in: The Journal of Contemporary China, 11. Jg., Nr. 30, S. 17-34.

Li, Xiaoping 1995: Economic Reform, Social Change, and Illegal Chinese Emigrants, in: The Journal of Contemporary China, 4. Jg., Nr. 11, S. 93-104.

Li, Zhisui 1994: The Private Life of Chairman Mao: The Memoirs of Mao's Personal Physician, Foreword by Andrew Nathan, London.

Lieberthal, Kenneth 1995: Governing China: From Revolution through Reform, New York und London.

Lieberthal, Kenneth, und David M. Lampton (Hrsg.) 1992: Bureaucracy, Politics, and Decision-Making in Post-Mao China, Berkeley, Los Angeles und London.

Lieberthal, Kenneth, und Michael Oksenberg 1988: Policy-Making in China: Leaders, Structures, and Processes, Princeton.

Lin, Jan 1998: Reconstructing Chinatown: Ethnic Enclave, Global Change, Minneapolis und London.

Lin, Teh-chang 2001: The Reform of State-owned Enterprises in Mainland China, in: Chien-min Cao und Bruce J. Dickson (Hrsg.), Remaking the Chinese State: Strategies, Society and Stability, London und New York,. S. 157-168.

Liu, Alan P. L. 2002: Mini-Nationalism in Post-Mao China, in: Problems of Post-Communism, 49. Jg., March/April, S. 44-51.

Liu, Alan P. L. 2001: Provincial Identities and Political Cultures: Modernism, Traditionalism, Parochialism, and Separatism, in: Shiping Hua (Hrsg.), Chinese Political Culture, 1989-2000, Armonk und London, S. 246-275.

Liu, Alan P. L. 1996: Beijing and the Provinces: Different Constructions of National Development, in: Issues & Studies, 32. Jg., Nr. 8, S. 28-53.

Liu, Alan P. L. 1976: Political Culture & Group Conflict in Communist China, Santa Barbara und Oxford.

Liu, Bingwen, und Xiong Lei (Hrsg.) 1989: 100 unter 1 Milliarde. Gespräche mit Chinesen über Alltagsleben, Hoffnungen und Ängste, Opladen.

Liu, Jen-Kai 2002: Die neuen Mitglieder der Führungsorgane des XIV. Zentralkomitees der Kommunistischen Partei Chinas, in: China aktuell, November, S. 1276-1288.

Liu, Peng 1996: Church and State Relations in China: Characteristics and Trends, in: The Journal of Contemporary China, 5. Jg., Nr. 11, S. 69-79.

Lorenz, Andreas 2003: Stadt ohne Seele, in: Der Spiegel vom 17.03.2003, S. 134, 136.

Lorenz, Richard (Hrsg.) 1977: Zur Sozialgeschichte der chinesischen Revolution (1911-1949), Frankfurt/M.

Lotspeich, Richard, und Aimin Chen 1997: Environmental Protection in the People's Republic of China, in: The Journal of Contemporary China, 6. Jg., Nr. 14., S. 33-59.

Lu, Xiaobo 2000: Booty Socialism, Bureau-preneurs, and the State in Transition: Organization Corruption in China, in: Comparative Politics?, 32. Jg., S. 273-294.

Lu, Mai, und Calla Wiemer 2005: An End to China's Agriculture Tax, in: China: An International Journal, 3. Jg., S. 320-330.

Lubman, Stanley B. 1999: Bird in a Cage: Legal Reform in China after Reform, Stanford.

Lukin, Alexander 2001: Putin's Regime: Restoration or Revolution?, in: Problems of Post-Communism, July/August, S. 38-48.

Luo, Xu 2004: Farewell to Idealism: Mapping China's University Students of the 1990s, in: The Journal of Contemporary China, 13. Jg., Nr. 41, S.779-799.

Lynch, Daniel C. 1999: After the Propaganda State: Media, Politics, and „Thought Work" in Reformed China, Stanford.

Lü, Xiaobo 2000: Cadres and Corruption: The Organizational Involution of the Chinese Communist Party, Stanford.

Lü, Xiaobo 1997: Minor Public Economy: The Revolutionary Origins of the Danwei, in: Xiaobo Lü und Elizabeth J. Perry (Hrsg.), Danwei: The Changing Workplace in Historical and Comparative Perspective, Armonk und London, S. 21-41.

Lü, Xiaobo, und Elizabeth J. Perry (Hrsg.) 1997: Danwei: The Changing Chinese Workplace in Historical and Comparative Perspective, Armonk und London.

Mackerras, Colin 2001: The New Cambridge Handbook of Contemporary China, Cambridge und New York.

MacLachlan, Patricia L. 2004: Post Office Politics in Modern Japan: The Postmasters, Iron Triangles, and the Limits of Reform, in: Journal of Japanese Studies, 30. Jg., S. 281-313.

MacNally, Christopher 2004: Sichuan: Driving Capitalist Development Westward, in: The China Quarterly, Nr. 178, S.426-447.

MacNamara, Dennis 1996: Corporatism among Japanese Labor, in: Comparative Politics, 28. Jg., S. 379-397.

Manion, Melanie 1993: Retirement of Revolutionaries in China: Public Policies, Social Norms, Private Interests, Princeton.

Matthews, Mervyn 1993: The Passport Society: Controlling Movement in Russia and the USSR, Boulder, San Francisco und Oxford.

Mertha, Andrew C. 2005: China's " Soft Centralization: Shifting Tiao/Kuai Authority Relations, in: The China Quarterly, Nr. 184, S. 791-810.

Miller, H. Lyman 1996: Science and Dissent in Post-Mao China: The Politics of Knowledge, Seattle und London.

Mishler, William, und Detlef Pollack 2003: On Culture, Thick and Thin, in: Detlef Pollack, Jörg Jacobs, Olaf Müller und Gert Pickel (Hrsg.), Political Culture in Post-Communist Europe, Aldershot und Burlington, S. 237-256.

Möller, Kay 2005: Die Außenpolitik der Volksrepublik China 1949-2005, Wiesbaden.

Mommsen, Margareta 2003a: Das System Putin, in: Süddeutsche Zeitung vom 7.11.2003.

Mommsen, Margareta 2003b: Wer herrscht in Russland? Der Kreml und die Schatten der Macht, München.

Montinola, Gabriella, Yingyi Qian und Barry R. Weingast 1995: Federalism, Chinese Style: The Political Basis for Economic Success in China, in: World Politics, 48. Jg., S. 50-81.

Morgan, Stephen L. 2000: Richer and Taller: Stature and Living Standards in China, 1979-1995, in: The China Journal, Nr. 44, S. 1-40.

Mulgan, Aurelia George 2005: Where Tradition Meets Change: Japan's Agricultural Politics in Transition, in: Journal of Japanese Studies, 31. Jg., S. 261-298.

Murphy, Rachel 2002: How Migrant Labor Is Changing Rural China, Cambridge und New York.

Murphy, Rachel 2000: Return Migration, Entrepreneurship, and Local State Corporatism in Rural China: The Experience of Two Counties in South Jiangxi, in: The Journal of Contemporary China, 9. Jg., Nr. 24, S. 231-247.

Nakamura, Hajime 1978: Ways of Thinking of Eastern Peoples: India-China-Tibet-Japan, Honolulu.
Nakano, Koichi 1998: Becoming a "Policy Ministry": The Organization and Amakudari of the Ministry of Posts and Telecommunications, in: Journal of Japanese Studies, 24. Jg., S. 95-118.
Nathan, Andrew J. 1976: Peking Politics, 1918-1923: Factionalism and the Failure of Constitutionalism, Berkeley, Los Angeles und London.
Nathan, Andrew J., und Bruce Gilley 2002: China's New Rulers: The Secret Files, New York.
Nathan, Andrew J., und Perry Link 2001: Die Tiananmen-Akte. Die Geheimdokumente der chinesischen Führung zum Massaker am Platz des Himmlischen Friedens, Berlin.
Nathan, Andrew J., und Tianjin Shi 1996: Left and Right with Chinese Characteristics: Issues and Alignments in Deng Xiaoping's China, in: World Politics, 48. Jg., S. 522-551
Nevitt, Christopher Earle 1996: Private Business Associations in China, in: The China Journal, Nr. 36, S. 25-46.
Ngok, King-lun 2002: Law-Making and China's Market Transition: Legislative Activism at the Eigths National People's Congress, in: Problems of Post-Communism, 49. Jg., S. 23-32.

O'Brien, Kevin J. 1996: Rightful Resistance, in: World Politics, 49. Jg., S. 31-55.
O'Brien, Kevin J. 1994: Agents and Remonstrators: Role Accumulation by Chinese People's Congress Deputies, in: The China Quarterly, Nr. 138, S. 359-380.
O'Brien, Kevin J., und Liangjiang Li 2004: Suing the Local State: Administrative Ligitation in Rural China, in: The China Journal, Nr. 51, S.75-95.
O'Brien, Kevin J., und Liangjiang Li 1999: Selective Policy Implementation in Rural China, in: Comparative Politics, 31. Jg., S. 167-186.
O'Brien, Kevin J., und Liangjiang Li 1995: The Politics of Loging Complaints in Rural China, in: The China Quarterly, Nr. 143, S. 756-783.
Oi, Jean C. 1999 : Rural China Takes Off : Institutional Foundations of Economic Reform, Berkeley, Los Angeles und London.
Oksenberg, Michael 2001: China's Political System: Challenges of the Twenty-First Century, in: The China Journal, Nr. 45, S. 21-35.
Otake, Hideo 1996: Forces for Political Reform: The Liberal Democratic Party's Young Reformers and Ozawa Ichiro, in: Journal of Japanese Studies, 22. Jg., S. 269-294.

Paler, Laura 2005: China's Legislation Law and the Making of a More Orderly and Representative Legislative System, in: The China Quarterly, Nr. 182, S. 301-318.
Paltiel, Jeremy 2001: Jiang Talks Politics – Who Listens?, in: The China Journal, Nr. 45, S. 113-121.
Pang, Lihua, Alan de Brauw und Scott Rozelle 2004: Working Until You Drop: The Elderly of Rural China, in: The China Journal, Nr. 52, S. 73-94.

Parris, Kristen 1999: The Rise of Private Business Interests, in: Merle Goldman und Roderick MacFarquhar (Hrsg.), The Paradox of China's Post-Mao Reforms, Cambridge und London, S. 262-282.

Pearson, Margaret 1997: China's New Business Elite: The Political Consequences of Economic Reform, Berkeley, Los Angeles und London.

Peerenboom, Randall 2002: China's Long March toward the Rule of Law, Cambridge.

Pei, Xiaolin 2002: The Contribution of Collective Landownership to China's Economic Transition and Rural Industrialization, in: Modern China, 28. Jg., S. 279-314.

Pempel, T. J. 1999: Structural Gaiatsu: International Finance and Political Change in Japan, in: Comparative Political Studies, 32. Jg., S. 907-932.

Peng, Yali 1996: The Politics of Tobacco: Relations between Farmers and Local Governments in China's Southwest, in: The China Journal, Nr. 36, S. 67-82.

Perry, Elizabeth J. 1999: Crime, Corruption, and Contention, in: Merle Goldman und Roderick MacFarquhar (Hrsg.), The Paradox of China's Post-Mao Reforms, Cambridge und London, S. 308-329.

Perry, Elizabeth J. 1997: From Native Place to Workplace: Labor Origins and Outcomes of China's Danwei System, in: Xiaobo Lü und Elizabeth J. Perry (Hrsg.), Danwei: The Changing Workplace in Historical and Comparative Perspective, Armonk und London, S. 42-59.

Perry, Elizabeth J. 1993: Shanghai on Strike: The Politics of Chinese Labor, Stanford.

Posusney, Marsha Pripstein 1993: Irrational Workers: The Moral Economy of Labor Protest in Egypt, in: World Politics, 46. Jg., S. 83-120.

Potter, Pitman B. 1999: The Chinese Legal System: Continuing Commitment to the Primacy of State Power, in: The China Quarterly, Nr. 159, S. 673-683.

Pratt, John W., und Richard J. Zeckhauser (Hrsg.) 1985: Principals and Agents, Boston.

Pun, Ngai 1999: Becoming Dagongmei (Working Girls): The Politics of Identity and Difference in Reform China, in: The China Journal, Nr. 42, S. 1-20.

Putnam, Robert D. 2003. Making Democracy Work: Civic Traditions in Modern Italy, Princeton.

Pye, Lucian W. 2001: Jiang Zemin's Style of Rule: Go for Stability, Monopolize Power and Settle for Limited Effectiveness, in: The China Journal, Nr. 45, S. 45-52.

Pye, Lucian W. 1996: How China's Nationalism was Shanghaied, in: Jonathan Unger (Hrsg.), Chinese Nationalism, Armonk und London, S. 86-112.

Pye, Lucian W. 1995: Factions and the Politics of Guanxi: Paradoxes in Chinese Administrative and Political Behavior, in: The China Journal, Nr. 34, S. 1-34.

Pye, Lucian W. 1992 (Erstaufl. 1968): The Spirit of Chinese Politics: A Psycho-cultural Study of the Authority Crisis in Political Development, erw. Aufl. Cambridge und London.

Pye, Lucian W. 1988: The Mandarin and the Cadre: China's Political Cultures, Ann Arbor.

Pye, Lucian W. 1986: On Chinese Pragmatism in the 1980s, in: The China Quarterly, Nr. 106, S. 207-234.

Pye, Lucian W. 1985: Asian Power and Politics, Cambridge.

Pye, Lucian W. 1981: The Dynamics of Chinese Politics, Cambridge.

Pye, Lucian W., and Nathan Leites 1982: Nuances in Chinese Political Culture, in: Asian Survey, 22. Jg., S. 1147-1165.

Reiter, Florian C. 2002: Religionen in China. Geschichte, Alltag, Kultur, München.

Remick, Elizabeth J. 2004: Building Local States: China during the Republican and Post-Mao Eras, Cambridge und London.

Remick, Elizabeth J. 2002: The Significance in Local States: The Case of Twentieth Century China, in: Comparative Politics, 29. Jg., S. 399-418.

Remington, Thomas F. 2003: Majorities without Mandates: The Russian Federation Council since 2000, in: Europe-Asia Studies, 55. Jg., S.667-692.

Robinson, Neil 2001: Russia: A State of Uncertainty, London und New York.

Robinson, Richard, und David S.G. Goodman (Hrsg.) 1996: The New Rich in Asia: Mobile Phones, McDonald's and Middle-Class Revolution, London und New York.

Rosen, Stanley 2004a: The Victory of Materialism: Aspirations Join China's Moneyed Classes and the Commercialization of Education, in: The China Journal, Nr. 51, S.27-51.

Rosen, Stanley 2004b: The State of Youth/Youth and the State in Early 21st Century China, in: Peter Hays Gries and Stanley Rosen (Hrsg.), State and Society in 21st Century China, New York und London, S. 159-179.

Rozman, Gilbert 1998: Northeast China: Waiting for Regionalism, in: Problems of Post-Communism, 45. Jg., July/August, S. 3-13.

Rozman, Gilbert 1997: The Crisis of the Russian Far East: Who Is to Blame?, in: Problems of Post-Communism, 44. Jg., September/October, S. 3-12.

Saich, Tony 2004: Governance and Politics in China, 2. Aufl., Houndmills und New York.

Saich, Tony 2000: Negotiating the State: The Development of Social Organization in China, in: The China Quarterly, Nr. 161, S. 124-141.

Salisbury, Robert H. 1992: Chinas neue Kaiser. China in der Ära Maos und Dengs, Frankfurt/M.

Salisbury, Harrison E. 1985: Der Lange Marsch, Frankfurt/M.

Sautman, Barry 2002: Resolving the Tibet Question: Problems and Prospects, in: The Journal of Contemporary China, 11. Jg., Nr. 30, S. 77-107.

Schaede, Ulrike 1995: The "Old Boy" Network and Government-Business Relationships in Japan, in: Journal of Japanese Studies, 21. Jg., S. 293-318.

Scharping, Thomas 2003: Birth Control in China: Population Policy and Demographic Development, London und New York.

Schlesinger, Jacob M. 1997: Shadow Shoguns: The Rise and Fall of Japan's Postwar Political Machine, New York.

Schlucher, Günter 2005: Gelingt es der KP China, „rechtzeitig umzuschalten"? – Zur neuen Agrarpolitik, in: China aktuell, Nr. 2, S. 15-20.

Schmitter, Philippe C. 1974: Still the Century of Corporatism, in: Review of Politics, 36. Jg., S. 85-131.

Schram, Stuart R. 2003: Mao Zedong-Gedanken, in: Brunhild Staiger, Stefan Friedrich und Hans-Wilm Schütte (Hrsg), Das große China Lexikon, Darmstadt, S. 473-476.

Schram, Stuart R. 1975 (Erstaufl. 1963): Das politische Denken Mao Tse-Tungs. Das Mao-System, München.

Schreiner, Ethan 2006: Democracy without Opposition in Japan: Opposition Failure in a One-Party Dominant State, Cambridge.

Schroeder, Paul E. 1992: Territorial Actors as Competitors for Power: The Case of Hubei and Wuhan, in: Kenneth Lieberthal und David M. Lampton (Hrsg.), Bureaucracy, Politics, and Decision-Making in Post-Mao China, Berkeley, Los Angeles und Oxford, S. 283-307.

Schwarcz, Vera 1986: The Chinese Enlightenment: Intellectuals and the Legacy of the May Fourth Movement of 1919, Berkeley, Los Angeles und London.

Scott, James C. 1976: The Moral Economy of the Peasant, New Haven.

Seagrave, Sterlin 1988: Die Soong Dynastie. Eine Familie beherrscht China, Frankfurt/M.

Shambaugh, David 2001: The Dynamics of Elite Politics during the Jiang Era, in: The China Journal, Nr. 45, S. 100-112.

Shambaugh, David 1999/2000: China's Military Views the World, in: International Security, 24. Jg., S. 52-79.

Shambaugh, David L. 1988: China's America Watchers, in: Problems of Post-Communism, 37. Jg., May/June, S. 71-94.

Sheng, Yumin 2005: Central-Provincial Relations at the CCP Central Committee: Institutions, Measurement and Empirical Trends, 1978-2002, in: The China Quarterly, Nr. 182, S. 338-355.

Shevtsova, Lilia 2003: Putin's Russia, Washington, D.C.

Shi, Tianjian 1999: Village Committee Elections in China, Institutionalist Tactics for Democracy, in: World Politics, 51. Jg., S. 385-412.

Shi, Tianjian 1997: Political Participation in Beijing, Cambridge und London.

Shieh, Shawn 2005: The Rise of Collective Corruption in China: The Xiamen Smuggling Case, in: The Journal of Contemporary China, 14. Jg., Nr. 42, S. 67-91.

Shie, Tamara Rence 2004: The Tangled Web: Does the Internet Offer Promise or Peril of the Chinese Communist Party?, in: The Journal of Contemporary China, 13. Jg., Nr. 40, S. 523-540.

Shirk, Susan 1993: The Political Logic of Reform in China, Berkeley, Los Angeles und Oxford.

Shirk, Susan 1992: The Chinese Political System and the Political Strategy of Economic Reform, in: Kenneth Lieberthal und David M. Lampton (Hrsg.), Bureaucracy, Politics, and Decision-Making in Post-Mao China, Berkeley, Los Angeles und Oxford, S. 59-94.

Shue, Vivienne 2004: Legitimacy Crisis in China?, in: Peter Hays Gries und Stanley Rosen (Hrsg.), State and Society in 21st Century in China: Crisis, Contention, and Legitimation, New York und London, S. 24-49.

Smith, Richard 1997: Flies and Fresh Air: Culture and Consumerism in Contemporary China, in: Problems of Post-Communism, March/April, S. 3-13.

Snow, Edgar 1974 (Erstaufl. 1938): Roter Stern über China. Mao Tse-Tung und die chinesische Revolution, Frankfurt/M.

Solinger, Dorothy J. 2004: The New Crowd of the Dispossessed: The Shift of the Urban Proletariat from Master to Mendicant, in: Peter Hays Gries and Stanley Rosen (Hrsg.), State and Society in 21st Century China, New York und London, S. 50-66.

Solinger, Dorothy J. 2001: Clashes between Reform and Opening: Labor Market Formation in Three Cities, in: Chienmin Cao und Bruce J. Dickson (Hrsg.), Remaking the Chinese State: Strategies, Society and Security, London und New York, S. 19-45.

Solinger, Dorothy J. 1999: Contesting Citizenship in Urban China: Peasant Migrants, the State, and the Logic of the Market, Berkeley, Los Angeles und London.

Solinger, Dorothy J. 1995: China's Urban Transients in the Transition from Socialism and the Collapse of the "Urban Public Goods Regime", in: Comparative Politics, 27. Jg., S. 127-146.

Spence, Jonathan 2004: Mao, München.

Spence, Jonathan 2001: Chinas Weg in die Moderne, erw. Aufl., München.

Spence, Jonathan D. 1985a: Das Tor des Himmlischen Friedens. Die Chinesen und ihre Revolution 1895-1980, München.

Spence, Jonathan D. 1985b: Ich, Kaiser von China. Ein Selbstporträt des Kangxi-Kaisers, Frankfurt/M.

Staiger, Brunhild 2002: Shanghais politische und kulturelle Entwicklung in historischer Perspektive, in: Institut für Asienkunde/Landeszentrale für politische Bildung Hamburg (Hrsg.), Shanghai – Hamburgs Partnerstadt in China, Hamburg, S. 13-50.

Staiger, Brunhild, Stefan Friedrich und Hans-Wilm Schütte (Hrsg.), 2003: Das große China-Lexikon. Geschichte, Geografie, Gesellschaft, Politik, Wirtschaft, Bildung, Wissenschaft, Kultur, Darmstadt.

Steinfeld, Edward S. 2002: Moving Beyond Transition in China: Financial Reform and the Political Economy of Declining Growth, in: Comparative Politics, 29. Jg., S. 379-398.

Strittmatter, Kai 2004a: „Groll der Bauern wächst", in: Süddeutsche Zeitung vom 5.03.2004, S. 9.

Strittmatter, Kai 2004b: Bauern rebellieren gegen Staudamm-Projekt, in: Süddeutsche Zeitung vom 3.11.2004, S.7.

Strittmatter, Kai 2004c: Halbseidene Chinesen, in: Süddeutsche Zeitung vom 20.02.2004, S. 8.

Strittmatter, Kai 2004d: Hu Jintao befehligt jetzt auch die Armee, in: Süddeutsche Zeitung vom 20.11.2004, S.8.

Strittmatter, Kai 2004e: Prügel statt Hilfe, in: Süddeutsche Zeitung vom 10.9.2004, S.4.

Strittmatter, Kai 2003a: Bürgschaft für Chinas Größenwahn, in: Süddeutsche Zeitung vom 22.01.2003, S. 8.

Strittmatter, Kai 2003b: Das schreckliche Wunder von Yan'an, in: Süddeutsche Zeitung vom 3.01.2003, S. 3.

Strittmatter, Kai 2003c: Der lange Marsch der armen Gesellen, in: Süddeutsche Zeitung vom 6.02.2003, S. 2.

Strittmatter, Kai 2003d: Der Moloch frisst seine Kinder. Gigantische Projekte, gigantische Verheißungen, gigantische Skandale – warum nicht alle Chinesen am rasenden Fortschritt Gefallen finden, in: Süddeutsche Zeitung vom 26.11.2003, S. 3.

Strittmatter, Kai 2003e: Die Risse in Chinas zweiter großer Mauer, in: Süddeutsche Zeitung vom 14./15.06.2003, S. 3.
Strittmatter, Kai 2003f: Im Griff der Partei, in: Süddeutsche Zeitung vom 3./4.05.2003, S. 2.
Strittmatter, Kai 2001: Im Reich der Einzelkinder, in: Süddeutsche Zeitung vom 31. 12. 2001, S. 1.
Süddeutsche Zeitung 2004: China verankert den Schutz des Privateigentums, 15.03.2004, S. 9.
Süddeutsche Zeitung 2003a: Die vierte Generation, 6.03.2003, S. 2.
Süddeutsche Zeitung 2003b: Tröstende Worte für die Armen, 6.03.2003, S. 2.
Sun, Yan 2004: Corruption and Market in Contemporary China, Ithaca und London.

Tanner, Murray Scott 2000: Shackling the Coercive State: China's Ambivalent Struggle against Torture, in: Problems of Communism, 47. Jg., September/October, S. 13-30.
Tanner, Murray Scott 1999a: The Politics of Lawmaking in Post-Mao China: Institutions, Processes and Democratic Prospects, Oxford.
Tanner, Murray Scott 1999b: The National People's Congress, in: Merle Goldman und Roderick MacFarquhar (Hrsg.), The Paradox of China's Post-Mao Reforms, Cambridge und London.
Tang, Yuen Yuen 2005: When Peasants Sue en Masse: Large-Scale Collective ALL Suits in Rural China, in: China: An International Journal, 3. Jg., S. 24-49.
Teiwes, Frederick C. 2001: Normal Politics with Chinese Characteristics, in: The China Journal, Nr. 45, S. 69-82.
Terrill, Ross 1980: Mao. Eine Biographie, Hamburg.
Thompson, Mark R. 2001: To Shoot or Not to Shoot: Posttotalianism in China and Eastern Europe, in: Comparative Politics, 34. Jg., S. 63-84.
Thompson, William 2002: Putin's Challenge: The Politics of Structural Reform in Russia, in: Europe-Asia-Studies, 54. Jg., S.933-957.
Thornton, Patricia 2004: Comrades and Collectives in Arms: Tax Resistance; Evasion, and Avoidance Strategies in Post-Mao China, in: Peter Hays Gries and Stanley Rosen (Hrsg.), State and Society in 21st Century China: Crisis, Contention, and Legitimation, New York und London, S. 87-104.
Tian, Qinjian 2004: Agrarian Crisis, WTO Entry, and Institutional Change in Rural China, in: Issues & Studies, 40. Jg., S.47-77.
Tien, Hung-Mao, und Yun-han Chu (Hrsg.) 2000: China under Jiang Zemin, Boulder und London.
Tomba, Luigi 2004: Creating an Urban Middle Class: Social Engineering in Beijing, in: The China Journal, Nr. 51, S. 1-26.
Tørgersen, Stig 2000: Cultural Life and Cultural Control in Rural China: Where Is the Party?, in: The China Journal, Nr. 44, S. 129-144.
Tsai, Lily Lee 2002: Cadres, Temple and Lineage Institutions, and Governance in Rural China, in: The China Journal, Nr. 48, S. 1-28.
Tuchman, Barbara 1988: Sand gegen den Wind. General Stilwell und die amerikanische Politik in China 1911-1945, Frankfurt/M.

Tung, Ricky 1996: Obstacles Hindering the Establishment of a Modern State-Owned Enterprise System in Mainland China, in: Issues & Studies, 32. Jg., S. 32-51.

Unger, Jonathan (Hrsg.) 2002: The Nature of Chinese Politics: From Mao to Jiang, Armonk und London.

Unger, Jonathan 1996: „Bridges“: Private Business, the Chinese Government and the Rise of New Associations, in: The China Quarterly, Nr. 147, S. 795-819.

Unger, Jonathan, und Anita Chan 1999: Inheritors of the Boom: Private Enterprise and the Role of Local Government in a Rural South China Township, in: The China Quarterly, Nr. 42, S. 45-76.

Unger, Jonathan, und Anita Chan 1995: China, Corporatism, and the East Asian Model, in: Australian Journal of Chinese Affairs, Nr. 33, S. 29-53.

Vogel, Ezra F. 1989: One Step Ahead in China: Guangdong under Reform, Cambridge und London.

Walder, Andrew G. 2004: The Party Elite and China's Trajectory of Change, in: China: An International Journal, 2. Jg., S. 189-209.

Walder, Andrew G. 1998: Zouping in Transition: The Process of Reform in Rural North China, Cambridge und London.

Wang, Fei-Ling 1998: Floaters, Moonlighters, and the Underemployed: A National Labor Market with Chinese Characteristics, in: The Journal of Contemporary China, 7. Jg., Nr. 19, S. 459-475.

Wang, Hongying 2001: Weak State, Strong Networks: The Institutional Dynamics of Foreign Direct Investment in China, Oxford und New York.

Wang, James C.F. 2002: Contemporary Chinese Politics: An Introduction, 7. Aufl., Upper Saddle River.

Wang, Juan 2005: Going Beyond Township and Village Enterprises in Rural China, in: The Journal of Contemporary China, 14. Jg., Nr. 42, S. 177-181.

Wang, Shaoguang 1999: "New Trends of Thought" on the Cultural Revolution, in: The Journal of Contemporary China, 8. Jg., Nr. 21, S. 197-217.

Wank, David L. 1999: Commodifying Communism: Business, Trust, and Politics in a Chinese City, Cambridge.

Wank, David L. 1996: The Institutional Process of Market Clientelism: Guanxi and Private Business in a South China City, in: The China Quarterly, Nr. 147, S. 820-838.

Wank, David L. 1995: Bureaucratic Patronage and Private Business: Changing Networks of Power in Urban China, in: Andrew G. Walder (Hrsg.), The Waning of the Communist State: Economic Origins of Political Decline in China and Hungary, Berkeley, Los Angeles und London, S. 153-183.

Watts, Alan 1983: Der Lauf des Wassers. Einführung in den Taoismus, Frankfurt/M.

Weggel, Oskar 2000a: Methodik der China-Forschung – Teil 4 (II) – in: China aktuell, S. 402-409.

Weggel, Oskar 2000b: Methodik der China-Forschung – Teil 4 (III) – Wie lässt sich ein Reich von kontinentalen Ausmaßen zusammenhalten?, in: China aktuell, S. 527-544.

Weggel, Oskar 2000c: Methodik der China-Forschung – Teil 4 (IV) – Wie lässt sich ein Reich von kontinentalen Ausmaßen zusammenhalten?, in: China aktuell, S. 654-670.

Weggel, Oskar 2000d: Methodik der China-Forschung – Teil 5 (II) – in: China aktuell, S. 917-928.

Weggel, Oskar 1996: Das nachrevolutionäre China. Mit konfuzianischen Spielregeln ins 21. Jahrhundert, Hamburg.

Weggel, Oskar 1989: Die Asiaten. Gesellschaftsordnungen, Wirtschaftssysteme, Denkformen, Glaubensweisen, Alltagsleben, Verhaltensstile, München.

Wei, Betty Peh-T'i Wei 1990: Shanghai: The Crucible of Modern China, Oxford.

Weller, Robert P., und Jiansheng Li 2000: From State-Owned Enterprise to Joint Venture: A Case Study of the Crisis in Urban Social Services, in: The China Journal, Nr. 43, S. 83-100.

Weston, Timothy B. 2004: The Iron Man Weeps: Joblessness and Political Legitimacy in the Chinese Rust Belt, in: Peter Hays Gries and Stanley Rosen (Hrsg.), State and Society in 21st Century China, New York und London, S. 67-86.

Weston, Timothy B. 2002: "Learn from Daqing": More Dark Clouds for Workers in State Owned Enterprises, in: The Journal of Contemporary China, 11. Jg., Nr. 33, S. 721-734.

Whyte, Martin King 1999: The Changing Role of Workers, in: Merle Goldman und Roderick MacFarquhar (Hrsg.), The Paradox of China's Post-Mao Reforms, Cambridge und London, S. 173-196.

Whyte, Martin King 1997: The Fate of Filial Obligations in Urban China, in: The China Journal, Nr. 38, S. 1-32.

Whyte, Martin King 1995: City Versus Countryside in China's Development, in: Problems of Post-Communism, January/February, S. 9-22.

Wilson, Scott 1997: The Cash Nexus and Social Networks: Mutual Aid and Gifts in Contemporary Shanghai Villages, in: The China Journal, Nr. 37, S. 91-116.

Wong, Kie 1999: Reforming China's State Socialist Workfare System: A Cautionary and Incremental Approach, in: Issues & Studies, 35. Jg., S. 169-194.

Wong, Siu-Lun 1996: Chinese Entrepreneurship and Economic Development, in: Barrett L. McCormick und Jonathan Unger (Hrsg.), China after Socialism: In the Footsteps of Eastern Europe or East Asia, Armonk und London, S. 130-148.

Woodall, Brian 1993: The Logic of Collusive Action: The Political Roots of Japan's Dango System, in: Comparative Politics, 25. Jg., S. 297-312.

Wright, Teresa 2004: Contesting State Legitimacy in the 1990s: The China Democratic Party and the China Labor Bulletin, in: Peter Hays Gries and Stanley Rosen (Hrsg.), State and Society in 21st Century China, New York und London, S. 123-140.

Wright, Tim 2004: The Political Economy of Coal Mine Disasters in China: "Your Rice Bowl" or Your Life, in: The China Quarterly, Nr. 179, S.-629-646.

Wu, Jieh-Min 2001: State Policy and Guanxi Network Adaptation in China: Local Bureaucratic Rent-Seeking, in: Issues & Studies, 37. Jg., S. 20-48.

Wu, Jieh-Min 1996: Strange Bedfellow: Dynamics of Government-Business Relations between Chinese Local Authorities and Taiwanese Investors, in: The Journal of Contemporary China, 5.Jg., Nr. 15, S. 319-346.

Wu, Yu-Shan 1994: Comparative Economic Transformations: Mainland China, Hungary, the Soviet Union and Taiwan, Stanford.

Xia, Ming 2000: Political Contestation and the Emergence of the Provincial People's Congresses as Power Players in Chinese Politics: A Network Explanation, in: The Journal of Contemporary China, 9. Jg., Nr. 24, S. 185-214.

Xie, Weizhi 1993: The Semi-hierarchical Totalitarian Nature of Chinese Politics, in: Comparative Politics, 25. Jg., S. 313-330.

Xu, Mingxu 1998: Complete Autonomy: The Best Approach to Peaceful Resolution of the Tibet Problem, in: The Journal of Contemporary China, 7. Jg., Nr. 18, S. 369-378.

Yan, Jiaqui 1995: The Nature of Chinese Authoritarianism, in: Carol Lee Hamrin und Suisheng Zhao (Hrsg.), Decision-Making in Deng's China: Perspectives from Inside, Armonk und London, S. 3-14.

Yan, Yunxiang 1996: The Culture of Guanxi in a North China Village, in: The China Journal, Nr. 35, S. 1-26.

Yan, Yunxiang 1995: Everyday Power Relations: Changes in a North China Village, in: Andrew G. Walder (Hrsg.), The Waning of the Communist State: Economic Origins of Political Decline in China and Hungary, Berkeley, Los Angeles und London, S. 215-241.

Yang, Chung-Fang 2000: Psychocultural Fondations of Informal Groups: The Issues of Loyalty, Sincerity and Trust, in: Lowell Dittmer, Haruhiro Fukui und Peter N. S. Lee (Hrsg.), Informal Politics in East Asia, Cambridge, S. 85-105.

Yang, Dali L. 2001: Rationalizing the Chinese State: The Political Economy of Government Reform, in: Chien-min Chao und Bruce J. Dickson (Hrsg.), Remaking the Chinese State: Strategies, Society, and Security, London und New York, S. 19-45.

Yang, Dali L. 1997: Beyond Beijing: Liberalization and the Regions in China, London und New York.

Yang, Mayfair Mei-hui 1994: Gifts, Favors, and Banquets: The Art of Social Relationship in China, Ithaca und London.

Yanking, Xu 1996: Miteinander oder Gegeneinander von Staat und Gesellschaft? Gruppeninteressen in der VR China, in: China aktuell, S. 606-611.

Yee, Herbert S. 2003: Ethnic Relations in Xinjiang: A Survey of Uygur-Han Relations in Urumqui, in: The Journal of Contemporary China, 12. Jg., Nr. 36, S. 431-452.

Yep, 2000: Bringing the Managers In: A Case of the Rising Influence of Enterprise Managers in Rural China, in: Issues & Studies, 36. Jg., S. 132-165.

Yeung, Godfrey 2001: Foreign Direct Investment and Investment Environment in Dongguan Municipality of Southern China, in: The Journal of Contemporary China, 10.Jg., Nr. 26, S. 125-154.

Yizi, Chen 1995: The Decision Behind the 1986-1989 Political Reforms, in: Carol Lee Hamrin und Suisheng Zhao (Hrsg.), Decision-Making in Deng's China: Perspectives from Insiders, Armonk und London, S. 133-152.

You, Ji 2002: The Heir Apparent, in: The China Journal, Nr. 48, S. 125-134.

Yuan, Feng 1995: From the Imperial Examination to the National College, in: The Journal of Contemporary China, 4. Jg., Nr. 8, S. 28-56.

Yuan, I 1996: Centre and Periphery: Cultural Identity and Localism of the Southern Chinese Peasantry, in: Issues & Studies, 32. Jg., S. 1-36.

Yuan, I 1995: State Dominance and Peasant Resistance in Post-1949 South China, in: Issues & Studies, 31. Jg., S. 55-89.

Zeng, Ka 2001: Domestic Politics and the U.S.-China WTO Trade Agreement, in: Issues & Studies, 37. Jg., S. 105-141.

Zhang, Junhua 2003a: Der Aufbau eines sozialen Sicherungssystems in der VR China – eine kritische Betrachtung, in: China aktuell, August, S. 986-997.

Zhang, Junhua 2003b: Network Convergence and Bureucratic Turf Wars, in: Christopher R. Hughes und Gudrun Wacker (Hrsg.), China and the Internet: Politics of the Digital Leap Forward, London und New York, S.83-101.

Zhang, Yunqiu 2000: State Power and Labor-Capital Relations in Foreign-Invested Enterprises in China: The Case of Shandong Province, in: Issues & Studies, 36. Jg., S. 26-60.

Zhang, Yunqiu 1997: From State Corporatism to Social Representation, in: Timothy Brook and B. Michael Frolic (Hrsg.), Civil Society in China, Armonk und London, S. 124-148.

Zhao, Renwei 2003: Einkommen, in: Brunhild Staiger, Stefan Friedrich und Hans-Wilm Schütte (Hrsg.), Das große China-Lexikon, Darmstadt, S.171-173.

Zhao, Suisheng 2000: China and Democracy: The Prospect for a Democratic China, New York und London.

Zhao, Suisheng 1998: Media, Market, and Democracy in China: Between the Party Line and the Bottom Line, Urbana und Chicago.

Zhao, Suisheng 1997: Political Reform and Changing One-Party Rule in Deng's China, in: Problems of Post-Communism, 44. Jg., September/October, S. 13-21.

Zheng, Yongnian 2000: Institutionalizing de Facto Federalism in Post-Deng China, in: Hung-Mao Tien und Yun-Han Chu (Hrsg.), China under Jiang Zemin, Boulder und London, S. 215-232.

Zhou, Kate Xiao 1996: How the Farmers Changed China: Power of the People, Boulder und Oxford.

Ziemer, Klaus (Hrsg.) 1986: Sozialistische Systeme, Pipers Wörterbuch zur Politik, hrsg. von Dieter Nohlen, Bd. 4, München.

Zürcher, Erik 1989: Buddhismus in China, Korea und Vietnam, in: Heinz Bechert und Richard Gombrich (Hrsg.), Buddhismus. Geschichte und Gegenwart, Neuaufl., München, S. 215-252.

Zweig, David 1995: „Developmental Communities" on China's Coast: The Impact of Trade, Investment, and Transnational Alliances, in: Comparative Politics, 27. Jg., S. 253-274.

10 Verzeichnis der Tabellen und Abbildungen